南粤丰碑

深圳市文化遗产保护中心 编著

深圳地区
东江纵队红色文化遗产
保护利用研究

科学出版社
北京

图书在版编目（CIP）数据

南粤丰碑：深圳地区东江纵队红色文化遗产保护利用研究 / 深圳市文化遗产保护中心编著. -- 北京：科学出版社，2024.6

ISBN 978-7-03-077080-6

Ⅰ.①南… Ⅱ.①深… Ⅲ.①革命纪念地—文化遗产—研究—深圳 Ⅳ.①K878.23

中国国家版本馆CIP数据核字(2023)第219031号

责任编辑：张亚娜　张睿洋／责任校对：张亚丹
责任印制：张　伟／书籍设计：李猛工作室

助编：李　飞

科学出版社 出版
北京东黄城根北街16号
邮政编码：100717
http://www.sciencep.com

北京汇瑞嘉合文化发展有限公司 印刷

科学出版社发行　各地新华书店经销

*

2024年6月第　一　版　开本：889×1194　1/16
2024年6月第一次印刷　印张：24 1/4
字数：702 000

定价：328.00元
（如有印装质量问题，我社负责调换）

用好红色资源，赓续红色血脉，传承红色基因，是我们实现中华民族伟大复兴的强大精神之源。深圳地区有着光荣的革命传统，这里是广东省较早建立党组织的地方之一，也是全面抗战时期东江纵队发源地之一，更是"改革开放后党和人民一手缔造的崭新城市，是中国特色社会主义在一张白纸上的精彩演绎"[1]。近代以来，在中国共产党领导下，深圳人民艰苦卓绝，踔厉奋发，走过了峥嵘岁月，取得了光辉成绩，也因此在深圳这片红色热土上留下大量珍贵的革命遗址、遗迹，共同构成深圳文化资源尤其是红色文化资源的重要部分。

2009 年 11 月，全国开展了革命遗址普查工作。2010 年 7 月召开的全国党史工作会议明确要求加强党史遗址保护，开展党史遗址普查，注重调查党史方面的非物质文化遗产。2010 年 4 月，深圳市史志办公室（中共深圳市委党史文献研究室前身）组织实施全市的普查工作，在此基础上于 2013 年编写出版了《广东省革命遗址通览·深圳市》，收录与东江纵队相关的遗址遗迹条目近百个。2019 年，中共深圳市委党史文献研究室根据全省部署，再次组织实施全市普查工作，并于 2021 年编写出版了《深圳市革命遗址通览》，其中收录与东江纵队相关的遗址遗迹条目 50 余个。

2022 年，在纪念东江纵队成立八十周年大会前夕，新成立不久的深圳市文化遗产保护中心（以下简称"保护中心"）将全市文化遗产的调查研究保护工作为己任，以前瞻的眼光、专业的精神、敬业的态度，决心再次深入调查深圳地区与东江纵队相关的红色文化遗产，并首次提出"红色非物质文化遗产"的概念，以囊括创作于 1949 年之前与东江纵队有关的诗词、山歌等文艺作品。保护中心组织专门团队梳理文献、重访现场，再次调查和东江纵队相关的红色遗址遗迹，拍摄影像资料，最终编成了《南粤丰碑——深圳地区东江纵队红色文化遗产保护利用研究》一书。顾名思义，该书聚焦深圳地区东江纵队红色文化遗产，在实地调查基础上，进行了细致梳理，并从文化遗产学的理论高度对深圳地区东江纵队红色文化遗产的分布、分类、特点及活化利用方向给出专业建议。单从目录上看，该书收录和东江纵队相关的机构旧（遗）址条目就达 108 个，再加上战斗旧（遗）址条目 30 个，历史事件相关旧（遗）址条目 57 个、历史人物相关旧（遗）址条目 21 个、相关纪念物（设施）条目 26 个，总计已有 240 余条信息，从而在数量上大大扩充了此前的研究成果，可以说这是一次深入细致地对深圳地区东江纵队红色文化遗产再次"摸家底"的工作，最终结果也极大丰富了深圳市

---

1 习近平：《在深圳经济特区建立 40 周年庆祝大会上的讲话》，新华社 2020 年 10 月 14 日。

东江纵队红色文化遗产乃至深圳市文化资源的总清单。通过这些分布在深圳土地上的红色遗址遗迹，可以直观反映出东江纵队在深圳起源壮大、建制奋斗的宏观概貌，可谓是一部以空间信息为线索串起来的"东江纵队史"。这部书写在地理空间上的"东江纵队史"，和以时间为主轴的《东江纵队史》相辅相成，相信两者结合起来，必能更加深入直观地加深读者对东江纵队的整体认识和细节掌握，对于相关研究机构、历史方面的研究者和爱好者，也会有很好的参考价值。

抗日战争时期东江纵队英勇奋斗的历史，是中国共产党精神谱系伟大抗战精神在深圳大地的延伸。东江纵队在华南建立了总面积 6 万余平方里、人口约 450 万[1] 的抗日根据地和游击区，对敌作战 1400 余次，歼灭日伪军 9000 余人，2500 多名指战员为国捐躯，其中就有许多可歌可泣的英雄人物，如东江纵队传奇英雄刘黑仔、"小鬼班"班长黄友等，实可谓在枪林弹雨中铸造了顽强的东纵抗战精神。

"一切向前走，都不能忘记走过的路。"回望那段烽火岁月，铁血征程，历史告诉我们，只有坚持中国共产党的领导，人民才有前进的方向。深圳地区党组织自成立以来，在党中央、中共广东省委的坚强领导下，带领人民披荆斩棘、砥砺奋进，铸就了苦难辉煌的不懈奋斗史，谱写了马克思主义中国化在深圳落地生根的理论探索史，创造了自我革命、经受风险考验而发展壮大的自身建设史，书写了党政军民同呼吸共命运的团结奋进史，培育了丰富厚重、永续传承的精神淬炼史，践行了坚定不移向党中央看齐，不断提高判断力、领悟力、执行力的政治锻造史。东江纵队的历史，正是这一宏大历史进程的充分展现。相信通过《南粤丰碑——深圳地区东江纵队红色文化遗产保护利用研究》，广大读者朋友们可以"学史明理，学史增信，学史崇德，学史力行"[2]，把百年党史中的智慧和营养转化为奋进新征程的强大力量，以坚定的信仰、昂扬的斗志、优异的成绩，开创更加美好的未来。

（毛剑峰　中共深圳市委党史文献研究室副主任、副研究员）

---

1 《华南抗日游击队的功绩》，《新华日报》1946 年 2 月 25 日。
2 习近平：《学史明理，学史增信，学史崇德，学史力行》，《求是》2021 年第 13 期。

《南粤丰碑——深圳地区东江纵队红色文化遗产保护利用研究》是深圳市文化遗产保护中心（以下简称"保护中心"）成立后出版的第一本学术研究类图书。

2021年5月，正值"十四五"规划开启之时，在深圳市全力建设"粤港澳大湾区""中国特色社会主义先行示范区"、加快推动文体旅游事业高质量发展的背景下，市文化遗产保护中心整合文物保护、考古研究、文物鉴定和非物质文化遗产保护传承等工作职能组建成立。保护中心成立后，全体人员深入学习领会习近平总书记关于文物保护利用和文化遗产保护传承的重要论述，深刻认识文物和文化遗产工作的新任务新要求，强化责任担当，着眼长远发展，主要从抓基础、重研究、促整理、广宣传等方面入手，在保护、传承的基础上努力推动合理利用和可持续发展。经过两年多的努力，保护中心文化遗产保护利用水平有明显提升，完成160多个配合基本建设的考古调查勘探项目，服务好经济社会发展。深汕特别合作区白田山遗址抢救性考古发掘成果丰硕，是"早期岭南探源工程"的又一重要收获；举行多层次文物鉴定活动，为市民、文物拍卖企业等提供服务；"欢乐闹元宵""文化和自然遗产日""非遗在社区""圳在考古"等文化遗产品牌活动出彩出新，赋彩市民群众美好生活；启动研究图书的编辑出版工作，包括《南粤丰碑——深圳地区东江纵队红色文化遗产保护利用研究》《清朝广东海防架构与沿海炮台》以及中心成立以来启动的第一个全域考古调查项目——深汕特别合作区赤石河流域考古调查的专项报告等，努力构建深圳文化遗产保护利用理论体系。

本书通过对东江纵队红色文化遗产进一步的调查、整理和研究，试图完整展现深圳地区东江纵队物质文化遗产和非物质文化遗产全貌，并运用文化遗产学的相关理论进行综合分析研究，提出针对红色文化遗产地方立法保护以及串点成线、连线成面等方面的活化利用建议，也为即将开展的"第四次全国文物普查"打好基础。

谨以此书向东江纵队成立八十周年献礼！

（王军　深圳市文化遗产保护中心主任）

目录

1938 年 10 月，日寇进犯广东，广东人民奋起抵抗。在中共中央、中共中央南方局和广东党组织的领导下，创建了曾生、王作尧等带领的两支抗日武装力量。初创之际，队伍虽然弱小，然而在党的正确领导下，在广大人民群众和港澳同胞、海外侨胞有力支持下，部队从小到大，从弱到强，从最初只有百余人的队伍，发展成一支拥有一万一千余人的人民抗日武装——广东人民抗日游击队东江纵队（简称"东纵"）。在远离党中央和八路军、新四军主力的广东，虽然孤悬敌后，处于日伪和国民党顽固派的分割包围中，东江纵队始终遵照党的指示，紧密依靠群众，坚持开展独立自主的游击战争。从 1938 年 10 月至 1946 年 6 月，东江纵队转战东江两岸，深入港九敌后，挺进粤北山区和韩江平原，建立抗日根据地，英勇打击敌人，威震南疆，蜚声中外，成为"中国抗战的中流砥柱"和"广东人民解放的一面旗帜"。以东江纵队为代表，包括琼崖纵队、珠江纵队、韩江纵队等在内的"华南抗日纵队"，奋战在华南战场，和八路军、新四军、东北抗日联军齐名，都是中国共产党领导的人民军队，以民族解放和人民解放为奋斗目标，"代表了中华民族最浩大的正气，写下了中华民族在抗战中最壮烈不朽的史诗"[1]。

深圳地区是东江纵队起源和发展壮大之地。在艰苦卓绝的抗日斗争中，东纵战士们活跃在阳台山、梧桐山及大鹏半岛的巍巍山岭，穿山过涧，风餐露宿，只为争取中华民族的独立解放。从深圳西部的深圳湾，到东部的大鹏湾，留下大量东纵将士们的奋斗足迹，更有不少烈士长眠在深圳的青山之麓与碧海之畔。遥想当年，27 岁的曾生"以文士奋起，领导爱国青年组成游击队，保卫祖国"，这些人在日寇侵略之前尚是青年学生、青年工人、华侨子弟甚至中学生，在祖国遭受危难之际挺身而出，放弃了稳定甚至优渥的生活环境，转身成为光荣的游击队战士。他们穿梭行进在深圳的山海之间，翻越密林草莽，纵横蔚蓝海洋，时常伴随他们响彻天空的《八路军军歌》《新四军军歌》《游击队之歌》，激励着战士们的顽强斗志、抗敌热忱。源自党中央或中共中央南方局的领导指示，则给了他们抗战到底的作战决心和必胜信念。

前事不忘，后事之师。今日深圳，早已建设成一座屹立在祖国南滨的现代化国际大都会，但深圳的文化积淀，却远远不止改革开放四十多年的历史纵深。至少在八十余年前中华民族"最危险的时候"，奋战在这里的东江纵队，为深圳铸就了红色作为

1　朱德：《论解放区战场》，《中国共产党第七次全国代表大会档案文献选编》第 1 册，中共党史出版社，2022 年，第 243 页。

城市底色。时过境迁，昔日的红色沃土，当下已是高楼林立、车水马龙，很难再有当年峥嵘岁月的痕迹。因快速城市化进程，大量抗战时期的老村也难睹旧颜，或仅保留了一个地名，村庄早已变成现代城市社区。有鉴于此，本书在重新梳理和东江纵队有关的各类文化遗产基础上，继续爬梳文献，希望能发掘出更多的历史细节和遗址故地，通过现场实地走访，以获得更多的"历史现场感"，不仅为后人走近东江纵队、了解东江纵队、研究东江纵队提供更多的参考资料，同时结合文化遗产学相关理论，将非物质文化遗产形态的东江纵队文化遗产纳入研究范围，拓展东江纵队研究的广度深度，推动国内红色文化遗产学向纵深发展。

总体而言，全书内容可分两大部分，即研究篇和名录篇。研究篇考辨了诸如"革命文物""红色文化遗产"等本书的基本概念，并试图运用文化遗产学的相关理论，对深圳地区的东江纵队红色文化遗产进行整体分析讨论，并给出活化利用建议。名录篇则按照物质文化遗产（包括可移动文物和不可移动文物）和非物质文化遗产的分类，条列了和东江纵队相关的机构旧（遗）址、战斗旧（遗）址、历史事件相关旧（遗）址、历史人物相关旧（遗）址、相关纪念物（设施）、可移动文物、诗词、歌曲、客家山歌等不同类型的细目，细目之中，再收录所掌握的相关资料，所以就全书资料性而言，名录篇反而是本书的主体，也占用了最多的篇幅。

就名录篇而言，本书试图把现有能掌握的资料，及来源合法、历史真实性可信的东江纵队物质文化遗产和非物质文化遗产囊括其中，以求"一书在手"，即可概览东江纵队从诞生到发展壮大、再到北撤的历史概貌，并辅以大量的现场照片，以体现东江纵队在武装斗争、根据地建设、党建整风、统一战线、交通情报、医疗卫生、军工、税收等多领域的丰富面貌。理想固然高远，但限于学力精力，即便最大程度地尽力搜罗相关材料，但可以料想必然会有较多疏漏。因为东江纵队作为一个上万人的武装团体（这还不包括东纵创建的各级地方民主政权），抗战时期在深圳的活动，既有公开的、团体的，更有秘密的、个人的，尤其在情报交通系统，必然还存有大量未知甚至已经不可能得知的信息。东纵在深圳地区活动过的村落，也必然会因为或是没有直接可靠资料，或是有亲身经历的知情者没有发声而不为世人所知，仅能在间接史料中保留些许遗迹，徒供后人进行历史的拼图探究。故而本书收录的诸如东纵活动过的村落、相关部队的驻地、情报站、交通站、税站的设立地、历史人物的相关旧址遗迹等，不可能完整无缺地全部呈现，可能性较大的反而是挂一漏万。所幸本书仅是试图用文化遗产学理论来指导东纵红色文化遗产相关实践的首次尝试，只是一个开端，希望能收获广大读者和专家们的批评指正与建议线索，在后续增订过程中逐步完善，这也是本书最大的预期。故而本书只能大体勾勒出一个轮廓，便于一般读者建立对东江纵队的框架性认知，如此也就达成了抛砖引玉的初衷。

在资料来源上，中共广东省委党史研究室、深圳市史志办公室编著的《广东省革命遗址通览·深圳市》[1]，是该领域的权威著作，本书征引了其中大量内容，这是在前言中必须说明的第一点。本书收录的"可移动文物"信息，则全部源自"全国珍贵文物数据库"（数据来源：国家文物局博物馆与社会文物司）。这是因为和东江纵队相关的可移动文物，类型多样，数量不少，但绝大部分存留于民间社会，如民间博物馆、私人收藏者或文物市场等，此类可移动文物，因其来源合法性、历史真实性尚未能得到确认，故本书不便收录，以免给读者造成误会，稳妥起见，仅条列了"全国珍贵文物数据库"中的相关资料。但笔者相信，随着文博事业的发展，在接下来的工作中，必然会推动将广大的东纵相关红色可移动文物，进行甄别鉴定，登记备案，争取将其列入国家文物数据库，这样在本书的修订版中，对此类的文化遗产即可在数量上大大扩充，这是在前言中必须说明的第二点。本书的理想，是希望通过对东纵文化遗产的收录展示，能让东纵形象纤发毕现，力求立体、丰满、准确，读者如能通过此书，建立起对东江纵队历史的大体认识，对东江纵队的发展历程、部队构架、战斗生活、深圳红色村落分布等有一个通盘性的认识，也就达到了本书的目的，这是在前言中必须说明的第三点。最后要说明的是，和《深圳红色史迹寻踪》《广东省革命遗址通览·深圳市》等前书相比，本书增补了大量诸如诗词、歌曲、客家山歌等非物质文化遗产类资料，希望通过这些文字，能让读者一起走进东纵指战员们的精神世界，感知他们的理想，感怀他们的斗志，感激他们的奉献，感佩他们的牺牲，感奋他们的信仰！

谨以此书，纪念东江纵队成立八十周年，并向为夺取中国人民抗日战争胜利献出生命的所有先烈、对为中华民族独立和中国人民解放献出生命的所有英灵，致以最崇高的敬意！

1　中共广东省委党史研究室、深圳市史志办公室编：《广东省革命遗址通览·深圳市》，广东人民出版社，2013年。

上编　研究篇

一、"东江纵队"定义

在当下文博、文化遗产学界及官方文件、社会媒体中，关于革命文物、红色文物、红色文化、红色遗产、红色资源、红色文化遗产等概念使用有较多分歧，这些概念中，很多缺乏明确的内涵外延，并不适合作为学术研究意义层面的术语进行使用。但有些概念，却渊源有自，只不过在后来发展演变的过程中，其所指和外延发生了变化。本书采用"东江纵队红色文化遗产"的名称，故有必要首先对此概念进行界定。

"东江纵队"是广东人民抗日游击队东江纵队的简称，是中国共产党领导下的华南人民抗日武装，它发轫于1938年10月，历经广东人民抗日游击队、广东人民抗日游击总队阶段，1943年12月2日正式宣告成立。1946年6月，东江纵队北撤山东烟台，中共中央决定将其划归中共中央华东局领导。9月，中共中央华东局决定保留"东江纵队"名义，将战斗部队编为东江纵队教导团，由东江纵队司政机关统率，由华东军政大学指挥教育。1947年3月，中共中央电示中共中央华东局以北撤的东江纵队为基础，组建两广纵队，同月，中共中央华东局任命曾生为两广纵队司令，自此，"东江纵队"部队名义取消。本书中"东江纵队"，特指1938年10月前后（1938年前主要为与东江纵队成立有关的重要史事、人物或事件）至1946年6月30日北撤前的东江纵队历史阶段。

关于"红色文化遗产"概念，目前未形成学术界和政府都能达成共识的、明确的、准确的定义。故本书拟先对相关概念进行梳理，通过历史考辨与正本清源的方式，明晰各个概念的确切内涵，把握时代思潮和概念使用之间的潜在关系，继而明确本书"东江纵队红色文化遗产"的确切内涵，希望能对文化遗产学、文博研究、城市规划、旅游、思想政治教育等领域基本概念的使用有所参考。下文即从"革命文物"到"红色文化遗产"的概念转换进行论述。

二、"革命文物"溯源

　　"革命文物"和"革命"一词的使用密不可分。早在大革命时期，1927年春，国民党中央宣传部就成立"革命历史博物馆筹备处"，设于汉口，向社会各界征集革命战争纪念品、关于革命之史料、关于革命之著作、关于革命先烈之遗物、关于革命之各种宣传品等[1]。1929年南京国民政府有江苏革命博物馆之设，并出版《江苏革命博物馆月刊》。抗日战争时期，广东省政府设立广东国民革命博物馆，搜集孙中山等先烈"在革命过程中之文献遗物及纪念品，暨抗战以来为国捐躯之诸忠勇将士之遗物文献及战利品等"[2]。

　　中国共产党很早就提出"革命文物"的类似概念。1931年第一次苏维埃共和国工农兵代表大会决议《中国工农红军优待条例》，指出"死亡战士之遗物应由红军机关或政府收集，在革命历史博物馆陈列，以表纪念"[3]。1932年5月，江西省工农兵第一次代表大会通过《文化教育工作决议》中规定："各地方遇有新旧书籍，标本仪器，古物及革命的遗迹应由当地政府投送省文化部处理与保管。"[4]这里"革命的遗迹"应指的是和革命有关的可移动文物。

　　1933年5月，中央革命博物馆筹备处成立，具体工作由中央教育部负责筹备。为迎接中华苏维埃共和国第二次工农兵代表大会（简称"二苏大会"）召开，教育部代部长徐特立发出《中央革命博物馆征集陈列品启事》，同年11月11日，徐特立及中央教育部副部长沙可夫再次发出启事，要求各单位"搜集革命纪念物品及胜利品，早日送来本馆"[5]，这里采用了"革命纪念物"的说法。1934年1月，中央革命博物馆正式

1　《汉口民国日报》1927年2月。

2　《准广东国民革命博物馆函为征集革命及抗战史料等由令仰遵照江西省政府训令》，《江西省政府公报》1941年第1228期。

3　《全苏大会决议中国工农红军优待条例》，《红色中华》1932年1月13日。

4　张志强、章祖蓉：《民主革命时期中国共产党报刊中的文物、博物馆史料（三）》，《中国博物馆》1989年第4期。

5　《红色中华》1933年11月11日。

开放，馆址设在中央政府机关所在地——瑞金下肖区官山乡沙洲坝村的中央教育部大院内。

1946 年 4 月，陕甘宁边区第三届参议会期间，杜立亭等委员提出《建立烈士纪念塔革命史迹博物馆案》，大会予以通过。与此同时，陕甘宁边区政府在《1946—1948年建设计划方案》中提出："为使边区各种革命历史纪念物品及革命领袖之史迹永留于边区，以便教育干部及群众起见，建议在延安建立陕甘宁边区革命历史博物馆。"[1]1946年 5 月 16 日，林伯渠主持召开筹备博物馆座谈会，通过《陕甘宁边区革命历史博物馆筹备委员会决议》，决定着手搜集革命历史文物[2]，这里同时使用了"革命纪念品"和"革命历史文物"的概念。

1949 年 5 月，北平历史博物馆发表《北平历史博物馆征集革命文献实物启事》，提到征集"革命文献实物"，具体是"五四以来中国人民革命斗争的各种文献、实物"[3]。1949 年 10 月，中共中央宣传部发出《关于收集革命文物的通知》，提到"革命博物馆为即将设立之重要宣传机构"，要求各地"收集革命文物，专人负责，集中保存"，这里最早出现了"革命文物"的表述，这份文件对"革命文物"涉及范围也有界定，指的是"以五四以来，共产党领导的新民主主义革命为中心，上溯鸦片战争、太平天国等革命运动；旁及其他革命党派团体之革命事迹"[4]。此后，"革命文物"的概念逐渐流行。如 1950 年 2 月文化部文物局连续三天在《人民日报》上刊登了《征集革命文物启事》。

1950 年 5 月，中央人民政府政务院颁布《禁止珍贵文物图书出口暂行办法》，其中第一条就是"革命文献及实物"禁止出口，并限定了文物可以分为"有关革命的、历史的、文化的、艺术的"和"无关这几个标准"的两类，没有采用"革命文物"的说法[5]。1950 年 6 月，中央人民政府政务院颁布《关于征集革命文物的命令》，提出革命文物是"以'五四'以来新民主主义革命为中心，远溯鸦片战争、太平天国、辛亥革命及同时期的其他革命运动史料"，包括"一切有关革命之文献与实物"[6]。1950年 7 月，中央人民政府政务院发布《关于保护古文物建筑的指示》，提到"有关革命史实的文物建筑"，如革命遗迹等，须加以保护，严禁毁坏[7]。在 1951 年 5 月中央人民政府

1 张志强、章祖蓉：《民主革命时期中国共产党报刊中的文物博物馆史料（三）》，《中国博物馆》1990 年第 4 期。
2 张志强、章祖蓉：《民主革命时期中国共产党报刊中的文物博物馆史料（三）》，《中国博物馆》1990 年第 4 期。
3 《北平历史博物馆征集革命文献实物启事》，《人民日报》1949 年 5 月 4 日。
4 李万万：《中央革命博物馆时期的展览研究》，《文物天地》2016 年第 7 期。
5 国家文物局编：《中国文化遗产事业法规文件汇编（1949-2009）》，文物出版社，2009 年，第 1 页。
6 国家文物局编：《中国文化遗产事业法规文件汇编（1949-2009）》，文物出版社，2009 年，第 6 页。
7 国家文物局编：《中国文化遗产事业法规文件汇编（1949-2009）》，文物出版社，2009 年，第 7 页。

文化部、内务部联合公布的《地方文物管理委员会暂行组织通则》中写道："为了更好地保护、管理各地方的古建筑、古文化遗址、革命遗迹，并为征集在各地的珍贵文物、图书、革命遗物的便利，各省、市得设'文物管理委员会'。"[1] 这里用"革命遗迹"指代不可移动文物或遗址旧迹，用"革命遗物"指代可移动的实物。

1953 年 10 月，中央人民政府政务院发布《关于在基本建设工程中保护历史及革命文物的指示》，在这份文件中，使用了"历史及革命文物"的概念，如"各级人民政府对历史及革命文物负有保护责任"，这个名词可看作是"历史文物"和"革命文物"的缩写[2]。1956 年 4 月，国务院发出《关于在农业生产建设中保护文物的通知》，提出了"革命遗迹"的说法，如"保存在地上地下的革命遗迹、古代文化遗址、古墓葬、古建筑、碑碣、古生物化石遍布全国"。这里的"革命遗迹"可保存在"地下"，可能也包括了可移动文物[3]。总之，"革命文物"的提法亦未在政府官方文件中得到统一。

1960 年 7 月，文化部、对外贸易部发布《关于文物出口鉴定标准的几点意见》，后附"文物出口鉴定标准"，在关于出口文物鉴定标准的原则中规定："革命文物，不论年限，原则上一律禁止出口。"[4] 这份文件将"革命文献及实物"统称为"革命文物"，进一步推广了"革命文物"的适用范围。

1961 年 3 月，国务院发出《关于进一步加强文物保护和管理工作的指示》，指出"文物保护是一项重要工作。我国丰富的革命文物和历史文物，是世界人类进步文化的宝贵遗产……凡是具有历史、艺术、科学价值的文物，都该当妥善保护，不使遭受破坏和损失"[5]。同年国务院颁发《文物保护管理暂行条例》，这是新中国成立后国务院颁发的第一部文物保护综合行政法规，是中国文物法规史上的一个里程碑。该条例中提到由国家保护的文物范围，其中和革命相关的是"与重大历史事件、革命运动和重要人物有关的、具有纪念意义和史料价值的建筑物、遗址、纪念物等""革命文献资料"[6]。该法规中虽然没有使用"革命文物"的概念，内涵上已包括可移动文物和不可移动文物两大类别。

"文化大革命"时期，"革命文物"的概念使用较多，一般和"历史文物"相对应，如 1974 年 8 月《国务院关于加强文物保护工作的通知》，提出"革命文物是发扬革命

1　国家文物局编：《中国文化遗产事业法规文件汇编（1949-2009）》，文物出版社，2009 年，第 9 页。

2　国家文物局编：《中国文化遗产事业法规文件汇编（1949-2009）》，文物出版社，2009 年，第 11 页。

3　国家文物局编：《中国文化遗产事业法规文件汇编（1949-2009）》，文物出版社，2009 年，第 14 页。

4　国家文物局编：《中国文化遗产事业法规文件汇编（1949-2009）》，文物出版社，2009 年，第 17 页。

5　国家文物局编：《中国文化遗产事业法规文件汇编（1949-2009）》，文物出版社，2009 年，第 28 页。

6　国家文物局编：《中国文化遗产事业法规文件汇编（1949-2009）》，文物出版社，2009 年，第 30 页。

传统，进行阶级斗争和两条路线斗争教育的重要武器"[1]。1974 年 12 月国务院《关于加强文物商业管理和贯彻执行文物保护政策的意见》"革命文物或反革命罪证，不限年代，一律不准出口"[2]。1978 年 1 月《博物馆一级藏品鉴选标准（试行）》将文物主要分为"革命文物"和"历史文物（附艺术藏品）"两大类[3]。

1982 年 11 月，《中华人民共和国文物保护法》公布实施，这是新中国成立后第一部有关文物保护的法律，是中国文物保护法律制度建设的重要成就。该法中关于"革命文物"的表述，基本沿袭了 1961 年《文物保护管理暂行条例》。1992 年 4 月国家文物局发布实施《中华人民共和国文物保护法实施细则》，其中规定"纪念物、艺术品、工艺美术品、革命文献资料、手稿、古旧图书资料以及代表性实物等文物，分为珍贵文物和一般文物，珍贵文物分为一、二、三级"，使用了"革命文献资料"的概念，其中的"纪念物"，自然也包括"革命文物"。

1998 年中共中央办公厅、国务院办公厅转发《中央宣传部、国家教委、民政部、文化部、国家文物局、共青团中央关于加强革命文物工作的意见》，提到"革命文物作为我国各族人民长期革命斗争和中国共产党领导的新民主主义革命与社会主义革命和建设的实物见证"，将"革命文物"界限从 1840 年扩展至 1998 年，即"一个半世纪的革命历程保存和遗留下了极其丰富的革命文物"[4]。这份文件明确使用了"革命文物"的概念，并对其清晰定义。

2008 年 3 月，中宣部、国家文物局等十部委发布《关于加强革命文物工作的若干意见》，指出革命文物"是自 1840 年以来，中华民族为争取民族独立、实现伟大复兴而奋斗，特别是中国共产党领导下的新民主主义革命和社会主义革命与建设光辉历程的重要实物见证"，要求各地各部门加强革命文物的保护、利用与管理工作。同年 8 月，由中共中央宣传部、国家文物局联合主办，江西省委宣传部、江西省文化厅共同承办的全国革命文物工作座谈会在井冈山召开，就贯彻《关于加强革命文物工作的若干意见》等进行了探讨。

党的十八大以后，"革命文物"愈来愈受到重视。2016 年国家文物局发布《关于加强革命文物工作的通知》，指出"革命文物是我国文物资源的重要组成部分，是激发爱国热情、振奋民族精神的深厚滋养，是弘扬革命传统、传承中华文化的重要载体"，

1　国家文物局编：《中国文化遗产事业法规文件汇编（1949–2009）》，文物出版社，2009 年，第 65 页。
2　国家文物局编：《中国文化遗产事业法规文件汇编（1949–2009）》，文物出版社，2009 年，第 68 页。
3　国家文物局编：《中国文化遗产事业法规文件汇编（1949–2009）》，文物出版社，2009 年，第 81 页。
4　国家文物局编：《中国文化遗产事业法规文件汇编（1949–2009）》，文物出版社，2009 年，第 334 页。

要求各地文物部门夯实革命文物工作基础，加强革命文物保护工作。2018年7月，中共中央办公厅、国务院办公厅印发《关于实施革命文物保护利用工程（2018—2022年）的意见》，提出革命文物"凝结着中国共产党的光荣历史，展现了近代以来中国人民英勇奋斗的壮丽篇章，是革命文化的物质载体，是激发爱国热情、振奋民族精神的深厚滋养，是中国共产党团结带领中国人民不忘初心、继续前进的力量源泉"。10月，中共中央办公厅、国务院办公厅印发《关于加强文物保护利用改革的若干意见》，指出"保护好革命文物，传承好红色基因。强化革命文物保护利用政策支持，开展革命文物集中连片保护利用，助力革命老区脱贫攻坚"。这两份意见是新中国成立以来首个以中办、国办名义印发的专门针对革命文物的中央政策文件，充分体现了党中央高度重视革命文物工作。

为确保革命文物保护利用的严肃性、专业性和真实性、科学性，国家文物局于2019年1月印发《革命旧址保护利用导则（试行）》，对革命文物中的"旧址"，即不可移动类革命文物中的"旧址"类型的保护管理、活化利用提出了原则性、指导性要求。2019年11月，中央机构编制委员会办公室批复国家文物局设立革命文物司，体现出国家对"革命文物"重视愈加提高。

2021年3月30日，全国革命文物工作会议召开，习近平总书记指出，"革命文物承载党和人民英勇奋斗的光荣历史，记载中国革命的伟大历程和感人事迹，是党和国家的宝贵财富，是弘扬革命传统和革命文化、加强社会主义精神文明建设、激发爱国热情、振奋民族精神的生动教材"，"加强革命文物保护利用，弘扬革命文化，传承红色基因，是全党全社会的共同责任"。2021年12月24日，国家文物局制订并发布《革命文物保护利用"十四五"专项规划》，在规划中指出"加强中国共产党史、中华人民共和国史、改革开放史、社会主义发展史相关实物、文献、档案、史料、口述史的抢救、征集与研究，加强反映中国特色社会主义新时代历史性成就和历史性变革的实物、藏品征集与研究，深入挖掘革命文物蕴含的思想内涵和时代价值"，此处将"革命文物"的时代下限明确扩展到中国特色社会主义新时代。2021年12月29日，国家文物局、财政部下发《关于加强新时代革命文物工作的通知》，提出革命文物承载党和人民英勇奋斗的光荣历史，记载中国革命的伟大历程和感人事迹，是党和国家的红色基因库和宝贵财富"，这时"革命文物"的外延显然已延至"革命、建设、改革各个历史时期"。

2022年1月，广东省十三届人大常委会第三十九次会议表决通过了《广东省革命遗址保护条例》，该条例将"革命遗址"定义为"见证近代以来中国人民抵御外来侵略、维护国家主权、捍卫民族独立、争取人民自由和中国共产党领导中国人民进行革命、建设、改革的历史，具有纪念意义、教育意义或者史料价值的遗址"，在时间跨度上，显然和《革命文物保护利用"十四五"专项规划》一脉相承。"革命遗址"包括了"革命文物"中的不可移动文物、历史建筑和烈士纪念设施等各类型遗址，体现出政府对"革命文物"的认识愈加深刻，对"革命文物"的规划、保护、利用工作也愈加细化，体现出专业性。

综上可知，"革命文物"一词起源很早，1949年10月就在中央政府层面被使用。与其内涵相似的"革命纪念物""革命文献及实物""革命历史文物"等，更是在土地革命时期就有所使用。新中国成立后，虽然发布过诸如《关于收集革命文物的通知》《革命文物征集法令》等文告，但未在法律制度层面将"革命文物"的概念明确化、固定化，这一时期，"革命文献资料""革命遗迹"等并不规范准确的概念都曾流行，这一阶段"革命文物"的外延也沿袭了1949年10月中共中央宣传部《关于收集革命文物的通知》中的说法，即革命文物是"以五四以来，共产党领导的新民主主义革命为中心，上溯鸦片战争、太平天国等革命运动，旁及其他革命党派团体之革命事迹"，并不包括社会主义建设乃至改革开放时期的实物资料。

1998年是一个重要节点，"革命文物"的界限从1840年扩展至1998年，即"一个半世纪的革命历程保存和遗留下了极其丰富的革命文物"。2008年中宣部、国家文物局等十部委发布《关于加强革命文物工作的若干意见》延续了这一定义，并具体表述革命文物"是自1840年以来，中华民族为争取民族独立、实现伟大复兴而奋斗，特别是中国共产党领导下的新民主主义革命和社会主义革命与建设光辉历程的重要实物见证"。此后2016年国家文物局发布《关于加强革命文物工作的通知》，2018年中共中央办公厅、国务院办公厅印发《关于实施革命文物保护利用工程（2018—2022年）的意见》《关于加强文物保护利用改革的若干意见》，2019年文物局还设立革命文物司，"革命文物"的内涵逐步明晰，外延也愈来愈科学、精细和专业化。其余不准确不规范的"概念"逐渐停用，"革命文物"成为标准称谓。

概念即术语，往往标志着人类对某一事物的认识深度与水平。在历史的发展长河中，"革命文物"由众多概念中的一个发展成为今天的标准概念，实质上也代表了中国人对何谓革命、何谓文物的认识愈加深刻明晰。

三、从"革命文物"到"红色文化遗产"

在文物保护领域，从"文物"到"文化遗产"的认知变化，是一个重要转折，"这个转换是具有深刻意义的"[1]。

1972年10月，联合国教科文组织在《保护世界文化和自然遗产公约》中，最早提出"文化遗产"概念。《保护世界文化和自然遗产公约》把物质形态的"文化遗产"分为文物、建筑群和遗址三个方面，文物是"从历史、艺术或科学角度看具有突出的普遍价值的建筑物、碑雕和碑画、具有考古性质成分或结构、铭文、窟洞以及联合体"，建筑群指"从历史、艺术或科学角度看，在建筑式样、分布均匀或与环境景色结合方面具有突出的普遍价值的单立或连接的建筑群"，遗址为"从历史、审美、人种学或人类学角度看，具有突出的普遍价值的人类工程或自然与人联合工程以及考古地址等地方"。1985年，中国加入《保护世界文化和自然遗产公约》。

2003年10月，联合国教科文组织正式通过《保护非物质文化遗产公约》，首次提出了"非物质文化遗产"概念。公约提出非物质文化遗产指"被各社区、群体，有时是个人，视为其文化遗产组成部分的各种社会实践、观念表述、表现形式、知识、技能以及相关的工具、实物、手工艺品和文化场所"，包括了口头传统和表现形式，表演艺术，社会实践、仪式、节庆活动，有关自然界、宇宙的知识和实践，以及传统手工艺几个方面。

2005年12月，国务院下发《关于加强文化遗产保护的通知》，开始将文化遗产分为"物质文化遗产和非物质文化遗产"，其中物质文化遗产是具有历史、艺术和科学价值的文物，包括古遗址、古墓葬、古建筑、石窟寺、石刻、壁画、近代现代重要史迹及代

---

1 单霁翔：《文化遗产是城市资本而不是包袱》，《中国文物报》2007年4月11日。

表性建筑等不可移动文物，历史上各时代的重要实物、艺术品、文献、手稿、图书资料等可移动文物，以及在建筑式样、分布均匀或与环境景色结合方面具有突出普遍价值的历史文化名城（街区、村镇）。非物质文化遗产是指各种以非物质形态存在的与群众生活密切相关、世代相承的传统文化表现形式，包括口头传统、传统表演艺术、民俗活动和礼仪与节庆、有关自然界和宇宙的民间传统知识和实践、传统手工艺技能等以及与上述传统文化表现形式相关的文化空间。该文件明显受到了联合国教科文组织两份《公约》的影响，对"文化遗产"概念有所吸收，但在此概念的"中国化"方面，尚处于起步阶段。

2004年6月，国家旅游局党组提交了一份《关于推进发展红色旅游工作意见的报告》，指出"发展红色旅游，把目前正处于快速消失期的红色文化遗存挖掘、保护和有效利用起来，对于保护堪称世界文化遗产的中国红色文化遗产也富有战略意义"，该报告中出现了红色文化遗存、红色文化遗产概念，并对后者定义包括了"革命文物、文献、建筑等"，还呼吁"尽快建立起我国的'红色文化遗产'保护体系"[1]。这份报告是官方首次在表述中采用了"红色文化遗产"的概念，虽然有一个列举式的外延，但缺乏内涵方面的界定。旅游局从"红色旅游"发展出"红色文化遗产"的观念，虽然不是一个严格的学术论证过程，却因贴合中国实际且融合了国外最新文物保护理念，应该是无意间创造了一个极富中国特色的专业术语。

然而，"红色文化遗产"的表述犹如昙花一现。2004年12月，中共中央办公厅、国务院办公厅印发《2004—2010年全国红色旅游发展规划纲要》，在此规划中，提出"红色旅游，主要是指以中国共产党领导人民在革命和战争时期建树丰功伟绩所形成的纪念地、标志物为载体，以其所承载的革命历史、革命事迹和革命精神为内涵，组织接待旅游者开展缅怀学习、参观游览的主题性旅游活动"，这份文件主要使用了"革命历史文化遗产"而不是"红色文化遗产"的概念，如"革命历史文化遗产是中华民族宝贵的精神财富"，"通过发展红色旅游，把这些革命历史文化遗产保护好、管理好、利用好"，"要把发展红色旅游同弘扬革命传统、培育民族精神相结合，同加强和改进青少年思想道德建设相结合，同有效保护和利用革命文物相结合"，"按照保护为主、抢救第一的方针，加强对重点革命历史文化遗产的挖掘、整理，加大保护设施建设和

1　国家旅游局、中共中央文献研究室：《党和国家领导人论旅游（1978–2004年）》，中央文献出版社，2005年，第368–373页。

环境整治力度，使重要的文物、遗址、纪念地、名人故居、文献、建筑等得到妥善保护"等。"革命"在近代中国内涵非常丰富，涵盖了从孙中山发起的反清运动到国民党的二次革命等，这些革命运动都发生在中国共产党成立之前或由国民党领导，所以把与这些革命运动相关的"文化遗产"称之为"革命文化遗产"固然无碍，但称之为"红色文化遗产"就有所偏颇，属于以大概小，并不严谨。"红色旅游"依托的文化遗产，一般是中国共产党成立后领导人民进行革命运动相关的文化遗产，而非普遍意义上的"革命历史文化遗产"。2011年5月，中共中央办公厅、国务院办公厅联合下发《2011—2015年全国红色旅游发展规划纲要》，依然采用了"革命文物""革命历史文化遗产"的概念。

围绕2004年的"红色旅游热"，社会各界开始热烈讨论，关于"红色"的各类新概念，如红色旅游资源、红色资源、红色文化、红色文物、红色遗产、革命历史文化资源、革命历史文化遗产、红色文化遗产等也由此层出不穷。在概念的使用和辨析过程中，学术界亦逐渐明晰了各类概念的具体指向，虽然其中有大量的误用、混用、滥用及过度使用，但并不影响学术界整体对这些新概念理解的深入和规范化。

首先是对"红色旅游"的界定。2005年3月3日，《人民日报》（海外版）刊发《红色旅游成为新亮点》，其中提到"红色旅游是指把从中国共产党成立至解放前夕28年历史阶段，包括中央革命根据地、红军长征、抗日战争、解放战争时期的重要革命纪念地、纪念馆、纪念物及其所承载的革命精神作为旅游资源开发和利用"[1]，不过在转引传播过程中，这个关于"红色旅游"的定义，却被有些研究者误作是官方对"红色文化遗产"的定义，流传转引，影响较大。如2008年尚有论文指出"根据我国有关部门的界定，红色文化遗产是指从中国共产党成立至解放前夕28年的历史阶段内，包括中央革命根据地、红军长征、抗日战争、解放战争时期的重要革命纪念地、纪念馆、纪念物及其所承载的革命精神"[2]，对照《人民日报》表述，可谓一字不差，概念却由"红色旅游（资源）"变成了"红色文化遗产"。

2004年"红色旅游"发轫之际，也有学者提炼出"红色文化"概念，如刘寿礼认为红色文化"指在第二次国内革命战争时期诞生于井冈山和以瑞金为核心的中央苏区

1　《红色旅游成为新亮点》，《人民日报》海外版2005年3月3日。

2　伍延基、王计平：《红色文化遗产的保护与开发对策研究——以福建省为例》，《淮海工学院学报（社会科学版）》2008年第1期。

'红土地'之上的人民大众反帝反封建的革命文化"，"是中国共产党领导的群众性革命文化运动的产物，不仅生动地反映了中国共产党领导下的苏区政治、经济的特点和人民群众的精神面貌，而且在继承'五四'运动革命传统的基础上开辟了我国新文化发展的正确方向和道路，是革命战争年代中国共产党人、苏区人民和进步人士共同创造、积淀的重要文化遗产"[1]。最初的"红色文化"，特指形成于中央苏区"红土地"上的文化类型，具有地域性，后来的长征精神、延安精神、西柏坡精神等，都是"红色文化"发展孕育的结果。不过后来"红色文化"的概念范围，亦随之扩大，因为"红色文化"的界定与"红色文化遗产"的界定，极具相关性，核心之处即在于何谓"红色文化"。

其实关于概念的正本清源，2006年已有学者展开了此项工作，对当时几种概念混用滥用的情况已有评论，如刘建平等指出"目前，各界关于红色旅游的凭借物主要存在以下五种提法：红色旅游资源、革命历史文化资源、革命历史文化遗产、红色文化遗产、红色文物。从现有的文献资料来看，以上五个概念界定不明、辨析不清、彼此混用甚至滥用的现象比较严重"。其中"红色旅游""红色旅游资源""革命历史文化遗产"都是在官方文件中出现过的表述，"革命历史文化遗产和红色文化遗产都是符合学术要求的，只不过所涵盖的范围不一样"，即"革命历史不仅包括红色革命，至少还包括辛亥革命和国内三次革命等"[2]。"红色文化遗产有革命历史文物、革命历史建筑、革命战争遗址等，既有物质遗产，也有非物质遗产，它们是一种文化资源"，"红色文化遗产资源是开展红色旅游的有效载体，是一种独特的旅游资源，是具有政治教育、经济发展、文化传播等价值和功能的独特的综合性旅游资源"，从时间上看，红色文化遗产资源包括了土地革命时期、抗日战争时期、解放战争时期[3]。2008年，刘建平等继续推进研究，指出"红色文化遗产特指中国共产党领导人民在革命和战争时期建树丰功伟绩所形成的革命纪念地、革命历史事迹、革命精神、革命标志物等特殊文化资源，这些资源在我国乡村角落广泛存在"[4]，红色文化遗产的范围为中国共产党领导人民在革命和战争时期形成的各类文化遗产。

1　刘寿礼：《苏区"红色文化"对中华民族精神的丰富和发展研究》，《求实》2004年第7期。
2　刘建平、韩燕平：《红色文化遗产相关概念辨析》，《宁波职业技术学院学报》2006年第4期。
3　刘建平、刘向阳：《区域红色文化遗产资源整合开发探析》，《湘潭大学学报（哲学社会科学版）》2006年第5期。
4　刘建平、李双清：《新农村建设中红色文化遗产法律保护的经济学分析》，《经济地理》2008年第6期。

2010 年后继续有学者界定红色文化遗产，指出是"从 1921 年到 1949 年新民主主义革命时期"[1]；或具体指出"红色文化遗产是指 1921 年中国共产党成立后至 1949 年新中国成立前，主要包括土地革命、抗日战争以及解放战争时期，与重大革命运动、历史事件或者著名革命领导、英雄人物有关的以及具有重要教育意义、纪念意义、史料价值和科学研究价值的重要会议旧址、名人旧居、战斗遗址、历史陵园、革命遗物、文献资料等文物实体以及所承载的精神财富和革命文艺、革命故事、革命口号等非物质文化遗产"[2]。这种将"红色文化遗产"限定于 1949 年的看法渐成主流，如 2018 年有研究者认为"红色文化遗产"是"从 1921 年中国共产党成立到 1949 年建立新中国这段时期内，中国共产党在发展、斗争、壮大过程中所经历、使用的具有独特性、多样性、稀缺性和文化性的物品、场所、建筑等遗存及其所承载的红色革命精神等物质性和非物质性文化遗产"[3]。

2012 年党的十八大以来，习近平总书记多次强调"要把红色资源利用好，把红色传统发扬好，把红色基因传承好"。2012 年《国家"十二五"时期文化改革发展规划纲要》要求"弘扬民族优秀文化传统和五四运动以来形成的革命文化传统"，这里的"革命文化传统"，即指"红色文化传统"。2016 年《中华人民共和国国民经济和社会发展第十三个五年规划纲要》中"加强社会主义精神文明建设"部分，也采用了相同表述，要求"继承五四运动以来的革命文化传统"，这两份文件都未给"革命文化传统"设定下限到 1949 年，显示出"革命文化"或"红色文化"的概念内涵又有更新。

与此对应，学术界对"红色文化"的下限也进行了深入讨论，认为"红色文化"应该有广义和狭义之分。从狭义上讲，红色文化当截止于 1949 年，是一种在革命时期兴起的一种革命文化，具有鲜明的革命色彩[4]。从广义上讲，红色文化是中国共产党诞生后领导中国人民进行革命和社会主义建设过程中形成的文化，社会主义先进文化也应当归入广义的红色文化之内[5]。有学者认为红色文化是一种动态变化的文化形式，在不同时期呈现出不同的特征等[6]。

2015 年 9 月，中共中央政治局审议通过《关于繁荣发展社会主义文艺的意见》，

1　段婷：《关于红色遗产保护策略特殊性的思考——历史真实性的保护》，《建筑与文化》2010 年第 10 期。
2　李晓蓉：《论红色文化遗产的地方性法律保护——以贵州长征文化遗产为视角》，《世纪桥》2012 年第 23 期。
3　王婕、王晨阳：《红色文化遗产的保护与开发研究分析》，《世纪桥》2018 年第 11 期。
4　王明霞：《依托红色文化加强高校思想政治教育新思考》，《广州航海学院学报》2014 年第 9 期。
5　周宿峰：《红色文化基本问题研究》，吉林大学博士学位论文，2014 年。
6　韩延明：《红色文化与社会主义核心价值体系建设研究》，人民出版社，2013 年，第 40 页。

其中要求文艺作品要"深入挖掘博大精深的传统文化、多姿多彩的民族文化、昂扬向上的红色文化、充满生机的当代文化，创作生产符合对外传播规律、易于让国外受众接受的优秀作品"，这里用昂扬向上形容"红色文化"。2017 年党的十九大报告明确指出"中国特色社会主义文化，源自中华民族五千多年文明历史所孕育的中华优秀传统文化，熔铸于党领导人民在革命、建设、改革中创造的革命文化和社会主义先进文化，植根于中国特色社会主义伟大实践"，"加强文物保护利用和文化遗产保护传承"，要"推动中华优秀传统文化创造性转化、创新性发展，继承革命文化，发展社会主义先进文化"。"革命文化"需要继承，"社会主义先进文化"需要发展，两者共同组成"红色文化"的全部内涵。

在新的语境之下，"革命文物"定义也有所扩展，2021 年刘曙光指出"革命文物，是专指那些从五四运动至今的，与党史、军史、新中国史、改革开放史、社会主义发展史有关的文物"，"革命文物"下限拓展至改革开放时期，和"四史"直接相关。李耀申认为"革命文物"上限可追溯到 1840 年，下限到中国特色社会主义新时代。"红色资源"则是"中国共产党领导下，在新民主主义革命时期、社会主义革命和建设时期、改革开放和社会主义现代化建设新时期、中国特色社会主义新时代所形成的具有历史价值、教育意义、纪念意义的（下列）物质资源和精神资源"。红色资源在起始年代上晚于革命文物，但在内涵和外延上又广于革命文物[1]。李耀申所言的"红色资源"，其实质更接近于"红色文化遗产"。

围绕"革命文物"和"红色文化遗产"的关系，2020 年魏子元展开过深入研究，他指出一个核心问题即是对红色文化的定义，目前有两种观点，第一种认为"红色文化始于新民主主义革命或中国共产党诞生（1921 年），是中国共产党领导人民在长期革命战争中形成的以马克思主义为主导的文化"；第二种认为"红色文化是在不同时期，即新民主主义革命和社会主义建设时期，以及改革开放时期，中国共产党带领全国人民所创造的一种特殊文化"，由此可推断"红色文化"的下限"应该是改革开放以来到现在，并且是动态发展、与时俱进、不断丰富的"。至于"红色文化遗产"的下限，因为"遗产要有 30 年以上的时间距离"，所以"红色文化遗产"的下限"定在改革开放以前比较妥当"。魏子元定义"红色文化遗产是由中国共产党领导各界人民在新民

1　何依、刘曙光、李耀申，等：《笔谈：革命文物的内涵解释、保护运用与传播传承》，《中国文化遗产》2021 年第 6 期。

主主义时期及社会主义建设初期共同创造的一种文化遗产，既包括革命、建设以来的遗物、遗址、遗迹、纪念碑、纪念地等物质性遗产，也包括在这一过程中所形成的信仰、知识、精神、价值、道德等精神（非物质）遗产。其上限起于新民主主义革命和中国共产党的成立，下限到社会主义建设初期，即1978年改革开放以前"[1]。这应当是目前最为科学准确、经过批判性思维提炼的概括。

2022年仍然有学者继续概括"红色文化遗产"是指从1921年中国共产党诞生至今产生的中央和地方革命根据地、红军长征、抗日战争、解放战争时期以及新中国成立之后和改革开放以来的革命纪念地、纪念馆、纪念物及其所承载的革命精神，是对革命、建设、改革进程中产生的精神文化及其物质载体的总称[2]。显然不如魏子元的归纳精确恰当。

综上可知，2004年之后受到国外文物保护理念由"文物"向"文化遗产"转变的影响，国内也兴起了"红色旅游"的热潮，尤其在国家层面制定规划，早在2004年就出现了"红色文化遗产"的表述，"红色文化遗产"概念虽然合理衔接了"红色"与"文化遗产"的新理念，但一直未能在官方文件中得到相应推广和规范使用，反而官方文件依然沿用"革命历史文化遗产"的表述较多。在学术界，关于"红色文化遗产"的讨论2006年以后一直持续，核心问题便是何谓"红色文化"。"红色文化"上限似乎已取得共识，中国新民主主义革命时期，即1919年"五四运动"之后，或中国共产党成立，其下限是到1949年新中国成立，抑或可延续至中国特色社会主义新时代的今天，形成了两种主要观点。但"红色文化遗产"超越了"革命文物"，其包括了物质文化遗产和非物质文化遗产的特点，已成为研究者的共识。按照《国务院关于加强文化遗产保护的通知》的规定，文化遗产包括物质文化遗产和非物质文化遗产。物质文化遗产是具有历史、艺术和科学价值的文物，非物质文化遗产是指各种以非物质形态存在的与群众生活密切相关、世代相承的传统文化表现形式。

---

1 魏子元：《红色文化遗产的相关概念与类型》，《中国文物科学研究》2020年第1期。
2 鲁嘉宁、王淼、张克慧，等：《乡野环境红色文化遗产保护利用策略——以北京市平谷区为例》，《中国文化遗产》2022年第1期。

四、国内红色文化遗产保护利用现状

1961 年国务院颁布了《文物保护管理暂行条例》，"文化大革命"结束之后，1979 年国家文物部门在《文物保护管理暂行条例》的基础上，总结历史经验教训、借鉴国际社会经验，起草了《中华人民共和国文物保护法》。1980 年《中华人民共和国文物保护法（草案）》完成，在多方征求意见后上报中央。1982 年 11 月 19 日，第五届全国人民代表大会常务委员会第二十五次会议通过《中华人民共和国文物保护法（草案）》并颁布实施。《中华人民共和国文物保护法》之后又历经 1991 年、2002 年、2007 年、2013 年、2015 年、2017 年的修订。然而《中华人民共和国文物保护法》主要面对可移动文物和不可移动文物的保护问题，在理念上由"文物"转变成"文化遗产"之后，对于"非物质文化遗产"的保护未做规定。

作为重要补充，2011 年 6 月 1 日起《中华人民共和国非物质文化遗产法》开始施行，其中的非物质文化遗产，主要是"指各族人民世代相传并视为其文化遗产组成部分的各种传统文化表现形式，以及与传统文化表现形式相关的实物和场所"，"对体现中华民族优秀传统文化，具有历史、文学、艺术、科学价值的非物质文化遗产采取传承、传播等措施予以保护"，该法中的"非物质文化遗产"主要指和"中华民族优秀传统文化"相关的非物质文化遗产，然而对于如何进行认定、登录、保护和利用"革命文化"或"社会主义先进文化"相关的非物质文化遗产，尚处于法规上的空白。

党的十八大以来，"革命文物""红色文化遗产"等领域虽然得到党和国家的高度重视，但在法律法规层面，尚未形成专法专规，这应该缘于"革命文物""红色文化遗产"等概念的形成使用时间较晚，法律学界、文保学界等对其尚未认识清楚、形成共识。已有研究者指出我国虽有《中华人民共和国文物保护法》《中华人民共和国文物保护法实施条例》《中华人民共和国非物质文化遗产法》等法律法规，但针对"红色文化遗产"这一特殊类型，尚缺乏针对性、专门性的规定，从而导致在红色文化遗产保护利用的实践操作层面，缺少法规指引，加大了红色文化遗产保护中面临的压力。

面对新的挑战，国家层面虽没有出台专门的红色文化遗产保护相关法规，但也有一些相关性的指导规定，如国家文物局 2019 年 1 月印发《革命旧址保护利用导则（试行）》作为指导。地方如 2016 年贵阳就颁布了《贵阳市红色文化遗址保护管理办法》。如果从红色文化遗产的实质而不是概念表象来看，2001 年陕西省也曾颁布过《延安革命遗址保护条例》。截至目前，已有多地出台了地方性法规，为红色文化遗产（红色资源、红色文化）的保护利用工作提供保障，列表如下（表 1）。

表 1   红色文化遗产保护利用相关地方性法规

通过时间	名称
2001 年 6 月 1 日	《延安革命遗址保护条例》
2014 年 9 月 29 日	《宁波市革命遗址保护利用规定》
2015 年 9 月 17 日	《重庆市抗日战争遗址保护利用办法》
2016 年 8 月 18 日	《百色市百色起义文物保护条例》
2016 年 10 月 31 日	《贵阳市红色文化遗址保护管理办法》
2016 年 12 月 29 日	《嘉兴市南湖保护条例》
2017 年 1 月 23 日	《三明市红色文化遗址保护管理办法》
2017 年 8 月 25 日	《黄冈市革命遗址遗迹保护条例》
2017 年 9 月 26 日	《龙岩市红色文化遗存保护条例》
2017 年 10 月 25 日	《滨州市渤海老区革命遗址遗迹保护条例》
2017 年 10 月 27 日	《吴忠市红色文化遗址保护条例》
2018 年 8 月 15 日	《盐城市革命遗址和纪念设施保护条例》
2018 年 9 月 10 日	《汕尾市革命老区红色资源保护条例》
2018 年 9 月 10 日	《汕尾市革命老区红色资源保护条例》
2019 年 9 月 27 日	《山西省红色文化遗址保护利用条例》
2019 年 10 月 30 日	《固原市红色文化遗址保护条例》
2019 年 12 月 27 日	《长治市红色文化遗址保护利用条例》
2020 年 4 月 22 日	《宁德市红色文化遗存保护条例》
2020 年 4 月 28 日	《临沂市红色文化保护与传承条例》
2020 年 9 月 23 日	《牡丹江市红色文化遗存保护利用条例》
2020 年 9 月 27 日	《梅州市红色资源保护条例》
2020 年 11 月 5 日	《广元市红色革命遗址遗迹保护条例》
2020 年 11 月 27 日	《山东省红色文化保护传承条例》

通过时间	名称
2021 年 4 月 21 日	《南京市红色文化资源保护利用条例》
2021 年 4 月 29 日	《潍坊市红色文化资源保护条例》
2021 年 5 月 21 日	《上海市红色资源传承弘扬和保护利用条例》
2021 年 5 月 28 日	《揭阳市红色资源保护传承条例》
2021 年 6 月 3 日	《信阳市红色资源保护条例》
2021 年 6 月 24 日	《山南市红色文化资源保护利用条例》
2021 年 6 月 25 日	《四川省红色资源保护传承条例》
2021 年 7 月 30 日	《湖南省红色资源保护和利用条例》
2021 年 7 月 30 日	《定西市红色资源保护传承条例》
2021 年 8 月 24 日	《达州市红色文化遗存保护利用条例》
2021 年 10 月 19 日	《阳泉市红色文化资源保护传承条例》
2021 年 10 月 19 日	《潮州市红色文化资源保护利用条例》
2021 年 11 月 19 日	《安徽省红色资源保护和传承条例》
2021 年 11 月 29 日	《天津市红色资源保护与传承条例》
2022 年 1 月 16 日	《广东革命遗址保护条例》
2022 年 6 月 10 日	《重庆市红色资源保护传承规定》
2022 年 7 月 28 日	《广西壮族自治区红色资源保护传承条例》
2022 年 9 月 9 日	《三门峡市红色资源保护利用条例》
2022 年 9 月 29 日	《河池市红色文化遗址保护条例》
2022 年 10 月 25 日	《韶关市红色资源保护条例》
2022 年 11 月 1 日	《南充市红色资源保护传承条例》
2022 年 11 月 24 日	《福建省红色文化遗存保护条例》

由以上名称即知，在立法层面，革命遗址、革命旧址、红色文化遗址、红色文化遗存、红色资源、红色文化资源等这些概念，各地都有使用，其内涵外延并不完全一致，目前尚缺少能够全国施行的有关红色文化遗产的保护法规。

就现实而言，中国各地红色文化遗产都有分布，从物质文化遗产到非物质文化遗产，类型多样，但不均衡。如江西、陕西作为新民主主义革命时期中共中央驻地，留下了非常多的红色文化遗产。红色文化遗产很多分布在乡村，由于历史原因，之前对红色文化遗产的重要性认识不到位，地方政府也缺乏统一规划、管理保护利用的观念，导致很多红色文化遗产未纳入文物保护体系，或是在城市快速化发展中消失；或虽然存在，但年久失修；或虽有维修，但并非"修旧如旧"，而是破坏性修复导致原貌不存。如延安杨家岭革命旧址保护区内的中央花园曾经是毛泽东、刘少奇、周恩来等中央领导集体活动的场所，本是革命旧址的重要组成部分，却因房地产开发而拆除。在已活化利用的诸多事例中，"红色文化遗产保护与利用存在着规划建设不科学、保障能力低下、配套设施不足、内涵挖掘肤浅、商业化庸俗化问题突出等诸多困扰"[1]，如在烈士陵园内开设娱乐场所，甚至有低俗的表演；革命先烈的故居被改造成商业会所或是餐厅，与红色文化遗产蕴含的革命精神严重不符甚至相冲突。至于红色文化遗产中的非物质文化遗产，尚未成为专题门类引起学界关注。

就现状，学术界的建议大致可以归纳为几点：

首先是立法工作亟待推进。2018年有学者指出，"在深入推进全面依法治国、全面实施文化建设系列重大举措的大背景下，加快红色文化遗产保护地方立法步伐，发挥地方立法的先行性、试验性优势，将红色文化遗产保护地方立法（以下简称"红色文化地方立法"）作为全方位、多层次、多维度的系统工程，与推进区域协调发展新战略和支持革命老区加快发展有机契合"是一件迫切需要落实的工作[2]。我国目前红色文化保护地方性法规数量虽多，但国家层面的立法欠缺，"各地立法缺乏上位法的依据，致使立法进程缓慢，发展也不够均衡，与海量的红色文化遗产相比，红色文化立法无论是在数量、广度还是深度上都有明显不足"。在已有的地方法律法规中，"没有结合本地实际对红色文化遗产、红色旅游资源的开发、保护和管理等问题作出明确具体而有操作性的规定，保护作用受到局限和制约。有的地方性法规内容条款比较单一，偏重实体性遗址保护，对精神内涵挖掘较浅，有些法规因出台时间仓促，法规内容有待修订完善"[3]。有学者认为地方性红色文化遗产保护立法应当"遵循政府主导、社会参与、保护为主、合理利用的原则，保持红色文化遗产的历史真实性、风貌完整性和文化传承性"，秉持"地方能动立法与中央基础法制相统一""针对性保护和生态型保护相统一""保护的专业化与公众的参与性相统一""分级保护与在地保护相统一"四个原则[4]。

其次是强化政府职能，加强有效管理。如按照"保护为主、抢救第一、合理利用、加强管理"的方针，定期巡查，建立红色文化遗产名录，强化各相关部门间工作联动，形成全覆盖的红色史迹保护体系，统筹推进红色史迹保护、修复工程。逐步建立、完

1　邓凌月：《加强红色文化遗产保护地方立法研究》，《理论学刊》2018年第4期。
2　邓凌月：《加强红色文化遗产保护地方立法研究》，《理论学刊》2018年第4期。
3　邓凌月：《加强红色文化遗产保护地方立法研究》，《理论学刊》2018年第4期。
4　石东坡、尹学铭：《红色历史文化遗产保护地方立法评析与前瞻》，《地方立法研究》2019年第6期。

善红色史迹安全风险评估监测机制，对潜在危机进行预判，规避可能对红色史迹造成危害的风险。在此基础上，对红色史迹的周边环境进行修缮、维护，对周边环境中与红色文化不协调的经营活动进行清理整治，逐步恢复红色史迹周边固有的历史环境风貌。

再次需要转变理念，吸纳文化遗产保护利用观念。如《新西兰宪章》中这样阐述了文化遗产发展保护观："对保护的理解应是流动的，并且要考虑到其连续性，以及过去的、当前的种种需要。"在红色文化遗产的利用保护工作中，把握以下两个原则。

一是"保是前提、以用养保"的原则。贯彻《中华人民共和国文物保护法》和"保护为主、抢救第一、合理利用、加强管理"，要将红色文化遗产保护的公益性与资源本身所具有经济利用价值有机结合。牢固树立保护第一的思想，一方面通过合理利用红色文化遗产发展红色旅游获取利益，壮大经济实力；另一方面要在实践中探索实施有效的保护措施，促进资源的科学利用，走"保护—开发利用—发展—保护"的良性循环发展之路。

二是"综合评估、分级保护"原则。要实现在决策初期就有效地避免红色文化遗产破坏的发生，科学的判断和选择是唯一可能避免长官意志和盲目冒进的办法；确立一套科学的"评价红色文化遗产综合价值的量化尺度，完成分级分类管理模式的建设"。

在红色文化遗产保护利用工作中，要建立整体的红色文化遗产保护观念，保护概念已由"革命文物"转向"复合遗产、系列遗产"。在遗产保护工作中，需要政府和社会力量、专业机构和社会公众的共同参与。除了国家作为主体进行资金、人员投入外，社会资本如公益基金、慈善基金和人力资源如志愿者、社会团体等亦可适当介入，由原来的国家统管，逐步向国家、社会民间机构，甚至私人、企业共同管理的模式发展，推动社会公众成为红色文化遗产保护的重要后援力量，探寻社会力量参与红色文化遗产保护利用的合理方法，将红色文化遗产转换为红色旅游资源，嵌入当地的社会经济整体发展中。

五、深圳地区东江纵队红色文化遗产概述

　　深圳地区是东江纵队的起源和发展壮大之地。1938 年华南抗战爆发后，至 1946 年 6 月东江纵队北撤前，中国共产党领导的广东人民抗日游击队（1943 年 12 月东江纵队成立，但东纵前身为 1938 年底成立的惠宝人民抗日游击总队和东宝惠边人民抗日游击大队，亦属于本书中"东江纵队"的范畴）在此留下了大量遗址、遗迹、旧址、文物等物质文化遗产，以及民间故事、歌曲、诗词等非物质文化遗产，这些都是深圳珍贵的红色文化资源，亟须加强调查保护与活化利用工作。

　　深圳地区东江纵队红色文化遗产可以完整串联东江纵队从初创到发展壮大直至北撤烟台的完整历史，是中国共产党领导的华南抗战的直接见证，展示了中国共产党为争取民族独立、人民解放而前赴后继艰苦卓绝的斗争，也是深圳地方史中最独特和有卓越贡献的地方，更体现了深圳市的城市底色。东江纵队红色文化遗产不仅体现了伟大抗战精神和东纵精神，更是伟大建党精神在抗日战争时期的具体表现。

　　红色文化遗产是文化遗产的重要组成部分，是中国文化遗产学的重点研究对象。红色文化遗产带有鲜活的中国特色，也应通过对红色文化遗产的深入研究，构建独具中国特色的文化遗产理论体系和话语系统，以在理论层面形成和世界文化遗产学对话的基础。

　　文化遗产分为物质文化遗产和非物质文化遗产，按照 2005 年国务院《关于加强文化遗产保护的通知》规定，物质文化遗产涵盖"具有历史、艺术和科学价值的文物，包括古遗址、古墓葬、古建筑、石窟寺、石刻、壁画、近代现代重要史迹及代表性建筑等不可移动文物，历史上各时代的重要实物、艺术品、文献、手稿、图书资料等可移动文物，以及在建筑式样、分布均匀或与环境景色结合方面具有突出普遍价值的历史文化名

城（街区、村镇）"，非物质文化遗产是指"各种以非物质形态存在的与群众生活密切相关、世代相承的传统文化表现形式，包括口头传统、传统表演艺术、民俗活动和礼仪与节庆、有关自然界和宇宙的民间传统知识和实践、传统手工艺技能等以及与上述传统文化表现形式相关的文化空间"，这一对文化遗产的分类，基本得到了学术界认可，在理念上能与国际社会对"文化遗产"观念意识接轨，实际上对"文化遗产"的定义更加全面，更加符合中国的国情特色，"反映了根据中国实情又与国际接轨的认识丰富化和深刻化"[1]。以此为指引，可对深圳地区东江纵队红色文化遗产概括如下。

根据前期调查研究成果，可将深圳地区东江纵队红色文化遗产分为物质文化遗产和非物质文化遗产两大类。其中物质文化遗产包括了可移动文物和不可移动文物两个类别，非物质文化遗产按照目前调查结果，可暂分为诗词、歌曲、客家山歌三种小类，随着调查工作的深入和不断展开，对非物质文化遗产的类别可以随时进行调整，只要由东江纵队人员创作于 1949 年前，有关华南抗日题材、宣扬红色历史和红色精神的文艺作品，皆可纳入东江纵队红色非物质文化遗产范畴。八十多年前这些流传于东江纵队指战员口耳之间、响彻于阳台山、梧桐山，从深圳湾到大鹏湾山海一线的歌曲、山歌、诗词，乃至于话剧剧本、英烈故事等，类型多样，富有鲜活的生命力和学术研究价值。这些非物质文化形态的文化遗产，既是研究东江纵队的宝贵史料，也是红色文化最生动、最具生命力的承载。

纵览深圳地区东江纵队红色文化遗产，根据目前不完全统计，可概括如下。

（1）物质文化遗产类

①物质文化遗产不可移动文物类

包括机构旧（遗）址 108 处、战斗遗址 30 处、历史事件相关旧（遗）址 57 处、历史人物相关旧（遗）址 21 处、相关纪念物（设施）26 处，总计 242 处。

②物质文化遗产可移动文物类

此处主要统计了国有机构收藏的、有确定收藏编号的馆藏文物，其余私人藏家手中或国有机构收藏但未编号或与东江纵队关联度不大的文物资料，尚在进一步研究考证中。目前统计共有 47 件。

---

1 蔡靖泉：《文化遗产学》，华中师范大学出版社，2014 年，第 55 页。

（2）非物质文化遗产类

此处收录了产生于 1949 年之前，由东江纵队指战员创作，或根据地民众创作的和东江纵队历史相关的诗词、歌曲和客家山歌等文艺作品，含诗词 45 首，歌曲 35 首，客家山歌 29 首，合计 109 首。

红色文化遗产是文化遗产的独特类型，学术界普遍认为物质文化遗产具有五大基本特征，即"纪念性、静态性、原真性、完整性、观赏性"，其中原真性和完整性是物质文化遗产的重要特征；非物质文化遗产也具有五大基本特征，为"活态性、原生性、传承性、变异性和娱乐性"，其中原生性和传承性是最为重要的特征[1]。总体而言，深圳地区东江纵队红色文化遗产的基本特征如下。

原生（真）性： 深圳地区东江纵队红色文化遗产，是东江纵队在发展历程中的产物，其中不可移动文物类如遗址和旧址等，是东江纵队在抗日战争期间英勇抗战的直接见证，和东纵发展史上的多个重要节点密切相关，如上下坪会议旧址、白石龙会议旧址、土洋东江纵队司令部旧址。可移动文物类包括游击队对外发布的宣言、从部队领导到普通游击队员使用过的钢笔、棉絮、笔记本、胸章等物，种类多样，是东纵指战员在抗战期间艰苦奋斗、顽强抗敌的信念体现，体现出"不畏强暴、血战到底的英雄气概""百折不挠、坚忍不拔的必胜信念"，是伟大抗战精神的物化表现。非物质文化遗产类的诗词、歌曲和客家山歌，直抒胸臆，反映了东纵指战员抗敌决心和东江根据地人民同仇敌忾、出资出力、支援东纵抗日的民情民心，反映了中国共产党同人民群众始终保持的血肉联系。这些文化遗产极具代表性。

系统性： 深圳地区东江纵队红色文化遗产，涵盖了物质文化遗产和非物质文化遗产两大类，既有部队初创之际的各种遗址，如新编大队大队部驻地、第五大队大队部驻地、部队交通站、联络站、医务所、枪械维修所、被服厂、印刷厂、情报站等，也有为部队发展壮大做出重要决策的会议旧址，以及大大小小的战斗遗址和支援部队英勇抗日的红色村落。尤其是在大鹏半岛的山海之间，有一条串联了东纵司令部、广东省临时委员会与电台、交通站的红色情报线，该线路主要穿越山地，以大山田村、鹅公村、半天云村、西贡村等为核心，串联了众多革命老村，是难得的一条东江纵队路径型文化遗产。

广泛性： 深圳地区东江纵队红色文化遗产，总体而言数量较多，分布广泛，地域

---

1 蔡靖泉：《文化遗产学》，华中师范大学出版社，2014 年，第 56—75 页。

上包括了宝安区、福田区、罗湖区、南山区、盐田区、光明区、龙华区、龙岗区、坪山区、大鹏新区和深汕合作区，几乎遍布深圳市全部辖区，类型上也具有多样性，从司令部旧址、军械厂遗址、战斗遗址、交通站、情报站、东江军政干部学校遗址等，涵盖了部队战斗生活的方方面面。在地域分布上，具有不均匀的特点，游击队活动频繁的根据地，如阳台山、梧桐山、坪山区、大鹏新区等地，分布密度较大，甚至可以串联为宝贵的红色文化游径。光明区、福田区、罗湖区等当年日伪或顽军占据的地方，相关的遗址遗迹分布则比较稀疏，从地域分布形态上，就可直观反映游击队在抗战时期的活动特点。

东江纵队作为华南抗日游击队的主力，是中国共产党领导的四大抗日武装（东北抗日联军、八路军、新四军、华南抗日游击队）的重要组成部分。与八路军、新四军相较，东江纵队呈现出"东纵组成人员中，知识分子多、港澳同胞多、归国华侨多、女战士多"的特点[1]，其中华侨对于东纵乃至中国抗日战争的支持，不仅包括资金上的援助，不少华侨还直接回国参加东纵抗战，例如泰国华侨林文虎、钟若潮、王丽、陈廷禹、张兴，马来西亚华侨叶凤生、颜金榜、刘荫，菲律宾华侨沈尔七，越南华侨朱金玉、梁金生，美国华侨陈前，出生于马来西亚马六甲的李征，从牙买加归国的何基等。归国华侨的参与，使得东纵的抗日斗争不再仅仅是反抗日本法西斯的侵略，同时也带有国际共产主义性质和国际反法西斯统一战线的性质。这些特征也表现在东纵红色文化遗产方面。

①具有华侨文化遗产的性质。如龙岗区爱国华侨官文森的官氏家族老屋——"懋德世居"和近邻的"昇齐楼"。官文森作为马来亚当地华侨领袖，抗战期间曾组建"文森队"动员华侨青年归国抗战。"昇齐楼"是抗战时期游击队据点之一，游击队员经常在此聚集活动。马来西亚华侨陈耀光，1941年6月，担任游击队第五大队枪厂厂长，该厂设于阳台山鸡板坑，后来转移到白石龙桔坑。1942年在宝安黄田战斗中牺牲的黄密，也是马来西亚归侨。从泰国归来的华侨郑伟灵，他保存的美军飞行员送给他的指北针，现保存在深圳博物馆。这些和华侨相关的可移动文物或不可移动文物、旧址遗迹，既是东江纵队红色文化遗产的组成部分，也属于华侨文化遗产的内容。

②体现了东纵与国际反法西斯统一战线密切相关的特点。如1942年东江纵队营救英军中尉赖特等四人，就是从西贡企岭下村出海，抵达沙鱼涌登岸，再前往坪山田心村。

1　广州东江纵队老战士联谊会编印：《论东江纵队的特点及其精神》，内部资料，2016年，第4页。

1944 年东纵营救了美国飞行员克尔，克尔隐蔽和养伤的土洋村、上洞村，尤其是在上洞村拍摄的珍贵历史照片，印证了上洞村的宝贵红色历史。这些东纵红色文化遗产也直接体现了东纵和盟军一起，共同在中国东南沿海地区构建国际反法西斯统一战线的历史。

③证明了东纵和国际共产主义运动密切联系的特点。东纵人员中有很多华侨，有不少华侨在侨居地就和当地的共产主义运动产生联系，体现出国际共产主义运动的特点。如祖籍深圳布吉草埔村的梁金生，1906 年出生于越南，1915 年归国后于 1927 年加入中国共产党，大革命失败后至越南，又加入了越南劳动党。1937 年在草埔创办民族中学，宣传抗日救亡运动，后到延安担任光华制药总厂厂长等。1945 年受中央派遣至越南参加革命运动，次年在越南牺牲，越南劳动党中央书记黄文欢曾题词称其为"国际共产主义战士"。深圳坪山坑梓人黄志强，是马来亚华侨，1938 年受马来亚共产党委托，创办了抗日救亡团体，1939 年 1 月，东江华侨回乡服务团成立，他加入"两才队"回国参加抗战。曾任广东人民抗日游击总队独立中队政委的钟若潮，祖籍广东梅州，在泰国加入了暹罗共产党，1944 年在梅塘马山战斗中牺牲。1942 年香港沦陷后，游击队组织的秘密大营救曾在香港营救过共产国际的工作人员。郑伟灵也回忆他曾经护送过泰国共产主义运动领袖许一新，从龙华白石龙到惠州执行任务。总之，东江纵队在国际共产主义运动中也留下了深刻印记。

文化遗产并非脱离于实践层面的意义建构，相反，"遗产"一词本身就含有"继承"的意思，是一种动态传承的关系。红色文化遗产更是如此，承载于红色文化遗产中的红色历史、红色信念和红色精神，是今天我们大力保护和活化利用各种红色文化遗产的根本出发点。深圳地区东江纵队的红色文化遗产，在结构上成系统，在地域覆盖面上较为广泛，其本身具有原生性，是东纵红色历史的直接见证，这种类型的物质文化遗产，往往嵌合于当地独特的自然社会风貌中，使得参观者产生一种沉浸式的观感。尤为重要的是，这些红色文化遗产也反映出东江纵队的特质，比如与华侨的密切联系、参与了国际反法西斯统一战线和国际共产主义运动的广度和深度，是东江纵队有别于八路军、新四军和东北抗日联军的重要特点，从而使得深圳地区东纵红色文化遗产内涵愈加丰富，独具特点，需要进一步做好宣传和活化利用工作。

六、深圳地区东江纵队红色文化遗产保护利用建议

按照常规经验，文化遗产保护利用常规步骤如下。

首先，需要进行深入全面的文化遗产普查登录工作，建立本地区相关的文化遗产名录。在调查登录的过程中，通过团体机构或工作组进行文化遗产保护理念的宣传，加强人民群众对文化遗产重要性的认识。通过文化遗产登录，可以获得有关文化遗产准确的、科学的、标准化和系统化的信息，将为下一步的活化利用打下坚实基础。当然在普查登录的工作中，必须有专家团队介入。

其次，普查登录工作完成后，要建立法规制度，对文化遗产的保护主体或保护范围、相关责任人的确定、保护成果的考察和相应的奖惩制度明确化，以落实保护效果。从实际经验出发，目前通行的法规制度，多采用由政府牵头，吸收学术界力量和各种社会力量，从普查、审核、登录、管理、研究、活化利用等多环节建立规范程序，使得文化遗产的保护和活化利用有法可依。

再次，法律规范建立后，借助政府和社会的力量，让文化遗产资源和旅游业、文化产业、教育行业等发生密切关联和互动，在保证文化遗产本体安全的前提下，借助市场力量运作，对文化遗产进行开发利用，如研发文创产品、制作数字文物信息，以文化遗产为基础，开发各类宣传品和产品，通过市场将其转化成为经济利益和社会效益。

然而当下实行的此种模式，也存在着一些问题，如有学者指出，中国目前这种文化遗产保护模式，是一种典型的"依赖政府型"，社会公众参与文化遗产保护的程度不高，表现在只是"被动地参与各级政府部门和团体组织的保护活动，参与形式单一，作用有限，只要遗产破坏事件没有明显影响其生活、生产活动，公众很少愿意主动关

注遗产保护。这种公众参与的方式缺乏系统性和持续性，而且参与程度和参与效果很大程度上由遗产行政主管部门的态度决定"[1]。所以需要不断进行保护文化遗产的宣传，使得保护文化遗产的观念深入人心，让民众对文化遗产产生深刻的认知，从而产生保护文化遗产的主动性，提高社会公众参与的积极性。

深圳地区东纵红色文化遗产具有原生性、系统性、广泛性的特点，类型多样，和东纵战斗生活的方方面面几乎都有关联，形成了内涵丰富、形式全面的遗产整体，时间上连贯，空间上连续，具有较强的整体性。整体性保护是当下文化遗产保护的重要原则，2005年12月《国务院关于加强文化遗产保护的通知》（国发[2005]42号）中明确提出"对文化遗产丰富且传统文化生态保持较完整的区域，要有计划地进行动态的整体性保护"。整体性保护连同原生性原则、最低干预原则、可识别原则、可逆性原则与环境协调原则等，成为现代文化遗产保护的核心理念。

深圳是一个快速完成城市化进程的一线城市，在短短四十年的时间里，就由一个边陲农业县转型成现代化国际大都会。在这个过程中，大量的传统建筑、自然历史景观被拆除或破坏，取而代之的是现代摩天大楼、道路、商场或居民住宅等，这当中也包括某些红色文化遗产的消失，快速城市化与文化遗产保护之间的普遍矛盾在深圳表现得尤为突出。2021年，中共中央办公厅、国务院办公厅印发《关于在城乡建设中加强历史文化保护传承的意见》，提出"要保护好历史地段、自然景观、人文环境和非物质文化遗产，着力解决城乡建设中历史文化遗产屡遭破坏、拆除等突出问题"，指明"活化利用"的方法，即"坚持以用促保，让历史文化遗产在有效利用中成为城市和乡村的特色标识和公众的时代记忆，让历史文化和现代生活融为一体"，具体包括"加大文物开放力度，利用具备条件的文物建筑作为博物馆、陈列馆等公共文化设施。活化利用历史建筑、工业遗产，在保持原有外观风貌、典型构件的基础上，通过加建、改建和添加设施等方式适应现代生产生活需要"，这也为深圳地区东纵文化遗产活化利用提供了思路。

对于地方社会而言，红色文化遗产不仅是文化遗产，更是宝贵的红色文化资源。红色文化资源是中国革命的重要见证，蕴含了中国共产党和中国人民近代以来为争取民族独立和人民解放艰苦卓绝、不懈奋斗的精神，具有强大的精神力量，同时也是发展红色旅游的基础。运用好红色文化遗产，不仅可以为当地找到新的文旅经济增长点，

1　张国超：《我国公众参与文化遗产保护机制研究》，华中师范大学出版社，2020年，第109页。

更可帮助地方落实国家关于革命文化、党史教育等重大决策，为地方争取更多的财政支持，同时可以构建地方的历史特色品牌，构建地方的文化形象，提高地方民众对于本地历史文化的认同，激发民众创造价值的积极性。

综合以上分析，对深圳地区东江纵队红色文化遗产保护利用建议如下。

①深圳地区东江纵队红色文化遗产类型多样，物质文化遗产和非物质文化遗产均有存在，且尚有继续探索拓展的空间。根据《中华人民共和国文物保护法》第十四条"保存文物特别丰富并且具有重大历史价值或者革命纪念意义的城市，由国务院核定公布为历史文化名城。保存文物特别丰富并且具有重大历史价值或者革命纪念意义的城镇、街道、村庄，由省、自治区、直辖市人民政府核定公布为历史文化街区、村镇，并报国务院备案。"的规定，可考虑推动深圳市申报历史文化名城，或将东江纵队红色文化遗产密集的大鹏、坪山、阳台山等区域，申报历史文化街区，进行整体保护活化利用。

②推动政府层面立法，对照兄弟省市先例，研究制定《深圳市红色文化遗产保护条例》，将东江纵队红色文化遗产纳入该法规之中进行保护，同时以该法作为基础，推动保护和活化利用深圳新民主主义革命和社会主义建设、改革开放阶段等大量的红色文化遗产。曾有学者撰文指出"如果将红色文化局限于革命文化，那么深圳这座年轻的城市就不可能有红色文化立法的空间了"[1]，这个观点折射出社会公众对深圳改革开放前的革命历史认知度并不高。深圳作为国内文创产业领先的城市之一，如果能通过立法的方式，为广大的非物质红色文化遗产做出制度安排，相信必然能在全国形成一定的示范效应。而且保护不仅仅只保护红色文物，更应该上升到红色文化遗产的层面，尽快成立和完善相应的红色文化遗产评估、管理和保护机构，建立和健全相应的红色文化遗产保护的法律体系，实施分级保护。

③对红色文化的地方立法保护应遵循政府主导、社会参与、保护为主、合理利用的原则，保持红色文化遗产的历史真实性、风貌完整性和文化传承性。红色文化的传播应遵循博物馆"诚实性、真实性、责任性"的道德准则。红色文化遗产具有不可再生性、历史性与文化性，红色遗产保护的工作首先是对真实历史的保护。红色文化遗产保护修复原则应包括落实"原真性"原则，贯彻"修旧如旧"原则，理解"慎重重建"原则，把握"可识别性"原则。

1　郑延峰、廖翔华：《红色文化地方立法探究》，《宁德师范学院学报（哲学社会科学版）》2021年第1期。

④在对红色文化遗产利用方面，可针对东江纵队红色文化遗产点、线、面较为完整的特点，根据已有成果，如学术界把遗产群落分为线性系列遗产和聚落型遗产[1]，线性系列遗产通常通过遗产廊道构建等方式进行保护利用[2]，聚落型遗产通过历史文化名城、历史城镇、传统村落的设立等方式进行保护利用、合理规划，开辟红色教育旅游线路，将红色资源和当地自然资源、历史人文资源深度融合。可以根据其地域分布，选择主题类似、内涵相近的遗址或旧址，串点成线，连线成面，打造不同的红色主题保护区。在单个红色主题保护区或遗产活化利用区内，打造展览、旅游红色线路，激活红色遗址的联动效应，形成相互关联又互相带动的文化遗产群，发挥集群效应。

总之，文化遗产是人类社会在历史进程中遗留的重要物质和非物质资产，它是区域、历史、国家、社会乃至和自然等因素综合作用的产物，嵌合于当地具体的自然历史风貌之中，凝结了前人的精神力量，也是今人赓续历史、开发各类文旅产品的源泉和依托。在文化遗产的活化利用方面，"既要自上而下，从国家管理层面提高文化强国意识，出台、完善文化遗产保护、开发的政策和法律条例，成立相关保护委员会和协会组织，打通文化和旅游部与各级文物局、博物馆等文旅单位交流合作的信息通道，也要眼光向下，自下而上，引导、帮扶地方文化遗产研究、开发单位提升自我造血、输血能力，以强化文化遗产研究、宣传、展示、保护、利用为纲领，统筹解决文化遗产保护、开发与可持续发展之间存在的难题"[3]。

1　赵月苑：《文化遗产群落及其保护初探》，重庆大学硕士学位论文，2014年。

2　肖洪未、李和平、孙俊桥：《关联性视角遗产群落活态保护方法——以香港文物径为例》，《中国园林》2018年第1期。

3　潘鲁生：《关于文化遗产学建设的思考》，《中国非物质文化遗产》2021年第3期。

下编　名录篇

一 不可移动文物类

（一）

机构旧（遗）址

东江游击队指挥部旧址位于罗湖区东门街道南庆街 13 号。建筑坐西朝东，由一座面阔 8.5 米、进深 10.29 米的砖混结构的三层主楼及其西侧的面阔 4.42 米、进深 12.05 米的二层附楼组成，占地面积约 240 平方米 [1]。该楼修建于民国时期，前身为广东中山人何华益（鸿安婆）创办的名为"鸿安酒店"的旅馆。1938 年 10 月中旬，时任新四军军长的叶挺离开皖南，一路南下，抵达香港和深圳，出任国民党第四战区东路守备军副总指挥，在深圳墟鸿安酒店建立了指挥部。叶挺驻留深圳期间，收拢国民党散兵，整合地方抗日武装，培养了我党初期的军事骨干，如蔡国梁、王鲁明、祁烽、何鼎华、梁上苑、袁鉴文都曾在此活动。叶挺在深圳的抗日活动是深圳乃至华南抗战史的重要开端，对东江抗日游击队的创立发展影响深远。2021 年 4 月，东江游击队指挥部旧址经中共深圳市委常委会会议审定通过，并以市委名义公布为市第三批党史学习教育基地。

1 中共广东省委党史研究室、深圳市史志办公室编：《广东省革命遗址通览·深圳市》，广东人民出版社，2013 年，第 48 页。

中共东宝边区工作委员会旧址位于龙华区福城街道章阁村东碉楼。1938 年 10 月下旬，中共东莞中心县委决定在宝安观澜章阁村成立县一级领导机构"中共东宝边区工作委员会"，张广业任书记，黄高阳和黄木芬为委员，负责宝安县及铁路沿线地区对敌斗争工作。1938 年 12 月中旬，在东宝边区工委领导下，于宝安观澜章阁村成立"东宝惠边人民抗日游击队"第一、二大队，共约 200 人，由黄木芬、蔡子培分别担任大队长。1939 年 1 月 1 日，根据中共东南特委（中共广东东南特别委员会，又称粤东南特委）决定，东宝惠边人民抗日游击队第一大队和王作尧带领的东莞抗日模范壮丁队部分队员，与各区地方党组织动员参加部队的武装人员共约 200 人在东莞苦草洞整编，从中挑选 120 人组成东宝惠边人民抗日游击大队。大队长王作尧，政训员何与成，党总支书记黄高阳，惯称"王作尧部队"。中共东宝边区工作委员会旧址现保留有一座五层碉楼和两排平房，坐东南朝西北。碉楼四层及以下使用三合土夯筑而成，第五层为后来改建，使用青砖砌筑[1]。

1 中共广东省委党史研究室、深圳市史志办公室编：《广东省革命遗址通览·深圳市》，广东人民出版社，2013 年，第 116 页。

章阁西碉楼

中共东宝边区工作委员会宣传队旧址

中共东宝边区工作委员会宣传队旧址位于龙华区福城街道章阁村西碉楼，西距杨氏宗祠 50 米。抗日战争时期，中共东宝边区工作委员会宣传队（时称"文工团"）住在西碉楼，曾在杨氏宗祠内演出宣传抗日节目。西碉楼坐东北向西南，土木结构，三合土墙体，木构屋架楼板。主体建筑为两开间单进布局，原是村内书室，面宽 8 米，进深 8.2 米，门开在右间，门额彩绘八仙图案，顶为平脊，两面坡，覆盖灰瓦。碉楼位于主体建筑后，开门与主体建筑相连，面宽 5.9 米，进深 4.6 米，高五层，顶为平顶，护墙东、西转角各有一个燕子窝。另在正面、背面墙上各有两处鱼形排水口。该建筑结构稳定，造型简单实用，集居住和防御于一体 [1]。

1 中共广东省委党史研究室、深圳市史志办公室编：《广东省革命遗址通览·深圳市》，广东人民出版社，2013 年，第 118 页。

中共惠宝工作委员会成立旧址洋母帐（亦称羊母嶂）村李少霖家位于坪山区坪山街道六联社区坪山河边，是一幢砖石土木结构、占地 100 多平方米的三层楼房，房主李少霖。1938 年 10 月 12 日，日军从大亚湾登陆，入侵华南。10 月 24 日，八路军驻香港办事处负责人廖承志委派时任中共香港海员工委书记的曾生和周伯明、谢鹤筹等同志带领一批共产党员、进步工人、青年学生共 60 余人从香港回到坪山。随后，中共香港海员工委和中共香港九龙区委又动员共产党员和工人共 68 人，由刘宣带领回坪山。10 月 30 日，曾生在坪山羊母嶂村李少霖（由中共坪山小组长陈铭炎发展的中共党员）家中秘密召开临时工作组扩大会议，成立县一级领导机构"中共惠宝工作委员会"，曾生任书记，谢鹤筹任组织部部长，周伯明任宣传部部长。工委决定当前的主要工作是：发展党的组织；抓紧对干部进行培训；建立惠宝人民抗日游击总队；广泛发动群众，组织抗日自卫队；派人到当地国民党驻军做统战工作，争取他们联合抗日 [1]。

此处还是 1939 年春节后中共东南特委培训班旧址。东南特委曾召集 30 多位各县、区干部来此培训，韩托夫任班主任，主讲马克思列宁主义课。温焯华任党支部书记，主讲党的建设。东南特委宣传部部长杨康华主讲抗日民族统一战线。部队政训员卢伟良主讲游击战术，训练约 4 个月。

李少霖家旧照

1　中共广东省委党史研究室、深圳市史志办公室编：《广东省革命遗址通览·深圳市》，广东人民出版社，2013 年，第 234 页。

横岭塘村陈氏炮楼

横岭塘村位于坪山区坪山街道西部，建村时间不详。村内居民有陈姓、方姓、曾姓、潘姓等，属客家村落。村中有"新围世居"和陈氏炮楼院一座。该村是1939年第四战区第三游击纵队直辖新编大队（简称"新编大队"，即曾生部队）大队部、政治处、安南青剧队等驻地，其中青剧队住在横岭塘村的两座炮楼和平房内[1]。由此可知青剧队驻地应该包括陈氏炮楼。

横岭塘村
曾生新编大队大队部、政治处等驻地

---

1 中共广东省委党史研究室、广州地区老游击战士联谊会《硝烟曲》编委会编：《硝烟曲：东江纵队文艺工作掠影》，《广东党史资料丛刊》编辑部，1993年，第85页。

阳台山罗租抗日根据地旧址位于宝安区石岩街道罗租老村，目前保留有两处，一处在老村前廖氏宗祠旧址，另一处在廖氏宗祠后面的罗租小学旧址（现已拆掉重建）。1939年夏至1940年3月前，王作尧率领的第四战区第四游击纵队直辖第二大队（简称"第二大队"，即王作尧部队）驻扎于此，廖氏祠堂是其中一个中队驻地。

祠堂面阔五间（明三暗五），坐北向南，修建于清朝末年。祠堂为单进深，设有塾台和前檐廊，面阔宽 20.5 米，进深 9.5 米，建筑面积 194.75 平方米，建筑结构为青砖三合土夯筑混合结构，墙角、门框、墙基础使用花岗岩石条砌筑，中间辟两个券拱门，两侧稍间正面各开一个小门，两稍间各有二层阁楼，前面小门之上还开有两个小方形窗户，可以作射击孔。祠堂前面是一块禾坪开阔地，非常利于防卫[1]。

1 中共广东省委党史研究室、深圳市史志办公室编：《广东省革命遗址通览·深圳市》，广东人民出版社，2013年，第104页。

罗租村一角

马栏头村罗氏大屋

东江军事委员会成立旧址

坪山区马峦街道马峦社区新民村罗生大屋，又称罗氏大屋。1939年春，中共东南特委书记梁广率梁鸿钧共赴坪山马栏头村，召集曾生、王作尧召开会议，成立了隶属于东南特委的东江军事委员会（简称东江军委）统一领导曾、王两部。军委会由梁广任书记，梁鸿钧负责军事指挥，成员包括曾生、王作尧和何与成。

曾生、王作尧部队重返东宝惠前会师史迹位于深汕特别合作区鲘门镇驷马岭村后山。该址原为农民榨糖作坊所在地，因而得名榨糖寮。

1940年3月，曾生部队和王作尧部队遭到国民党军队的围攻，被迫向海丰、陆丰转移。途中被追击堵截，伤亡惨重，两支队伍最后减至100余人。6月，在中共中央指示下，曾生和梁鸿钧率领新编大队的长枪队60余人到鲘门驷马岭村与王作尧的第二大队30多人会师，并在此停留数天。其间，部队在此搭寮、平整地面，设立军需筹备点，组织人员到驷马岭村发动农会会员募集军需物资等，募集到的军需物品统一收集到榨糖寮，再根据部队需求发放。几天后，部队转移到大安峒北坑隐蔽、整训和医治伤病员。7月下旬，王作尧等率东移队伍重返东宝惠。

驷马岭村后山榨糖寮遗址

龙岗区坂田街道杨美村沙梨园，1940年曾是王作尧第五大队大队部驻地[1]。杨美村建村于康熙年间，为客家村落，居民主要为刘姓。

杨美村沙梨园
广东人民抗日游击队第五大队大队部驻地

右侧栅栏内为沙梨园

1　中共宝安县委党史办公室编：《回顾东纵交通工作》，广东人民出版社，1987年，第53页。

1941年3月，广东人民抗日游击队第五大队驻扎杨美村炮楼，据李征回忆，他曾在此见到过王作尧[1]。第五大队石龙队亦曾在杨美村驻扎。

杨美村炮楼
广东人民抗日游击队第五大队大队部驻地

1　曾生等：《东江星火（革命回忆录）》，广东人民出版社，1983年，第23页。

该旧址位于龙岗区坂田街道杨美村 0017 栋 A126。1940 年秋，王作尧、周伯明率领的第五大队在宝安活动，部队驻扎在杨美、泥坑一带，杨美村成为部队的主要据点。当时交通情报站就设在村民邱银娇及其长子刘展明家中。邱银娇与刘展明经常帮游击队到观澜墟、深圳墟等地取情报及买军需品等，同时给部队运送物资、照顾伤病员，做一些联络工作，成为义务交通联络员，她家也成为游击队在当地的第一个交通情报站。

应人石村
广东人民抗日游击队第五大队交通站所在

1 中共宝安县委党史办公室编：《回顾东纵交通工作》，广东人民出版社，1987年，第80页。
2 中共宝安县委党史办公室编：《回顾东纵交通工作》，广东人民出版社，1987年，第82页。

应人石村一角

宝安区石岩街道应人石村，建村于明末清初，原村已拆除，是客家村落，居民主要为刘、蔡两大姓氏。1942年11月，第五大队在此建立交通站，位置在村侧山岗的破炭窑里[1]，是丘陵边的一座旧瓦窑[2]。

岗头仔村
广东人民抗日游击队第五大队交通站所在

岗头仔村又名光头仔村，今龙岗区坂田街道岗头社区一带，包括了禾坪岗、中心围、风门坳、新围仔、马蹄山五个自然村，建村可上溯至清初。居民以陈姓为主，属客家村落。1941年上半年，第五大队由黄天锡在此设立交通站[1]。1941年6月，王作尧第五大队医务所成立于此，搭有草寮[2]，后转移到白石龙村丫髻山松林。国民党少将军医陈汝棠曾来此上过课。

1 中共宝安县委党史办公室编：《回顾东纵交通工作》，广东人民出版社，1987年，第54页。
2 中共宝安县委党史办公室编：《回顾东纵卫生工作》，广东人民出版社，1987年，第29页。

上步村位于福田区南园街道，包括了埔尾村、玉田村、沙埔头三个自然村，居民以郑姓为主，属广府村落。其中在 1940 年底，上步玉田村郑珠明家，曾作为王作尧第五大队的交通站，经此能过河到香港新界落马洲小学，从港九运回的物资可通过这里运往梅林坳[1]。

上步村
广东人民抗日游击队第五大队交通站所在

1　中共宝安县委党史办公室编：《回顾东纵交通工作》，广东人民出版社，1987 年，第 3 页。

玉田村一带

长圳村
广东人民抗日游击队第五大队交通站所在

光明区公明街道长圳村，立村于明代，居民主要为曾姓、陈姓，属广府村落。此处曾是王作尧第五大队交通员去往东莞大岭山抗日根据地的"驻脚点"[1]。

1　中共宝安县委党史办公室编:《回顾东纵交通工作》，
　　广东人民出版社，1987年，第59页。

与罗湖区莲塘街道长岭村隔河相望的香港新界莲麻坑村。1942年2月，王作尧第五大队曾开辟从莲麻坑、丹竹头一带的路线，从香港运送服装和武器[1]。

莲麻坑

广东人民抗日游击队第五大队交通站所在

图片采自网络维基百科

1 中共宝安县委党史办公室编：《回顾东纵交通工作》，广东人民出版社，1987年，第4页。

西乡村位于宝安区西乡街道，建村于明代，居民为汉族，属广府村落。1942年初，广东人民抗日游击队第五大队在此设立联络站（黄仔守站），此站只管收，不管送[1]。

西乡村

广东人民抗日游击队第五大队联络站所在

西乡老街一角

1 中共宝安县委党史办公室编：《回顾东纵交通工作》，广东人民出版社，1987年，第84页。

崕山头村
广东人民抗日游击队第五大队医务所所在

1942 年夏天时，第五大队医务所设于崕山头村庙仔屋和亚公庙窝。该处长期驻扎游击队医务所、税站等单位。后医务所又转移到崕山头村西北一里远的石妹山坑[1]。该村位于阳台山西南麓，具体位置尚待考证，全村只有 10 户人家。

1　中共宝安县委党史办公室编：《回顾东纵卫生工作》，
　　广东人民出版社，1987 年，第 97 页。

阳台山西南麓俯瞰

阳台山鸡板坑（又称"锯板坑"）村是游击队活动的据点，也是红色老村[1]。1941年前后，王作尧第五大队的"枪厂"（修械所）设于鸡板坑石洞，后转移至白石龙桔坑松林里[2]。"枪厂"厂长为马来西亚归侨陈耀光，游击队从东莞聘请一名枪师，从部队抽调几名机工出身的战士，在山洞里开工，修理过长短枪、轻重机关枪，做通条、修刺刀等[3]。该村建于清朝晚期，原名锯板坑村，村中赖屋山碉楼已公布为不可移动文物，保存基本完整，其拖屋仅剩残墙，村西面的张氏宗祠天面坍塌，附近民居仍有断壁残垣，村前有一尊巨石，村东山涧溪流潺潺。该村是抗战时期游击队活动的区域。

1 中共宝安县委筹备庆祝国庆十周年办公室编：《英雄的山岭（宝安革命回忆录）》，内部资料，1959年，第32页。
2 中共宝安县委党史办公室编：《回顾东纵交通工作》，广东人民出版社，1987年，第80页。
3 李征：《铮铮铁骨 赤胆忠心》，内部资料，1996年，第158页。

鸡板坑村旧址

龙眼山村旧照

阳台山抗日游击队
秘密交通站旧址

　　阳台山抗日游击队秘密交通站旧址位于宝安区石岩街道阳台山山脚的龙眼山村第一排右侧第二间，修建阳台山登山广场时，包括交通站在内的旧村一并被拆除。1941年底，日军侵占香港。为了及时营救被困在香港的文化名人，广东人民抗日游击队在此建立秘密交通站，其中以龙眼山村蕉窝山的秘密交通站最大，站长陈东。龙眼山村交通站是抗日部队在敌占区建立的秘密情报站和抗战物资转运站，转移保护了众多军政、文化名人，传递了大量的情报[1]，1942年4月撤离[2]。

1　中共广东省委党史研究室、深圳市史志办公室编：《广东省革命遗址通览·深圳市》，广东人民出版社，2013年，第106页。

2　中共宝安县委党史办公室编：《回顾东纵交通工作》，广东人民出版社，1987年，第54页。

乌石岩古寺秘密交通站旧址位于宝安区石岩街道乌石岩山下，又称慈石古寺。抗日战争时期王作尧领导创建阳台山抗日根据地，乌石岩古寺的地下党员陈慧清利用特殊身份从事地下工作，建立中共秘密交通站，每逢大年三十就出去卖写有"六畜平安"的字符，以此为掩护搜集敌人情报[1]。地下党负责人曾在庙中研究工作，游击队指战员经常在庙中养伤，陈慧清也是《新百姓报》的义务通讯员与发行员。后因身份暴露，陈慧清撤至第三大队工作，1943年7月，在东莞张家山战斗中牺牲。乌石岩庙屡建屡毁，1985年再次重建。

1　中共广东省委党史研究室、深圳市史志办公室编:《广东省革命遗址通览·深圳市》，广东人民出版社，2013年，第110页。

山厦地下交通情报站旧址

山厦地下交通情报站旧址位于龙岗区平湖街道山厦村。1928年，广东省委在山厦村安排设立秘密交通站，开展地下活动，这个交通站始终未被国民党反动派破坏。抗日战争和解放战争时期，山厦地下交通情报站继续以流动形式，随时更换接头地点，灵活、隐蔽开展工作，最初在冼九礼的山寮屋，后搬到井头岭军培仔屋，最后搬至犁头寮碉楼。交通情报站有长、短枪各一支用于自卫，主要工作任务是把在塘厦、石鼓、天堂围、清溪、平湖这几个地方送来的情报转送到宝安去，同时为经过平湖的游击队和地方党的同志提供临时住宿的地方。何鼎华、谢阳光、赵学、肖凡波、曾鸿文等中共地方领导干部和武工队的严志胜、黄月新、王克光等同志都曾在此住宿[1]。

1 中共广东省委党史研究室、深圳市史志办公室编：《广东省革命遗址通览·深圳市》，广东人民出版社，2013年，第150页。

梅林坳税站遗址位于福田区梅林街道梅坳三路深圳市建筑工程股份公司旁边的山坡上，抗战初期王作尧第五大队税收总站所在地[1]。梅林坳税站也是第五大队第一个税站。该税站首任站长由短枪队队长陈前兼任。

梅林坳一带

1 中共宝安县委党史办公室编：《回顾东纵交通工作》，广东人民出版社，1987年，第3页。

龙华区大浪街道赤岭头村，坐落于阳台山下丘陵地带，建村于清初，属客家村落，居民以何姓为主。1941年6月，《新百姓报》报社移驻赤岭头村，不久，又搬到村南山上何富儒家的沙梨园。7月，又移至早禾坑，后又转移至长圳[1]。

赤岭头村旧照

1 广东省妇女运动历史资料编纂委员会东江组：《南粤红棉：东纵女战士》，内部资料，1983年，第157、158页。

南厅、北厅
广东人民抗日游击队办公场所旧址

广东人民抗日游击队办公场所旧址，位于宝安区西乡街道九围蔗园埔村南厅、北厅。1941 年至 1944 年期间，广东人民抗日游击队曾驻扎该村，1984 年蔗园埔村被评为广东省革命老区村。抗日战争时期，南厅和北厅是广东人民抗日游击总队（东江纵队）为攻打公明墟、沙井、黄江、福永、霄边北栅等地的日伪军而进行周密作战部署的主要办公地点[1]。

1 中共广东省委党史研究室、深圳市史志办公室编：《广东省革命遗址通览·深圳市》，广东人民出版社，2013 年，第 90 页。

雪竹径即今上雪村一带，位于龙岗区坂田街道东北，建村于清嘉庆年间，属客家村落，居民以曾姓为主。雪竹径村因地势高低，分出两村，地势高的为上雪村，地势低的为下雪村。1942年3月，广东人民抗日游击总队总队部和政治部曾驻扎于这一带的畚箕窝[1]。

上雪村曾氏宗祠

石坳村今为石凹村，位于龙华区大浪街道北部，建村于明末清初，属客家村落，居民以杨、谢二姓为主。1942年3月，广东人民抗日游击总队总队部和政治部驻在龙华石坳村。4月1日，华南队在石坳村祠堂开学。张文彬、尹林平、曾生、杨康华、梁鸿钧、李东明、邹韬奋、胡绳等参加开班仪式。中共南方工作委员会副书记张文彬，及尹林平、曾生、胡绳、邹韬奋等出席，开学伊始，邹韬奋作了报告《民主政治问题》。

雪竹径畚箕窝山寮
广东人民抗日游击总队总队部和政治部驻地

1　中共深圳市委党史办公室编：《深圳党史资料汇编》第3辑，内部资料，1987年，第219页。

石坳村
广东人民抗日游击总队总队部和政治部驻地

大碨村一角

大岾村（今大碨村）

广东人民抗日游击总队西路交通站所在

1 中共宝安县委党史办公室编：《回顾东纵交通工作》，广东人民出版社，1987年，第81页。
2 李征：《东纵回忆录》，内部资料，1996年，第123页。

南山区西丽街道大碨村（即大岾村），位于阳台山乌石壁下，建村于清末，居民以林姓为主，属客家村落，但也使用粤语。1942年初，此处是广东人民抗日游击总队西路交通站所在地，交通站后转移到白芒村[1]。大岾村也是广东人民抗日游击总队宝安大队油印室的隐蔽地[2]。

禾沙坑村位于龙岗区布吉街道。该村建于明朝末年，居民包括张、洪、温等姓氏，属客家村落。1942年6月前后，广东人民抗日游击总队在禾沙坑设立交通站，位于一间祠堂内，交通员有杨少珍等，专门跑路东和惠阳，站长符铁民[1]。

禾沙坑村

广东人民抗日游击总队交通站所在

禾沙坑村一角

1 中共惠阳县委党史办公室，东纵、边纵惠阳县老战士联谊会编：《东纵战斗在惠阳》，广东人民出版社，1993年，第224页。

牛角龙村位于龙岗区布吉街道，今属细靓村一带。1942 年 8 月，广东人民抗日游击总队宝安大队队部驻扎于此 [1]，布吉乡抗日游击小组在此成立，队长陈德和。

鲤鱼塘村
**广东人民抗日游击总队
宝安大队队部驻地**

鲤鱼塘村位于龙岗区布吉街道，建村于清代，居民以张姓、邓姓、谢姓为主，属客家村落，现今开辟为鲤鱼塘农家山庄。1941 年初，曾生病倒在甘坑鲤鱼塘村，党组织立即派出木古村地下党员梁联、梁炳兴和上坑一位进步群众（刘庆），用一个晚上的时间把他从甘坑转移到惠阳坪山[1]。1943 年曾为宝安大队队部驻地，6 月何鼎华在此部署了丹竹头战斗计划[2]。

1 中共深圳市委党史办公室编：《深圳党史资料汇编》第 2 辑，内部资料，1985 年，第146 页。
2 深圳市龙岗区退役军人事务局编：《鸡公山烽火》，内部资料，2023 年，第 64 页。

水径村
**广东人民抗日游击总队宝安
大队军需处驻地**

龙岗区坂田街道水径村，建村于明末清初，今分为上水径、下水径两村，居民以邱姓、廖姓为主，属客家村落。1942 年 5 月前后，广东人民抗日游击总队宝安大队军需处驻扎于此，该村也有游击队交通站[1]。

水径村一角

1 中共惠阳县委党史办公室，东纵、边纵惠阳县老战士联谊会编：《东纵战斗在惠阳》，广东人民出版社，1993 年，第 218 页。

大船坑村位于龙华区大浪街道，建村于清代，居民以谢姓为主，属客家村落。1942年春，从香港返回了一批女工，负责车缝游击队的衣服、米袋、挎包等。后来因敌人扫荡疏散。1944年春，复办被服厂于大船坑村等地[1]。

1 中共深圳市委党史研究委员会办公室编：《广九烈焰》，内部资料，1983年，第58页。

浪口村位于龙华区大浪街道，建村于清代康熙年间，居民主要为吴、刘二姓，属客家村落。1944年元旦，东江纵队宝安大队"东江流动剧团"在浪口村成立，并正式演出，宣传东江纵队，还有拥军、扩军宣传[1]。

浪口村一角

1 中共广东省委党史研究室、广州地区老游击战士联谊会《硝烟曲》编委会编：《硝烟曲：东江纵队文艺工作掠影》，《广东党史资料丛刊》编辑部，1993年，第285页。

叠石庙

宝安敌后武工队据点

　　叠石庙今已灭失，其遗址位于南山区沙河街道，是1943年10月陈德和带领的宝安敌后武工队活动的据点，庙内阮尼姑协助武工队侦察汉奸骆忠的行踪，帮助武工队消灭了骆忠[1]。

1　中共宝安县委筹备庆祝国庆十周年办公室编：《英雄的
　　山岭（宝安革命回忆录）》，内部资料，1959年，第26页。

1987年南头叠石山（庙）遗址发掘现场

阳台山"巴黎医院"遗址位于宝安区大浪街道阳台山半山腰大片巨石阵中一个天然岩洞，当地群众称之为"石燕窿"。岩洞洞口宽约 0.6 米，洞内面积约 80 平方米，有高矮不等的石床和山泉水，曾为抗日战争期间东江纵队和解放战争期间人民武装的隐蔽所和后方医院，号称"巴黎医院"。1949 年新中国成立前夕，部队战士在撤离巴黎洞时，曾用刺刀在洞壁上刻了一首诗："生命据点巴黎洞，悬崖峭壁当英雄；莫谓无情黄鹤去，扫清匪敌再重逢。"此诗句可惜在"文化大革命"中被凿毁[1]。

1 中共广东省委党史研究室、深圳市史志办公室编:《广东省革命遗址通览·深圳市》，广东人民出版社，2013 年，第 112 页。

乌坭浪村位于坪山区坪山街道，建村历史不详，村民以陈姓为主，属客家村落。1942 年春，张文彬、尹林平来到碧岭乌坭浪村召开会议，宣布正式成立广东人民抗日游击总队惠阳大队，大队长彭沃，副队长高健，政委谭天度、政训室主任叶锋，下辖三个独立小队和一个短枪队、一个民兵中队、一个民运队[1]。

1 中共惠州市惠阳区委党史研究室编:《东江之子——怀念高健同志》，中央文献出版社，2004 年，第 212、302 页。

田心村
广东人民抗日游击总队惠阳大队队部驻地

田心村位于坪山区石井街道，居民以叶姓、许姓为主，建村于明代，属客家村落。1942 年 2 月前后是惠阳大队大队部所在，廖承志、连贯、乔冠华等人从香港撤回，先到沙鱼涌，再到田心村休整，由此前往惠州。

田心村一角

恩上村
广东人民抗日游击总队惠阳大队队部驻地

恩上村隶属盐田区沙头角街道，原名庵上村，今已拆迁，改造为恩上湿地公园的一部分。抗战时期，恩上村有东纵重要情报联络站和交通站。原恩上村 38 号在 1942 年冬至 1943 年是广东人民抗日游击总队和惠阳大队总部所在地，总队长曾生、惠阳大队政委谭天度经常在此活动。恩上村 15 号、3 号、40 号、48 号是当年游击队进行抗日活动的联络站、堡垒户。1942 年秋天，国民党顽军疯狂"围剿"，惠阳大队主力从梧桐山麓的南山村撤退到恩上村，曾生和惠阳大队队长高健指挥游击队与伪军一个团在恩上村东面大窝山激战一天一夜。盐田村和恩上村人民群众主动用 3 艘大木船搭载高健、惠阳大队政训室主任叶锋从海上转移[1]。

1942 年冬，日军曾对恩上村大规模扫荡，看到村内贴满了抗日标语，恼羞成怒，遂将村中房屋几乎全部烧毁[2]。

恩上村 38 号旧照

1　中共广东省委党史研究室、深圳市史志办公室编：《广东省革命遗址通览·深圳市》，广东人民出版社，2013 年，第 78 页。
2　中共广东省委党史研究室、深圳市史志办公室编：《广东省深圳市抗战时期人口伤亡和财产损失》，中共党史出版社，2010 年，第 15 页。

山子下村即山子吓村，位于龙岗区园山街道大康社区一带，西距横岗数千米，东北侧有峡谷，即铜锣径。山子下村建村于清朝中期，居民以廖姓为主，属客家村落。1942 年 5 月，惠阳大队曾进驻山子下村[1]。

1 曾生等：《东江星火（革命回忆录）》，广东人民出版社，1983 年，第 70 页。

永贞村位于坪山区马峦街道，临近石灰陂村，曾为惠阳大队交通总站驻地[1]。惠阳大队在横岗水浸围曾设交通分站，负责惠阳大队和路西总队部的交通联络；赖裕娣[2]在沙鱼涌土洋村任交通分站站长，负责与港九大队的联系。同时在老大坑、龙岗大井、田寮、平安马靓、坑梓等都设有情报分站。

永贞村一角

1 中共宝安县委党史办公室编：《回顾东纵交通工作》，广东人民出版社，1987 年，第 13 页。
2 中共宝安县委党史办公室编：《回顾东纵交通工作》，广东人民出版社，1987 年，第 14 页。

山子下村
广东人民抗日游击总队惠阳大队队部驻地

永贞村
广东人民抗日游击总队惠阳大队交通总站驻地

坑尾村

惠阳大队情报交通站第二分站

坑尾村位于龙岗区龙岗街道，建村于清代，居民主要为陈、曾二姓，属客家村落。抗战时期此处是东江纵队惠阳大队情报交通站第二分站所在[1]。

坑尾村一角

1 深圳市龙岗区退役军人事务局编:《鸡公山烽火》，内部资料，2023年，第14页；又见《东江纵队惠阳大队史》。

中英街均利渔栏地下交通站遗址

中英街均利渔栏地下交通站旧址位于盐田区沙头角街道中英街。中英街原有13间老店铺，均利渔栏是位于5号界碑附近的第2间店铺，为抗日游击队战士陈友家所开。抗日战争时期均利渔栏是党组织的秘密交通站。陈友经常利用给日军送鱼的机会到日军碉堡内调查日军兵力部署，然后将情报送给驻扎在粉岭的人民抗日武装。1942年营救文化人期间，均利渔栏地下交通站也发挥了重要作用。1949年后均利渔栏仍是水产店。后来中英街13间老店铺所在骑楼全部拆除重建。2005年，盐田区人民政府对骑楼再次进行改造[1]。

1 中共广东省委党史研究室、深圳市史志办公室编:《广东省革命遗址通览·深圳市》，广东人民出版社，2013年，第80页。

东江纵队下沙交通情报站遗址位于大鹏新区大鹏办事处下沙村。下沙交通情报站的主要任务是负责接待游击队的领导和战士，传达各种军事情报。下沙交通情报站原是一间普通民房，后翻修重建[1]，2007年因下沙村整体开发而消失。

1 中共广东省委党史研究室、深圳市史志办公室编：《广东省革命遗址通览·深圳市》，广东人民出版社，2013年，第190页。

小梅沙村袁氏宗祠

小梅沙税站遗址

小梅沙税站遗址位于盐田区梅沙街道。1941年日军进攻香港，广东人民抗日游击队同时派出武工队多路进入港九地区开展抗日活动，武工队在港九地区得到广大群众支持，部队不断发展，1942年成立了港九大队。为了与内地领导机关保持联系，传送情报和人员来往的安全，港九大队设置了穿越日军封锁线的陆上海上通道，保护商民往来贸易。小梅沙环山面海，有利于警戒、防守，是商贩的主要登陆点。部队在小梅沙设立了税站，根据货物数量收取一定的税额，发给商贩税票，商贩根据税票在游击队活动地区内受到保护、安全通行。为加强对税收人员的领导、管理，部队在小梅沙税站设立税收总站，领导沿海和盐田区的税站点，后逐步扩大到东莞的东江河边。1943年，小梅沙税收总站增加了缉私的任务，缉没驻港日军及其行政机关和汉奸队伍的贩粮，打击了伪军和国民党军队武装走私粮食、矿产和鸦片进出香港地区，同时保障香港地区群众买粮。小梅沙税站从1942年设立，一直坚持到日军投降，税站每天向司令部上交2万至3万元的税款，为抗日武装筹集经费作出了贡献[1]

1 中共广东省委党史研究室、深圳市史志办公室编：《广东省革命遗址通览·深圳市》，广东人民出版社，2013年，第76页。

沙鱼涌税站旧址位于大鹏新区葵涌办事处沙鱼涌村山上的一所房子中。沙鱼涌交通站住宿的地方位于墟内一家饮食店的楼上。[1]

沙鱼涌税站旧址

1　中共广东省委党史研究室、广州地区老游击战士联谊会《硝烟曲》编委会编：《硝烟曲：东江纵队文艺工作掠影》，《广东党史资料丛刊》编辑部1993年，第393页。

金龟上村位于坪山区坪山街道，建村于清初，村民以邱姓为主，属客家村落。1942年7月，广东人民抗日游击总队在坪山金龟上村成立独立中队[1]。独立中队由刘培担任中队长，叶基担任副中队长。

1　中共深圳市委、中国人民革命军事博物馆：《东江纵队历史图集》，深圳市越众文化传播有限公司，2007年，第56页。

金龟上村一角

金龟上村——广东人民抗日游击总队独立中队成立旧址

冼氏宗祠位于宝安区新桥街道黄埔社区洪田老村，建于清代中晚期，近几年重修，砖木石结构。抗日战争时期，洪田村是抗日游击队的活动据点，冼氏宗祠曾是广东人民抗日游击总队珠江队的驻地和伤员养伤之处。

冼氏宗祠
珠江队驻地旧址

洪田慈云阁位于宝安区新桥街道黄埔社区洪田火山郊野公园，是一座历史悠久的佛寺。抗战时期慈云阁曾作为珠江队的驻地。

洪田慈云阁
珠江队驻地旧址

盐灶村位于大鹏新区葵涌办事处，建村于明代，居民包括林姓、蓝姓、江姓、周姓、刘姓等，属客家村落。1944 年 5 月曾为东江纵队护航大队队部驻地[1]。

盐灶村码头

1 中共惠阳县委党史办公室，东纵、边纵惠阳县老战士联谊会编：《东纵战斗在惠阳》，广东人民出版社，1993 年，第 268 页。

盐灶村
护航大队队部驻地

枫木浪村
护航大队驻地遗址

枫木浪村隶属大鹏新区南澳办事处，原村已拆毁，现改为枫木浪水库。枫木浪村是东江纵队护航大队驻地。东江纵队司令员曾生曾在枫木浪村一个两层楼华侨屋里驻留[1]。1943年下半年，护航大队在枫木浪村举办了两期民运训练班，共30余人，每期一个月，培训民运骨干[2]。1944年5月，尹林平曾在此指挥反顽斗争[3]。护航大队营救的五名美国飞行员在停留两天后，由部队送往南澳，再乘船到大小梅沙，后到东纵司令部所在地红花岭[4]。

1 廖远耿：《从读书人到革命战士》，《烽火岁月的印记——东江纵队老战士口述史》，内部资料。
2 中共惠阳县委党史办公室，东纵、边纵惠阳县老战士联谊会编：《东纵战斗在惠阳》，广东人民出版社，1993年，第277页。
3 中共宝安县委党史办公室编：《回顾东纵统战工作》，广东人民出版社，1989年，第225页。
4 丘盘连、弓玄主编：《沿着东纵的脚印》，中国青年出版社，1995年，第391页。

大山田村隶属大鹏新区南澳办事处，在鹅公村南侧山中，较为偏僻，今已荒芜。抗日战争时期是广东省临时委员会和电台机关首个正式选定的工作地点，并在此长期驻扎。解放战争时期，也曾是中共广东区委驻地。1943年夏天，省临时委员会领导人连贯、饶彰风、谭天度携带电台前往鹅公角山上只有三家人的小村大山田村[1]。据东江纵队电台台长戴机回忆，1943年夏，省委领导同志连贯、饶彰风、谭天度等携带电台迁往比较安全的后方大鹏半岛，在换了几处地方之后，最后选定在鹅公角山只有三家人的小村大山田村落脚[2]。据东江纵队情报电台负责人王强回忆，1943年底，尹林平带领的机关驻地在大山田村，陪同人员有粤北省委统战部部长饶彰风、粤北省委秘书长陈志华、机要科长杜襟南、无线电台台长戴机，1944年春从大山田村搬至西涌[3]。据杜襟南回忆，尹林平和连贯等人都曾在大山田村驻扎工作，直至1944年春节后，才搬到西涌西贡村。1944年夏随着东江纵队的发展，省委从大鹏半岛搬到土洋，后因土洋联络情况不甚理想，电台独自搬回大鹏半岛的油草棚[4]。后因油草棚混入国民党特务，联络台继续驻扎油草棚，而新闻台搬至半天云村[5]。

大
山
田
村

中
共
广
东
省
临
时
委
员
会
机
关
驻
地

大山田村遗址

1　中共宝安县委党史办公室编：《回顾东纵电台工作》，广东人民出版社，1989年，第25页。

2　中共宝安县委党史办公室编：《回顾东纵电台工作》，广东人民出版社，1989年，第25页。

3　中共宝安县委党史办公室编：《回顾东纵电台工作》，广东人民出版社，1989年，第51、52页。

4　中共宝安县委党史办公室编：《回顾东纵电台工作》，广东人民出版社，1989年，第26页。

5　中共宝安县委党史办公室编：《回顾东纵电台工作》，广东人民出版社，1989年，第27页。

油草棚村叶氏宗祠

中共广东省临时委员会电台旧址

油草棚村隶属大鹏新区大鹏办事处，建村于清中期，居民以叶姓为主，属客家村落。油草棚村背靠麻雀岭，坐东南朝西北，山下即大鹏湾，有海湾可停靠船只。1943 年底东江纵队成立后，其领导机关及省临时委员会和军政委员会等领导机关、电台、《前进报》报社，根据斗争形势的需要，经常随部队转移在大鹏半岛一带。油草棚村就是当时的驻地之一。

2007 年，油草棚村因大鹏新区规划建设下沙旅游度假区而整体搬迁至大鹏王母下沙新村。村中除叶氏宗祠和土地庙外，其余建筑全被拆除。叶氏宗祠始建于清代，依山而建，为油草棚村最高点。东江纵队电台曾设于叶氏祠堂。1944 年 8 月到 12 月，曾在此开办第二期电台报务员培训班，学员有戴昌华、李文、卢毅、杨碧群、黄楚珊、文健、卢侃、黄作材、伍惠珍、陈伦、刘婉、梁冰玲、邹顺平 13 人，由江群好和王强两人担任报务教员[1]。1944 年 10 月，国民党顽军偷袭电台和训练班所在地油草棚村，负责电台警卫班的邱特带上两个班战士阻击顽军前进，另派出一个班掩护电台、训练班、报社等单位转移。12 月，顽军再次偷袭油草棚，邱特警卫排掩护电台机关从油草棚村撤退到南澳村，再从南澳乘船从海上向盐田村撤退[2]。

1 中共宝安县委党史办公室编：《回顾东纵电台工作》，广东人民出版社，1989 年，第 14、59 页。

2 中共宝安县委党史办公室编：《回顾东纵电台工作》，广东人民出版社，1989 年，第 60、61 页。

半天云村隶属大鹏新区南澳办事处，在南澳抛狗岭半山腰。该村始建于清代康熙年间，依山而建，被称为深圳海拔最高的古村落，居民以黄姓、林姓、陈姓为主，属客家村落。1943年底东江纵队成立后，其领导机关及中共广东省临时委员会和东江军政委员会等领导机关、电台、《前进报》报社，根据斗争形势的需要经常随部队转移在大鹏半岛一带，半天云就是当时驻地之一[1]。半天云村电台旧址位于村内西北角靠山处，该屋坐东朝西，二层，砖石结构，东江纵队新闻台曾驻扎于此[2]。

半天云村

中共广东省临时委员会电台旧址

1 中共广东省委党史研究室、深圳市史志办公室编：《广东省革命遗址通览·深圳市》，广东人民出版社，2013年，第200页。
2 中共宝安县委党史办公室编：《回顾东纵电台工作》，广东人民出版社，1989年，第27页。

半天云村电台旧址

1 中共广东省委党史研究室、深圳市史志办公室编:《广东省革命遗址通览·深圳市》,广东人民出版社,2013年,第202页。

2 中共宝安县委党史办公室编:《回顾东纵电台工作》,广东人民出版社,1989年,第25、34、56页。

3 中共宝安县委党史办公室编:《回顾东纵电台工作》,广东人民出版社,1989年,第34页。

4 中共深圳市大鹏新区南澳办事处西涌社区委员会:《西涌村史》,内部资料,第53页。

5 中共宝安县委党史办公室编:《回顾东纵电台工作》,广东人民出版社,1989年,第13、56页。

6 中共宝安县委党史办公室编:《回顾东纵交通工作》,广东人民出版社,1987年,第227页。

西贡村
中共广东省临时委员会等机关及电台驻地旧址

西贡村隶属大鹏新区南澳办事处,与格田村、鹤薮村、沙岗村、芽山村、南社村、西洋尾村、新屋村共八个自然村统称为西涌村(今为西涌社区)。1943年底,东江纵队成立以后,其领导机关及中共广东省临时委员会和东江军政委员会等领导机关、电台、《前进报》报社,根据斗争形势的需要,经常随着部队转移在大鹏半岛一带[1]。1944年春节过后,省委、东纵司令部和电台一起搬到山下的西贡村[2]。据回忆:"电台的联络台和新闻台分别设在村内最后的一座楼房和最前面的庙中。"[3]联络台所在的"村内最后的一座楼房",即西贡村268号,为二层砖石建筑的华侨屋。新闻台所在"最前面的庙",即西贡村谭仙古庙。该庙始建于清光绪十一年(1885年),重建于2000年。2012年1月13日,被深圳市龙岗区人民政府公布为不可移动文物。抗日战争时期,《前进报》曾在西贡村谭仙古庙印刷。据村里老书记苏锦山讲述,20世纪70年代村干部办公所用的桌子,即当年印刷报纸的石板。后来石板被宝安县政府收走[4]。

1944年1—6月,东纵在西贡村开办了第一期电台报务训练班,学员有邱海生、张婉玲、余绿波、吴文辉、李子芬5人,由江群好任报务教员[5]。1944年3月前后,在此举办干训队[6]。

西贡村背靠红花岭,临近西涌口,建村于明代,居民以钟姓、林姓、董姓为主。西贡村邻近的格田村、南社村、鹤薮村都曾是游击队的活动区域。

　　万隆号位于大鹏新区葵涌办事处沙鱼涌村内，沙鱼涌村立村较早，居民祖辈以渔民为主，主要来自潮汕、福建沿海一带，该村位于葵涌河入海口，西临大鹏湾，水路可直通香港大埔、西贡等地，陆路直通坪山、惠东宝乃至华南各处，水陆联通，地理位置十分重要，历来是民间水上交通贸易的港口和兵家必争之地。沙鱼涌邮局是抗战时期广东邮政管理局下设的负责广东后方曲江—沙鱼涌—香港的秘密邮路中转站；这里也是抗战时期秘密大营救东线的重要登陆点；同时也是中共广东省临时委地下交通站长期工作的地方，往来过很多著名革命者；沙鱼涌也是东江纵队北撤烟台的起点。

　　因为"这里是背山靠海的游击区，是一个交通要冲、进出口岸，许多来往的客商，从香港去淡水、惠州，沙鱼涌是重要的通道。来往人多，做生意也较容易掩护。周围的群众觉悟又高，热爱共产党，热爱部队，很多村都有党支部。敌人从陆上来，有群众监视，从海上来有渔民和护航大队，可以作我们的耳目"[1]，1943 年初，张持平受省临时委员会书记尹林平指派，前往沙鱼涌建立省临时委员会交通站，"交通站为了掩护和便利工作，特别是为了方便给来往的同志接头联系，则以做生意的形式，在沙鱼涌接管了原地方党组织的一间叫'万隆号'的小店为站址，经营一些糖、烟、酒、米、油等杂货，主要交由店内的三个伙计李运、李佛和杨桂琼负责管理"，"三个伙计除吃饭外是不领工资的。我们在店内设置了几张床铺作客栈，既可供来往交通站的同志住宿，又可供旅客住宿，赚一些钱，避免外人的怀疑"。经后人指认，沙鱼涌第 41 号建筑被明确为抗日战争时期省临时委员会交通站"万隆号"。

万隆号现状

1　中共宝安县委党史办公室编：《回顾东纵交通工作》，广东人民出版社，1987 年，第 75–79 页。

东涌村
中共广东省临时委员会驻地

东涌村（今为大鹏新区南澳办事处东涌社区）包括冲街村、大石理村、大围村、沙岗村、上围村五个自然村，其中大围村是最大的自然村。该村始建于明末清初，居民以黄姓、凌姓、李姓等为主。1943 年秋，护航大队驻地由枫木浪转至东涌村[1]。1944 年 5 月，省委机要科和电台，跟随政委尹林平曾住在大鹏半岛东涌村，后随纵队司令部迁移至土洋村[2]。

东涌村一角

[1] 中共惠阳县委党史办公室、东纵、边纵惠阳县老战士联谊会编：《东纵战斗在惠阳》，广东人民出版社，1993 年，第 266 页。

[2] 中共宝安县委党史办公室编：《回顾东纵电台工作》，广东人民出版社，1989 年，第 139 页。

土洋村天主教堂
东江纵队司令部旧址

东江纵队司令部旧址——土洋村天主教堂位于大鹏新区葵涌办事处土洋社区，原系意大利天主教堂。该建筑 1926—1927 年由香港教会出资建造，堂号"玫瑰堂"，旁边建有崇德学校及一处教士居所。抗战时期外

籍传教士撤离教堂后东江纵队将此处作为司令部。1942 年底至 1945 年春，广东省临时委员会书记、东江纵队政委尹林平，东江纵队司令员曾生在此居住办公[1]。1944 年 8 月，中共广东省临时委员会和广东军政委员会在天主教堂礼拜堂召开联席会议，会议由尹林平主持，史称"土洋会议"。该会议是广东人民抗日武装发展的转折点，为广东人民抗日武装的全面发展确定了方向。

1984 年 9 月此处被公布为深圳市市级文物保护单位，1995 年 4 月，被深圳市委公布为市爱国主义教育基地。2002 年 7 月被公布为广东省省级文物保护单位，2009 年 6 月，被深圳市委公布为市第一批党员教育基地。2012 年 11 月，经中共深圳市委常委会会议审定通过，并以市委名义公布为市第一批党史教育基地。2019 年 10 月土洋村东江纵队司令部旧址被列为全国重点文物保护单位。

[1] 中共广东省委党史研究室、深圳市史志办公室编：《广东省革命遗址通览·深圳市》，广东人民出版社，2013 年，第 178 页。

红花岭村位于坪山区坪山街道，地处马峦山区，建村于清康熙年间，居民主要为曾姓、罗姓，属客家村落。1944年5月前后，东江纵队司令部设于此[1]。

[1] 中共宝安县委党史办公室编：《回顾东纵统战工作》，广东人民出版社，1989年，第225页。

马兰头村

广东区委、东纵司令部驻地

　　马兰头村即马栏头村或马峦村，今为坪山区坪山街道马峦社区，包括新民村、建和村等，建村于清康熙年间，居民以罗姓、赖姓、张姓等为主，属客家村落。1944年9—12月，东江纵队第二期卫生员培训班在此进行[1]，后又搬至王母墟[2]。1945年9月，广东区委和东江纵队司令部从罗浮山返回，暂住马栏头村。10月下旬，在这里召开小队（排）以上的党员干部会议，广东区委书记、东江纵队政委尹林平、司令员曾生向干部传达重庆和谈情况，宣布东纵北撤决定。11月，纵队司令部经大小梅沙转移到大鹏半岛南端半天云村，纵队部机关12月转移到西涌村，电台和司令部驻扎南蛇村（南社村）[3]。

1　中共宝安县委党史办公室编：《回顾东纵卫生工作》，广东人民出版社，1987年，第109页。

2　中共宝安县委党史办公室编：《回顾东纵卫生工作》，广东人民出版社，1987年，第176页。

3　中共深圳市委党史办公室编：《深圳党史资料汇编》第2辑，内部资料，1985年，第254页。

碑顶村位于坪山区坪山街道，又称老围村。该村位于马峦山一带，世居村民为袁姓，属客家村落。1946 年 3 月，东江纵队江南指挥部机关驻扎于此。江南指挥部指挥员卢伟如，政委叶锋[1]。

老围村袁氏宗祠

1 陈一民主编：《南北征战录》，广东经济出版社，1998 年，第264 页。

王母墟位于大鹏新区葵涌办事处，又称王母老街，建于清中期。1944 年 10 月，东江纵队政治部政工队（代号为"拖拉机"）在王母墟成立，成员大多数是东纵政治部第一期青年干部训练班学员。队长夏洪，副队长梁浣沙[1]。

王母墟一角

1 中共广东省委党史研究室、广州地区老游击战士联谊会《硝烟曲》编委会编：《硝烟曲：东江纵队文艺工作掠影》，《广东党史资料丛刊》编辑部，1993 年，第 4 页。

坪山墟位于坪山区坪山街道，建于清乾隆年间。1944 年前后东江纵队司令部交通总站设立于此 [1]。

坪山墟

东江纵队司令部交通总站所在

坪山墟一角

1 中共宝安县委党史办公室编：《回顾东纵交通工作》，广东人民出版社，1987 年，第 126 页。

碧岭村位于坪山区碧岭街道，今为碧岭社区，包括碧岭围、上沙、下沙等村，建于清朝，居民主要以廖、陈、侯等姓氏为主。村内廖其浩家炮楼曾为抗日游击队交通站 [1]。1942 年惠阳大队郑伟灵奉命率队曾护送茅盾夫妇、胡绳、戈宝权等从白石龙出发，经布吉、广九铁路、横岗和龙岗公路抵达交通站过夜。第二天从此出发，抵达惠阳大队大队部驻地田心村 [2]。

碧岭村

东江纵队交通站所在

碧岭村一角

1 中共宝安县委党史办公室编：《回顾东纵交通工作》，广东人民出版社，1987 年，第 224 页。

2 丘盘连、弓玄主编：《沿着东纵的脚印》，中国青年出版社，1995 年，第 213 页。

黄田村位于宝安区航城街道，建村于明末清初，居民主要为林姓，属广府村落。1942 年 12 月，广东人民抗日游击总队宝安大队第一中队第一小队在此为掩护总部机构撤退，与国民党顽军激战，牺牲 17 名战士。1944 年 7 月，东江纵队曾在此设立交通中站，与珠江纵队联系 [1]。

1 中共宝安县委党史办公室编：《回顾东纵交通工作》，广东人民出版社，1987 年，第 20 页。

高岭古村位于大鹏新区南澳办事处，坐落于七娘山北麓半山，建村于明末清初，居民以周姓为主，属客家村落。村内有东江纵队兵工厂遗址。1943 年底东江纵队成立后，其领导机关及中共广东省临时委员会和东江军政委员会等领导机关、电台、《前进报》报社，根据斗争形势的需要经常随着部队转移在大鹏半岛一带。这些领导机关驻在南澳时，曾在高岭村建立兵工厂 [1]。

高岭村遗址

1 中共广东省委党史研究室、深圳市史志办公室编：《广东省革命遗址通览·深圳市》，广东人民出版社，2013 年，第 206 页。

石灰陂村

东江纵队《前进报》报社旧址

石灰陂村隶属坪山区坪山街道，建村于清乾隆年间，居民主要为曾姓，属客家村落。该村是曾生故乡，曾生故居曾氏客家围屋坐落于此。1942 年 3 月底，广东人民抗日游击总队部决定将《前进报》作为总队机关报，杨奇任社长，报社迁往坪山石灰陂与曾生祖居相邻的一幢民房内。报社设有编辑部、出版部、发行部、油印室、资料室，共有工作人员 40 多人。报社随部队流动于惠东宝一带，在相当困难的情况下，坚持出版。东江纵队成立后，《前进报》又成为纵队机关报。1945 年 3 月《前进报》报社随东江纵队领导机关进驻罗浮山。该报从创刊至 1945 年 9 月共出刊 100 多期，直至 1946 年北撤为止。报纸大量刊登了中共广东党组织和东江纵队领导人的文章、讲话，发表社论 100 多篇，及时报道东江抗日根据地的新闻，宣传中国共产党的抗日主张、方针和政策，指导东江抗日根据地的抗日斗争。1984 年 9 月 6 日《前进报》报社旧址被深圳市人民政府公布为市级文物保护单位[1]。

1　中共广东省委党史研究室、深圳市史志办公室编：《广东省革命遗址通览·深圳市》，广东人民出版社，2013 年，第 246 页。

鹅公村隶属大鹏新区南澳办事处，在抛狗岭与鹅公湾之间的谷地，建村于清代嘉庆年间。该村四面环山，村前有大水池。居民以徐姓、钟姓、车姓为主。鹅公村曾是东江纵队港九大队海上中队驻地，和《前进报》报社在 1944 年初至 1945 年初的活动地 [1]。

1 杨奇:《粤港飞鸿踏雪泥：杨奇办报文选》，羊城晚报出版社，2008 年，第 7、8 页。

鹅公村
《前进报》驻地

观音山
东江纵队医院驻地

观音山位于大鹏新区大鹏办事处，山中有始建于清代的龙岩古寺。此处是抗战时期东江纵队医院所在地[1]。

1 中共宝安县委党史办公室编：《回顾东纵卫生工作》，
广东人民出版社，1987年，第236页。

鸭麻脚村又名鸭母脚村，今名大鹏山庄村，位于大鹏新区大鹏办事处。该村始建于清代，居民主要为叶姓，属客家村落。1943年前后，鸭麻脚村是东江纵队医院所在地[1]。1944年2月期间，是东江纵队临时医院所在地。医院设于当地几间空房和几个简易大棚中[2]。

1 中共宝安县委党史办公室编：《回顾东纵交通工作》，广东人民出版社，1987年，第94页；中共宝安县委党史办公室编：《回顾东纵卫生工作》，广东人民出版社，1987年，第212页。
2 赖添才：《征程——八十回眸》，中国文联出版社，2004年，第16页。

东山寺
东江纵队东江抗日军政干部学校遗址

　　东江纵队东江抗日军政干部学校遗址位于大鹏新区大鹏办事处大鹏所城东门外龙头山腰的东山寺。1944 年 7 月，在东山寺创建东江纵队抗日军政干部学校，东江纵队副司令员王作尧兼任校长，李东明任政治委员，林锷任教育长，饶卫华任秘书长，教员由各大队选派优秀干部担任。学校开设多种课程，政治课包括《论持久战》《中国革命和中国共产党》等。军事课主要学习队列、四大技术（射击、投弹、刺杀、爆破）、三大战术（袭击战、夹击战、麻雀战）、班排进攻与防御地形学、军事技术和简易通信等。东江纵队司令员曾生、副司令员王作尧及政治委员尹林平等都曾亲临学校授课[1]。据回忆当时学习条件相当艰苦，寺内铺层杂草便成为学员宿舍兼课堂。学员们没有桌椅板凳，只能席地而坐。由于人多，寺内住不下，许多人只能在山坡上搭建草棚住宿。1945年 2 月东江抗日军政干部学校随东江纵队司令部迁至罗浮山，后又随军辗转粤北地区。东山寺原寺已毁，1994 年当地村民及华侨捐款对东山寺重新修缮，使其面貌基本恢复，大门右侧镶嵌石匾一块，上有曾生题字"一九四四年七月东江抗日军政干部学校创建于此"。

1　中共广东省委党史研究室、深圳市史志办公室编：《广东省革命遗址通览·深圳市》，广东人民出版社，2013 年，第 192 页。

赖恩爵振威将军第西座位于大鹏所城内，是深圳市第二批重点文物保护单位。1944年8月，东江纵队政治部在大鹏所城开办青年干部培训班，共举办了7期，每期一二百人，先后由黄文俞、张江明等负责训练班的组织和教学工作。省临时委员会书记尹林平曾来此授课。训练班仿照"抗大"的办校方针，开展团结、紧张、严肃、活泼的军事化生活。学员们在通过军事知识、游击战术、政权建设等课程学习考核后，被分配到部队各个连队或司令部、政治部、后勤机关各个部门工作。纵队首长曾生、尹林平、王作尧、杨康华等都曾亲自给学员上课。通过培训班的学习，大大提高了广大指战员的指挥作战能力，加强了部队的建设，在敌后游击战争中发挥了重要作用。

大鹏所城始建于明洪武二十七年（1394年），是我国岭南重要的海防军事城堡。1988年7月，被深圳市人民政府公布为市级文物保护单位。1989年6月，被广东省人民政府公布为省级文物保护单位。1995年，被深圳市委公布为深圳市爱国主义教育基地。2001年6月，被国务院公布为全国重点文物保护单位 [1]。

1 中共广东省委党史研究室、深圳市史志办公室编：《广东省革命遗址通览·深圳市》，广东人民出版社，2013年，第186页。

燕川村
东江纵队第二、三期青年干部训练班所在地

燕川村位于宝安区燕罗街道，建村于元代，居民以陈姓为主，属广府村落。1944年冬天，东江纵队第二、第三青年干部训练班在此举办[1]。1945年5月前后，此处是东江纵队第一支队队部驻地[2]。

1　中共广东省委党史研究室、广州地区老游击战士联谊会《硝烟曲》编委会编：《硝烟曲：东江纵队文艺工作掠影》，《广东党史资料丛刊》编辑部，1993年，第116页。
2　李征：《铮铮铁骨 赤胆忠心》，内部资料，1996年，第52页。

竹坑村
东江纵队二支队医务所

竹坑村位于坪山区坪山街道，建村于清代，居民以黄姓为主，属客家村落。1944年8月，东江纵队二支队医务所驻扎于此，遭国民党顽军袭击，医务所负责人陈湘子安排伤员在群众家中躲藏。

竹坑村一角

医务所卫生员黄惠庭是本地人，她把十多名伤病员安置在自己家中，有的躲进阁楼，有的藏进村外荔枝园。黄惠庭和母亲瞒着村里人，没有走漏风声，每天夜里给阁楼中的伤员喂饭、敷药，天亮又假装去送肥、锄地，实际给荔枝园的伤员送饭送水。黄惠庭白天装扮成农妇，四处搜寻部队联络点，最终十多名伤病员安全返回部队[1]。

1　广东省妇女运动历史资料编纂委员会东江组：《南粤红棉：东纵女战士》，内部资料，1983年，第14页。

东江纵队第六支队成立会场遗址位于深汕特别合作区赤石镇大安峒田心村外山埔大埔岭榕树下。1945 年 2 月，中共东江前线工作委员会副书记郑重和独四大队负责人叶基、曾源率警卫队来到赤石镇大安峒，传达建立东江纵队第六支队、建立海陆丰抗日根据地的决定，在赤石镇田心村，以一处草坪土堆作为讲台，开会宣布把东进队伍和大安峒护路队合编成立广东人民抗日游击队东江纵队第六支队。东江纵队第六支队成立后，紧密依靠人民群众，广泛开展敌后游击战争，成为海陆丰地区对日作战的重要武装力量。1946 年 5 月，东江纵队六支队奉命北撤。

东江纵队第六支队卫生队伤病站遗址位于深汕特别合作区赤石镇大安行政村含头岭村后上完岭。1945 年 4 月期间，东江纵队第六支队卫生队在这里山沟边，用茅竹和茅草搭建茅寮，设立伤兵站。

东江纵队第六支队成立会场遗址

东江纵队第六支队卫生队伤病站遗址

上雪村
中共宝安县委机关遗址

上雪村位于龙岗区坂田街道，建村于清嘉庆年间，原名雪竹径，居民以曾姓为主，属客家村落。1941年1月，遵照中共前线东江特别委员会的指示，撤销中共宝安县工委，成立中共宝安县委，书记刘汝琛，组织部部长苏伟民，宣传部部长杨凡。县委机关先后驻扎雪竹径、赤岭头、樟坑、南头、西乡等地。刘汝琛、杨步尧在赤岭头，杨德元在岗头村，赵学在杨美配合部队搞民运工作，组织宣传队进行宣传，开办夜校教农民识字，进行政治教育，组织妇女会、自卫队等支持部队。中共宝安县委机关曾设于村中曾鸿文（时任布吉乡抗日民主政府乡长）家中，现旧址已被拆除，仅存附近炮楼[1]。

1 中共广东省委党史研究室、深圳市史志办公室编：《广东省革命遗址通览·深圳市》，广东人民出版社，2013年，第158页。

西乡墟
宝安县特派员活动地所在

西乡墟位于宝安区西乡街道。抗日战争时期，王士钊在宝安区西乡街道西乡墟开设和盛山货店，作为宝安县特派员活动的掩护[1]。1938年日舰曾开炮袭击西乡一带，炸毁店铺4间，平民死伤5人[2]。

1 中共深圳市委党史办公室编：《深圳党史资料汇编》第2辑，内部资料，1985年，第144页。
2 深圳市史志办公室：《广东省深圳市抗战时期人口伤亡和财产损失》，中共党史出版社，2010年，第11页。

东宝行政督导处旧址位于宝安区燕罗街道燕川村二区20号，分为两个地方，一处在陈氏宗祠，另一处在泽培陈公祠。1944年7月1日，东江纵队在燕川村建立了广东省第一个县级抗日民主政权——东宝行政督导处，成立大会在陈氏宗祠内召开。东宝行政督导处下设政治、秘书、财经、民政、民运、司法、宣教、税务各科和路西政工队、《新大众》报社、警卫连等机构，下辖10个区。督导处主任谭天度，行政机关设于陈氏宗祠，政权领导机关驻在泽培陈公祠。督导处运行直至1946年6月东江纵队北撤。

1999年3月，陈氏宗祠和泽培陈公祠被宝安区人民政府公布为第一批区级文物保护单位。2006年9月陈氏宗祠和泽培陈公祠被命名为深圳市爱国主义教育基地[1]。2021年4月，东宝行政督导处旧址经中共深圳市委常委会会议审定通过，并以市委名义公布为市第三批党史教育基地。

东宝行政督导处旧址

1 中共广东省委党史研究室、深圳市史志办公室编：《广东省革命遗址通览·深圳市》，广东人民出版社，2013年，第100页。

泽培陈公祠

东宝中学旧址

东宝中学旧址位于光明区公明街道下村小学内。东宝中学是抗日战争时期由东江纵队政治部和东宝行政督导处联合主办的一所培养革命青年干部的学校，是东江解放区创办的第一所新型的战时学校，1945年2月在公明墟水贝村（今下村）陈氏宗祠开学。原校址由公明下村三组清代祠堂组成，分别作为教师办公、学生宿舍和教室之用。

东宝中学办学宗旨是：发展根据地文化、教育事业，培养一批革命知识分子，为抗日民主政权输送干部，为东宝地区教育事业培养师资。学校成立"五四"剧社，足迹遍及东（莞）、宝（安）地区城镇山乡，以文艺形式进行抗日宣传活动，深受群众欢迎。

东宝行政督导处领导谭天度、王士钊还经常到学校向师生作形势报告、讲解党在东宝地区各项方针、政策，让学校师生受到深刻的革命教育。2004年8月，东宝中学旧址被列为宝安区第一批不可移动文物保护点[1]。2021年4月，东宝中学旧址经中共深圳市委常委会会议审定通过，并以市委名义公布为市第三批党史教育基地。

1 中共广东省委党史研究室、深圳市史志办公室编：《广东省革命遗址通览·深圳市》，广东人民出版社，2013年，第230页。

　　布吉乡抗日民主政府旧址位于龙岗区坂田街道岗头社区中围路 2 号陈氏宗祠。建于清代，重修于民国时期。1941 年 1 月，中共布吉区委书记杨德元以民运队员身份来到岗头村，宣传抗日救亡、保卫家乡，发动群众，在群众中发展党员，成立了中共岗头支部。党支部成立后，一边继续发展党员，壮大党的队伍，一边发展建立各种抗日群众团体，建立了岗头农民抗日自卫队，成立了妇女组织——岗头姊妹会。同年 7 月，布吉乡抗日民主政府成立，乡政府设在岗头陈氏宗祠，先后由陈白玉（后叛变被游击队锄奸小组处决）、陈绍平、曾宪沾任乡长。在乡政府的领导下，各个抗日群众团体发挥各自作用，带领广大人民群众开展抗战活动。抗日自卫队有 70 多人，有步枪、鸟枪、土枪 30 余支，子弹数百发。他们白天组织发动群众兴修水利，发展生产，晚上站岗放哨，维护治安，还配合游击队作战，给部队送情报，运送各种军用物资。姊妹会则负责做好支援部队的后勤工作，如给部队购买稻谷、磨谷、舂米等。乡政府还组织群众向国民党政府抗捐抗税，向土豪乡绅减租减息，在社会上禁烟禁赌，深受群众拥护。1941 年冬，香港沦陷，乡政府组织岗头村党员和群众为游击队存放军用物资而挖掘山洞，群众协助地下党将原设在香港九龙的一家被服厂转移到岗头村的黄泥垄山林里，还挖好山洞，将游击队从新界运回的炮弹、子弹、炸药、雷管、花生油等军用物资存放保管起来。因开发修建工业区，当年游击队和自卫队员为群众修好河堤和群众协助游击队转移的被服厂遗址均已被毁，为游击队存放保管军用物资的山洞遗址仍在 [1]。据陈德和回忆，布吉乡民主政府曾设立于岗头村的天主堂，村中正坑、横坑与黄泥龙（陇）地下室，存有游击队从港九运回的大量物资弹药 [2]。此外，1941 年 6 月，石龙队曾驻扎岗头村。

岗头陈氏宗祠

1　中共广东省委党史研究室、深圳市史志办公室编：《广东省革命遗址通览·深圳市》，广东人民出版社，2013 年，第 160 页；深圳市史志办公室编：《定格红色：深圳地区革命历史图集》，中共党史出版社，2010 年，第 170 页。

2　陈德和：《革命战争回忆录》，内部资料，2002 年，第 9、10 页。

东江纵队宝三区联乡办事处旧址位于福田区梅林街道上梅林社区梅庄黄公祠。梅庄黄公祠始建于明代，1959 年被拆除，1996 年重修，2001 年被深圳市福田区人民政府公布为福田区文物保护单位。1938 年，上梅林村村民组建抗日自卫队，积极主动参与抗日运动，破坏敌人的运输线、通信设施，配合游击队打击日本侵略者。上梅林村村民还积极为游击队筹粮筹款，运送物资，收集情报，带路送信，救护伤病员，洗衣做饭，成为抗日的堡垒村。东江纵队成立后，宝三区联乡办事处就设在梅庄黄公祠内，开展革命工作，为革命斗争筹集财力支持[1]。1945 年 8 月 24 日，东江纵队接受深圳日伪军投降，宝三区联乡办事处进入深圳镇内办公，地址为深圳市和平路养生街 4 号[2]。宝三区联乡办事处庄澎、梁耀宗进驻深圳镇后，召集黄贝岭、罗湖、湖贝、沙头、皇岗等二十多个村代表和村长召开会议，宣传深圳解放，要求各村整顿社会治安，清除内奸，发放公债，搞好粮食征购等工作，还召开了商民会议，建立商会和税收制度[3]。

1 中共广东省委党史研究室、深圳市史志办公室编：《广东省革命遗址通览·深圳市》，广东人民出版社，2013 年，第 36 页。
2 中共深圳市委党史办公室编：《深圳党史资料汇编》第 2 辑，内部资料，1985 年，第 2 页。
3 中共深圳市委党史办公室编：《深圳党史资料汇编》第 2 辑，内部资料，1985 年，第 234 页。

乐群小学

抗战时期东和乡民主政府旧址

东和乡民主政府旧址位于盐田区沙头角街道乐群小学。1935 年 9 月，中共地下党员刘德谦被党组织派回盐田、沙头角地区，成立宝安青年会。刘德谦、何昌国、李灵秀先后在盐田乐群学校、沙头角东和义学教书，以教师身份作掩护，发展了一批进步青年加入宝青会，开展抗日救亡的宣传组织活动。乐群学校既是文化教育的中心和培育抗日爱国青少年的摇篮，又是宣传抗日救亡运动的革命斗争阵地。抗战爆发后，东和乡民主政府就设在乐群小学。乐群小学当时是盐田抗日民族统一战线的领导和组织发动中心[1]。

1 中共广东省委党史研究室、深圳市史志办公室编：《广东省革命遗址通览·深圳市》，广东人民出版社，2013 年，第 74 页。

陈伙楼旧照

陈伙楼

路东新一区抗日民主政府旧址

陈伙楼位于大鹏新区大鹏办事处王母社区王母街 23 号，是一座长宽约 10 米、砖石土木结构的三层楼房，2022 年公布为一般不可移动文物。1944 年 10 月至 1946 年 6 月，大鹏地区抗日民主政权——路东新一区抗日民主政府设于此，赖仲元任区长。同时还成立了中共路东新一区委员会，赖仲元任书记，彭明任组织委员，王舒任宣传委员[1]。

1 中共广东省委党史研究室、深圳市史志办公室编：《广东省革命遗址通览·深圳市》，广东人民出版社 2013 年，第 194 页。

汤坑村（今为汤坑社区）隶属坪山区坪山街道，是老根据地，村中设有东纵民主政府的秘密粮站。村民廖其谷，人称谷伯或奋伯，是该秘密粮站的负责人[1]。

1 陈一民主编：《南北征战录》，广东经济出版社，1998年，第265页。

一鸣学校位于龙岗区宝龙街道阳和浪村，创办于1934年，校长黄显澄，后改名为"文化学校"，校长黄炽华。1937年改名为"一鸣学校"，现并入同乐主力学校。1938年10月，华南抗战爆发，1939年初，东江华侨回乡服务团成立，共产党员何瑞清、苏为民、钟秀英、钟月娥、张玉桃等来到一鸣学校，以黄廷康家为据点，宣传抗日救亡思想，并在阳和浪、长湖围、丁甲岭、老大坑开办四间夜校。1940年春，中共坪山区委机关设于一鸣学校，这里成为地下党坪山区委机关和县委的联络点。尹林平、梁鸿钧、卢伟如、周伯明、阮海天、祁烽、蓝造等都来到过一鸣学校[1]。

1 中共深圳市委党史办公室编：《深圳党史资料汇编》第2辑，内部资料，1985年，第194页。

99

育贤学校位于龙岗区龙岗街道龙东社区上井居民小组龙南路205号。1937年2月，中共香港海员工作委员会组织部部长曾生介绍中共党员傅觉民到龙岗上井育贤学校任教，以教师职业为掩护，开展抗日救亡活动，发展中共党组织。傅觉民来到上井育贤学校以后，把一批进步青年团结在一起，组织他们学习进步书籍，向他们宣传抗日救国的道理，并在他们中间培养建党积极分子。1938年11月，中共上井支部成立，有党员邱能、钟吉璘、钟友等7人，傅觉民任支部书记。党支部成立后，经常在钟友、钟吉璘家聚集、开会。党支部动员了一批进步青年参军参战，上井村及周边一些村子共有38名青年参加了曾生领导的抗日游击队，投身于抗战之中。党支部还组织自卫队，在长湖围配合游击队与日军作战。抗日战争胜利以后，部分人员随军北撤，部分人员复员[1]。

1 中共广东省委党史研究室、深圳市史志办公室编：《广东省革命遗址通览·深圳市》，广东人民出版社，2013年，第172页。

东江纵队联络点旧址五区学校位于坪山区坑梓街道老坑社区东坑居民小组。抗战期间五区学校曾作为东江纵队的联络点。学校建于民国时期，是一座砖木结构的二层建筑。受风雨侵蚀，学校外墙有所损毁，但房屋梁架、墙体保存完好，整体结构稳定[1]。

1 中共广东省委党史研究室、深圳市史志办公室编：《广东省革命遗址通览·深圳市》，广东人民出版社，2013年，第248页。

阳和世居

中共地下交通联络站旧址

阳和世居位于龙岗区宝龙街道阳和浪村，始建于1808年，属晚清客家围屋建筑。1938年华南抗战爆发后，东江华侨回乡服务团（简称"东团"）成立，1939年春，"东团"派苏伟民、何清、钟秀英、钟月娥等同志到阳和浪村等地发动群众，很快组织了"抗敌同志会茅土村支会"。当时只有15岁的阳和浪人黄光是会内积极分子，他组织民兵建立"抗农会"，并开办夜校。1940年6月，黄光加入中国共产党。他们夫妻俩和姐姐都是党员，全家人竭尽全力为革命无私奉献。在抗日战争时期和解放战争时期，黄光在敌占区从事党的地下工作和武装斗争，先后在宝安、惠阳和惠东等县任过党的特派员、区委书记和县委组织部副部长等职务，他的家和祖屋（阳和世居）都是党的区、县地下交通联络站。1946年纵队北撤时，黄光服从党的安排，留下来领导地下组织开展革命活动，并保存了大量枪支弹药和军用物资，为后来恢复东江地区的武装斗争作出了重要贡献。1948年6月，中共坪龙中心区委重建，黄康任区委书记，黄光任组织委员，黄旭任宣传委员，黄进修任农运委员，黄香任保卫委员。在此期间，阳和世居曾作为中共坪龙中心区委地下交通联络站。这一时期，国民党军队对东江以南地区进行第二期清剿，广东人民解放军江南支队进行了反击，取得了"江南大捷"，部队把数十名伤员安排在阳和浪医治，其中30多名伤员被安置在阳和世居，地下交通联络站积极为医疗工作做好掩护以及后勤保障工作，出色地完成了任务。

潮歌学校今已消失，遗址位于大鹏新区大鹏办事处下沙社区。1938年10月，曾生、周伯明等在坪山羊母嶂成立中共惠宝工作委员会。11月，工作委员会派黄国伟到大鹏半岛建立和发展党组织，先后吸收潮歌学校教师黄闻、陈培、陈永，坝岗的黄业、蓝造，王母的钟原等人入党，建立大鹏党小组，并在大鹏坳下一个茶寮里召开了第一次党小组会议，大部分党员都在潮歌学校任教，以教师职业为掩护从事党的活动。同年12月，在潮歌学校成立了大鹏半岛上第一个中共党支部，黄闻任第一任支部书记，钟原、蓝造任支部委员。1939年春夏，又发展党员20余人，并于同年3月成立了大鹏区委，黄国伟任书记，蓝造任组织委员，陈培任宣传委员。改革开放前，潮歌学校校舍被拆除[1]。

1 中共广东省委党史研究室、深圳市史志办公室编：《广东省革命遗址通览·深圳市》，广东人民出版社，2013年，第184页。

竹园村又名竹元村，位于坪山区马峦街道，建村于清代中期，居民主要为黄姓、曾姓、沈姓等，属客家村落。新编大队的医院曾设在竹园村一间小学校里，医院设有20张床位，还有门诊[1]。抗战时期惠阳大队交通总站设立于此。惠阳县人民政府驻地亦曾设立于竹园村。

1 广东省妇女运动历史资料编纂委员会东江组：《南粤红棉：东纵女战士》，内部资料，1983年，第43页。

中共大鹏支部成立遗址 潮歌学校

惠阳县人民政府驻地 竹园村

惠海行商护路队二中队队部遗址

　　惠海行商护路队二中队队部遗址位于深汕特别合作区赤石镇大安行政村横路村麻雀下朱家祠堂旁边。1940年3月，曾生和王作尧率领的东江抗日游击队东移海陆丰，8月，部队在海陆丰人民密切配合下，安全返回抗日前线惠东宝。东移部队给海陆丰人民留下革命种子，同时也在赤石镇大安峒留下需要继续治疗的伤员和一批枪支弹药。没过多久，曾生就先后派刘云龙、张建南回到赤石，帮助中共海丰县委组建抗日武装队伍。县委决定，以赤石镇大安田心坑为据点，成立由8人组成的抗日队伍——惠海行商自卫队，又称惠海行商护路队。从表面上看，护路队是为商旅安全保驾护航，实则帮助党组织发展抗日武装力量。护路队成立后，受海丰县委和曾生游击队双重领导。东江纵队1943年成立后，派来干部加强对护路队训练的同时，还派来10多名东纵武装人员增强护路队力量。这是一支特殊的部队，身穿国民党军服，心系共产党，俗称"白皮红心"的人民武装。1945年东纵六支队成立后，惠海行商护路队正式改编为海丰大队。

惠海行商护路队三中队驻地遗址位于深汕特别合作区赤石镇明溪行政村石角村石障山山顶。1940年，海丰县委以曾生、王作尧部队离开海丰时留下的枪支和伤病员为基础，组建海丰人民护路队，初成立时仅有十多人，张建南负责军事，刘云龙负责政治，姚荣华任支部书记。护路队成立后受海丰县委和曾生游击队双重领导，由刘云龙每月向曾部汇报一次。1941年冬，在海丰县委的指示下，海丰人民护路队与梅陇商人陈辟夷的惠阳圆潭行商护路队合编，成立惠阳、海丰两县政府批准的公开合法的惠海行商护路队，1943年1月，队长陈辟夷呈请海丰县政府批准，成立惠海行商护路队第三中队，是中国共产党掌握的"白皮红心"的革命队伍。

惠海行商护路队成立后，保障商旅安全，收费合理，大商人多收，小商人少收，穷苦小贩不收，商人都乐意交费。当护路队发生经济困难时，大商人怕护路队解散，主动借钱维持给养。护路队为农民谋利益，得到了农民的拥护，为这片地区今后成为抗日根据地打下了坚实的群众基础。

海陆丰中心县委秘密印刷机关遗址位于深汕特别合作区赤石镇大安行政村榕树仔村与东围村交界处曾建鸿家东面菜园。1943年底，为了反击国民党第三次反共阴谋，中共东江特别委员会指示地方党委开展政治宣传攻势，揭露国民党的反共阴谋。特派员办公室设立宣传出版组，由林金枫、刘群、林菁华、曾和世负责编辑出版工作，在大安峒榕树仔村利用该村打油厂的几间茅草屋建立秘密的印刷机关，油印大小传单、小报、小册子等宣传品。主要内容为国内外大事电讯、抗日救亡消息、时事宣传等。至1944年春，特派员办公室宣传出版组大量翻印《前进报》的文章和新华社消息，广泛分发城乡，有时设法将宣传品贴到国民党县政府门口，使反动派大为震惊。

右侧标题（竖排）：
惠海行商护路队三中队驻地遗址

海陆丰中心县委秘密印刷机关遗址

海丰县第三区抗日民主政府、海丰民主抗日县政府成立遗址

该遗址位于深汕特别合作区赤石镇大安行政村上田心村北张汉文家菜园北面。1945年3月，东江纵队六支队党委和海陆丰特派员研究决定，在支队部所在地三区先筹建区政府，派支队政治处干部林金枫负责筹备。林金枫带领青干班结业的部分学员和地方党组织的同志开展工作，在广泛征求群众意见的基础上，提出区政府组成人员名单，并报六支党委和特派员批准。3月中旬，在大安峝田心村举行各乡各界人民代表大会，选举海丰县第三区抗日民主政府委员13人，区长林金枫；选举成立三区参议会，议长徐群；同时组建第三区救乡大队，大队长黄响群，政委姚山。这是海丰县第一个抗日政权。

1945年6月，在各区政权成立的基础上，中心县委又在大安峝田心村举行各界人民代表大会，选举成立以吴棣伍为县长的海丰民主抗日县政府。县、区民主抗日政府都有党外人士参加，有广泛的代表性，得到了人民的拥护。海丰民主抗日县政府的成立，为鼓舞海丰人民抗日斗志，夺取海丰抗日战争的胜利，作出了重要的贡献。

南头日寇碉堡

抗战时期日军修建的碉堡 [1]。位于南山区南头城西南，钢筋混凝土结构，平面为多边形，尚保留有射击孔。

1 深圳市文物管理委员会编：《深圳文物志》，文物出版社，2005年，第187页。

抗战时期日军修建的地堡[1]，钢筋混凝土结构，位于盐田区中英街内桥头街 4 号对面大榕树旁。1942 年 12 月，日军包围洪安围，将村民赶到祠堂，强迫村民交代谁为游击队，后抓走男性村民 36 人，押到沙头角地堡，用狼狗咬、灌水、吊飞机、竹筒烧脚底、棍打、脚踩等方式折磨村民，导致多人死亡[2]。

1 深圳市文物管理委员会编：《深圳文物志》，文物出版社，2005 年，第 187 页。
2 深圳市史志办公室：《广东省深圳市抗战时期人口伤亡和财产损失》，中共党史出版社，2010 年，第 12 页。

抗战时期日军修建的碉堡[1]，位于光明区玉塘街道辖区乌云顶上，钢筋混凝土结构，平面呈多边形，保存较为完整。2018 年被公布为深圳市历史建筑。

1 深圳市文物管理委员会编：《深圳文物志》，文物出版社，2005 年，第 187 页。

沙头角日寇地堡

玉律村日寇碉堡

笔架山日寇碉堡

抗战时期日军修建的碉堡。该碉堡位于福田区笔架山笔俊峰，2018年公布为深圳市历史建筑。

玉律村日寇碉堡

下山门村日寇碉堡

该碉堡位于宝安区燕罗街道山门社区下山门村，是钢筋混凝土结构。该碉堡地处宝太公路附近，据称是抗战爆发之前由国民党军队修建。日军侵占这一地区后，曾在下山门派驻一个小队，利用该碉堡扼守宝太公路。2004年被公布为宝安区不可移动文物。

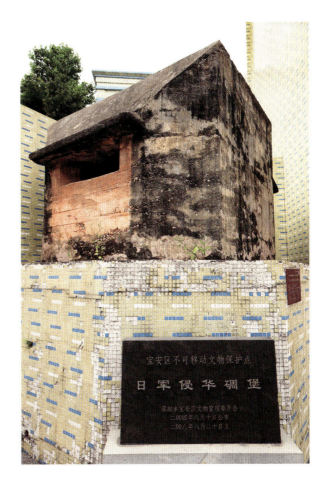

日军后海机场遗址今为南山区商业文化中心区，日军曾在此处修建后海机场，面积约 4000 亩。机场可泊 30 余架飞机，周围壕沟环绕，有碉堡五座，高射炮十余门防空，机场工兵 130 余人，日军机动部队一个连强驻桂庙、南光、后海等六个自然村。机场修好后，日军重兵把守，多次对路过的平民肆意杀害，刑场设在机场旁边的细脚湖（今深圳大学校园内文山湖）[1]。

文山湖

1　深圳市史志办公室：《广东省深圳市抗战时期人口伤亡和财产损失》，中共党史出版社，2010 年，第 9、11 页。

"大王庙惨案"旧址位于宝安区沙井街道沙井大街大王庙（洪圣宫）前。大王庙又称洪圣古庙，近代沙井民团总部曾设于此。1942 年 8 月，日军包围了大王庙，从中抓捕 18 名参与抗日的沙井民团队员，用一条铁链穿过 18 人的锁骨后再用机枪扫射，造成"大王庙惨案"。

深圳沦陷后，距离南头城不远的乱坟岗成为日军屠场，日军在这里杀害百姓至少500多人。今为荔香公园[1]。

荔香公园

日军屠场遗址

1 深圳市史志办公室：《广东省深圳市抗战时期人口伤亡和财产损失》，中共党史出版社，2010年，第11页。

日军曾在新围小学（今西丽小学）操场上，杀害被怀疑为游击队的过路百姓与当地村民300人，操场血迹斑斑，尸首成堆[1]。

新围小学操场

日军残杀平民遗址

1 深圳市史志办公室：《广东省深圳市抗战时期人口伤亡和财产损失》，中共党史出版社，2010年，第11页。

植利楼位于宝安区福永街道桥头社区，高三层，为港商林植利修建，故称"植利楼"。该楼主体建筑前为碉楼，后为副楼，其中碉楼正门门额楷书"植庐"。1939年至1940年间，该楼曾为日寇宝安地区宪兵队队部驻地。

植利楼

日寇宝安地区宪兵队队部旧址

文华楼位于宝安区燕罗街道下山门旧村 44 号，楼高五层，砖混钢筋混凝土建筑，日军侵占宝安期间，部署在松岗的日伪军曾将该楼作为驻地。

文华楼
日军侵华驻地旧址

曾耀添宅位于宝安区新桥街道上星社区新沙路 149 号。该楼为钢筋混凝土结构，高三层，抗战期间被侵华日军占据，作为扼守宝太公路的据点。2003 年 11 月由宝安区人民政府公布为宝安区文物保护单位。

『碧岭峠』碑石

1941 年 4 月，日军为侵略香港，在惠阳、淡水、坪山等地强迫民众修筑一条连接淡水到深圳的近 50 千米的公路，及坪山至坪横公路近 40 米的公路，并在铜锣径山顶竖立石碑，作为指路碑石。该碑长约 3 米，宽 0.5 米，刻有"'碧岭峠'自动车道开通纪念；山口（甲）部队；昭和十六年四月十日"字样。2005 年，碧岭社区将此碑置于碧岭文化广场，以起到不忘国耻的警示作用。

一 不可移动文物类

（二）

战斗旧（遗）址

沙鱼涌

1939年9月初，日军再次在大亚湾登陆，占领葵涌和沙鱼涌。9月12日，曾生率领新编大队主动出击，夜袭葵涌和沙鱼涌，击退日军500余人，收复了葵涌和沙鱼涌，缴获许多战利品，取得了东江地区抗击日军的第一次大胜利。

沙鱼涌

马峦山战斗旧址

1939年9月15日，日军数百人从沙头角登陆，沿盐田和大小梅沙东进，企图夺回葵涌、沙鱼涌，新编大队在马峦山伏击日军，打退日军进攻。

马峦山战斗旧址

1939 年，新编大队第一中队在横岗鸡心石伏击日军，击毙击伤敌人 30 余人，击毙战马 3 匹[1]。

鸡心石一带

1 《东江纵队志》编辑委员会：《东江纵队志》，解放军出版社，2003 年。

1941 年 4—5 月，驻扎宝深线梅林村的日寇越过梅林坳经望天湖企图扫荡龙华，卓凤康率民兵和游击队相互配合，在日军经过游松时进行伏击，日军被迫向布吉方向撤退。1941 年 6 月中旬，广东人民抗日游击队第五大队惠阳队从横岗山子下村抵达游松村，遇到汉奸告密，翌日早数十名日军进入游松村。游击队在之前得到群众帮助，知道日军要来进攻，提前在距游松村东北角两三里路的松树山设伏，日军数次进攻山头，均被游击队击退。下午一时左右，日军因无援兵，又远离营地，最终撤退，游击队负伤 2 人，日军伤亡 20 余人[1]。

游松战斗旧址

1 陈一民主编：《南北征战录》，广东经济出版社，1998 年，第 152 页。

岭澳村民抗击日军暴行遗址

岭澳村民抗击日军暴行遗址位于大鹏新区大鹏办事处岭澳村。1941年，日军在大亚湾澳头、大鹏一带建立据点，经常到沿海各村骚扰百姓，抢劫财物，奸淫妇女。4月29日下午，一队日军在鹏城乘船往澳头，途经岭澳登陆，数名日军在田间追逐1名妇女。地下党员李四发立即组织青年村民扛枪拿刀追杀日军，当即砍死日本兵1名，追杀逃散日本兵直到海边，俘虏1个看守船只的日本兵，缴获一批书信，放火烧毁登陆小艇，并于当晚处死了被俘的日本兵。半夜时分，日军出动大批人马，包围岭澳村，施行"三光"政策，杀害无辜村民数人，烧毁房屋数十间，抢去耕牛十余头，掠去财物一大批[1]。

1　中共广东省委党史研究室、深圳市史志办公室编：《广东省革命遗址通览·深圳市》，广东人民出版社，2013年，第188页。

岭澳村一角

就昌楼位于龙岗区坂田街道坂田社区老围村坂兴街，是一座客家炮楼，1926年由华侨张就恭修建，由炮楼和一栋二层楼联体而成，碉楼南面上部有"就昌楼"三字。抗日战争期间，就昌楼是抗日游击队活动基地，游击队经常在这里联络碰头和召开会议。1942年，日军得知就昌楼内驻有游击队，就用炮火轰击，墙上留下许多枪眼和炮痕[1]。

1　中共广东省委党史研究室、深圳市史志办公室编：《广东省革命遗址通览·深圳市》，广东人民出版社，2013年，第162页。

1942年5月，日伪军派出50余人的小分队从沙头角向惠阳大队驻地盐田进犯，彭沃、高健率领惠阳大队在沙头角到盐田之间的九径口展开阻击，战斗从上午持续到下午，打退日军多次冲锋，击毙击伤日军十余人[1]。

九径口一带

1　中共惠州市惠阳区委党史研究室编：《东江之子——怀念高健同志》，中央文献出版社，2004年，第34页。

铜锣径伏击战遗址

铜锣径伏击战遗址位于坪山区坪山街道碧岭社区与横岗街道相接的山谷中，南有打鼓嶂，北有崟禾嶂、马鞍岭，南北山岭对峙，中间是一条峡谷，山路狭窄崎岖，地势险要。1942年4月，广东人民抗日游击总队惠阳大队成立。惠阳大队成立后即主动出击，频频打击日伪军，取得不少战斗的胜利。5月13日晚，惠阳大队主力在大队长彭沃和副大队长高健的率领下从坑梓向碧岭村进发。14日凌晨4时许，抵达碧岭村，接到村长送来的情报，获悉驻横岗的日军当天要到碧岭抢粮，遂决定在横岗东北面约5千米的铜锣径伏击日军。铜锣径是横岗到碧岭的一条峡谷，地势险要。其北面崟禾嶂山势陡峭，难以攀登；南面打鼓嶂有小树林，便于兵力隐蔽，是埋伏用兵的理想之地。惠阳大队到达碧岭后，进入打鼓嶂山谷隐蔽。上午，驻横岗日军出动70多人的马队向碧岭村开来。彭沃、高健经认真分析，认为日军轻装出动抢粮，当天必定返回横岗，因此决定待日军运粮负重行动返回时，乘其不备予以打击，并决定由第一、第二小队担负伏击主攻任务，第三小队负责戒备监视横岗方向敌情。下午3时，日军从碧岭抢粮返回，进入伏击圈。彭沃一声令下，担负主攻任务的第一、第二小队机枪、步枪、掷弹筒一齐攻击，以密集的火力突然射击敌人。日军毫无戒备，顿时阵脚大乱。战斗进行30多分钟后，横岗增援的日军与担负戒备的第三小队开始交火。这时，歼敌的目的已达到，为避免腹背受敌，惠阳大队主动撤出战斗，向打鼓嶂山顶转移。此战，毙伤日军30余人，击毙战马十余匹，缴获战马三匹。惠阳大队战士黄明、林平、张达生在战斗中英勇牺牲。铜锣径伏击战不但打击了日军的嚣张气焰，而且大大地鼓舞了抗日军民的胜利信心，为惠宝敌后游击根据地的建立和发展起到重要作用[1]。

1 中共广东省委党史研究室、深圳市史志办公室编：《广东省革命遗址通览·深圳市》，广东人民出版社，2013年，第166页。

　　1942年12月25日，广东人民抗日游击总队宝安大队副中队长兼小队长卢耀康、指导员黄密、副指导员王天锡和总队政治部派来中队蹲点的组织干事李国玺，带领两个班的战士，在宝安黄田的珠江大堤上，英勇抗击国民党顽军一八七师的一个团和黄文光大队的疯狂夹攻。此战关系着驻在固戍基围的总队领导机关的安全。战斗从早晨7时持续到下午2时，战士们先后打退顽军六七次冲锋，杀伤顽军100余人。卢耀康、黄密、王天锡和另外10多名战士相继牺牲，阵地上只剩下李国玺和另外5名战士。大家立下"宁死不屈，战斗到底"的誓言，子弹和手榴弹全部打光了，便砸烂枪托，丢掉机枪，撕碎文件埋入泥土，最后在顽军射来的弹雨中倒下。战后部队在大堤后面的芦苇荡里找到了17位勇士的遗体，他们中除卢耀康、黄密、王天锡、李国玺外，还有副小队长梁文波、机枪射手黄发、炊事员叶良，其余均为无名烈士[1]。

黄田阻击战遗址

1　中共广东省委党史研究室、深圳市史志办公室编：《广东省革命遗址通览·深圳市》，广东人民出版社，2013年，第92页。

坝光坳伏击战遗址

坝光坳伏击战遗址位于大鹏新区葵涌办事处坝光社区通往大鹏办事处鹏城社区洞梓居民小组的一处山坳上。1942年冬，国民党顽固派聚集重兵，向抗日根据地大鹏半岛发动"围剿"，国民党顽军陆如钧大队进驻大鹏城、王母墟等地进行"驻剿"，企图切断广东人民抗日游击总队进入大鹏半岛的陆上通道。广东人民抗日游击总队长曾生要求刘培独立中队想办法拔掉这个"钉子"。经过缜密策划，刘培选定在坝光坳进行伏击。1943年1月2日，独立中队在刘培、叶基率领下，在坝光坳伏击从大鹏城出扰的国民党顽军王玉如中队，仅十多分钟就结束战斗，歼敌50余人，缴获机枪2挺，步枪50多支。此战对顽军震动很大，迫使驻大鹏城、王母墟、澳头等地的顽军撤回淡水，其"驻剿"阴谋被粉碎，大鹏半岛又为广东人民抗日游击总队所控制[1]。

1 中共广东省委党史研究室、深圳市史志办公室编：《广东省革命遗址通览·深圳市》，广东人民出版社，2013年，第182页。

坳下村血战遗址位于罗湖区莲塘街道小梧桐山西侧，东南与沙头角相距 8 千米，西南与原深圳镇相距 6 千米。1943 年 2 月，国民党顽军第三次向盐田进攻。广东人民抗日游击总队惠阳大队主力向三洲田方向转移，留下特派员王慕率领第二小队深入坳下村，开展敌后活动。2 月 18 日，第二小队派一个班去运粮食，另两个班在坳下村后山窝休息。由于坳下村伪保长向敌人告密，当天下午 3 时，驻深圳镇和沙头角日军出动数百人，三面包围坳下村后山，切断第二小队两个班退向小梧桐山的通道。游击队与日军展开激战，战斗打得异常惨烈。由于敌众我寡，最后包括特派员王慕在内的 20 多位同志全部壮烈牺牲，日军则死伤 20 多人。坳下村血战之地现已成为仙湖植物园、仙湖山庄所在地[1]。

1　中共广东省委党史研究室、深圳市史志办公室编：《广东省革命遗址通览·深圳市》，广东人民出版社，2013 年，第 46 页。

三洲田战斗遗址

1943年秋，国民党独九旅向惠阳大队发动进攻，惠阳大队当时驻在盐田。9月，顽军两个连从坪山出发，向三洲田方向进攻。惠阳大队在从北岭到三洲田的小路隘口一带设伏，顽军进入包围圈后，激战4小时，歼灭了敌军一个连，但我方也牺牲了三名干部。此战扩大了部队的政治影响，龙岗、坪山、淡水一带人民群众纷纷赞扬游击队的英雄气概。

歼敌旧址三洲田山径

张丁贵大院和沙井头西村炮楼战斗遗址位于盐田区海山街道。1943 年，广东人民抗日游击总队收复盐田后，日军在沙井头炮楼和沙头角桥头附近的张丁贵大院建立了两个外围据点。尤其是沙井头据点，既阻挡着游击队对沙头角日军的突袭，又卡住了盐田通往港九抗日游击基地的咽喉。曾生总队长命令惠阳大队拔掉这两个据点。1 月，惠阳大队派民运队员叶波涛打进伪军中队，经过一段时间的策反工作，争取了一个伪军班长做内应，在盐田抗日自卫队的协助下，突然发起夜袭，不费一枪一弹，全歼伪军一个中队。6 月，在盐田抗日自卫队和沙头角村民的协助下，惠阳大队再次发动夜袭，全歼张丁贵大院伪军一个中队。这两次战斗，虽说是针对伪军，却给驻防在沙头角的日军以警告。沙头角日军除盲目射击外，不敢出援。战斗结束后，日军不敢在外围建立据点，同时也不敢轻易向盐田地区进犯 [1]。

1 中共广东省委党史研究室、深圳市史志办公室编：《广东省革命遗址通览·深圳市》，广东人民出版社，2013 年，第 82 页。

张丁贵大院旧照

福永爆破攻坚战旧址

福永爆破攻坚战旧址位于宝安区福永街道。乌蛟腾会议后，广东人民抗日游击总队按照会议确定的积极主动出击敌人的方针，从1943年初开始，向日伪军展开全面出击。5月2日，主力队（珠江队）对宝（安）太（平）线上伪军一个重要据点福永展开

福永炮楼旧照

攻击，取得全歼守敌的胜利。这是游击总队第一次使用爆破技术的攻坚战。驻守宝安县福永的伪军吴东权部一个中队凭着坚固的炮楼扼守着宝太线，对总队在这一带活动是个很大的威胁。港九大队几经艰苦努力，弄到一批炸药送到总队部。总队部参谋主任周伯明和珠江队大队长彭沃、政治委员卢伟良一起反复试爆并获得成功，于是总队部指示珠江队用爆破技术实施福永攻坚战。5月2日夜，珠江队在周伯明、彭沃、卢伟良率领下，从蔗园埔出发直逼福永，利用两次成功的爆破炸毁了敌人炮楼的两道铁门，战斗进行了30分钟，全歼伪军1个连，毙敌连长以下30多人，俘敌副连长以下40多人，缴获轻机枪6挺、长短枪40余支和大批军用物资。珠江队只有1名战士负伤。福永战斗的胜利有重要意义，它使广东人民抗日游击总队在宝太线夺取了主动权，为大岭山和阳台山两块根据地连成一片起到了积极的作用。同时，由于首次运用爆破技术的成功，为各部队普遍开展爆破战、地雷战起到了示范作用，使部队在袭击和攻坚相结合的战术上获得突破，有效地提高了作战能力[1]。

1 中共广东省委党史研究室、深圳市史志办公室编：《广东省革命遗址通览·深圳市》，广东人民出版社，2013年，第94页。

奇袭沙井战场旧址位于宝安区沙井街道衙边陈氏大宗祠。广东人民抗日游击总队珠江队取得福永攻坚战胜利后，于1943年5月26日夜袭沙井。沙井是宝（安）太（平）线上伪军的重要据点，驻有伪军第三十师——九团约800人，沙井东边约2千米的新桥驻有日军一个中队。经侦察发现，伪军驻衙边祠堂的第一营第一连和团部一个通信排位置比较突出，易于突袭。于是珠江队彭沃大队长作出"消灭伪军第一连，争取消灭通信排"的战斗部署，并提出"战术上要用快刀斩乱麻的速战速决打法"，发扬敢于虎口拔牙的勇敢精神。当夜，珠江队从洪田村出发抵达沙井。邱特带领第三小队冒雨迅速接近衙边祠堂，奇袭敌人，全歼伪军一个连。何通领第一小队也全歼了敌团部通信排。奇袭沙井之战，由于计划周密，战术运用得当，指战员机智勇猛，只用了20多分钟便以很小的代价歼灭伪军一个连和一个通信排，毙伤伪军连长以下30余人，俘敌30余人，缴获各种枪支60多支[1]。

奇袭沙井战场旧址

1 中共广东省委党史研究室、深圳市史志办公室编：《广东省革命遗址通览·深圳市》，广东人民出版社，2013年，第96页。

宝安大队夜袭丹竹头伪军旧址

西炮楼院位于龙岗区南湾街道丹竹头社区塘尾南区75号。1943年6月3日晚，广东人民抗日游击总队宝安大队第三中队根据情报，夜袭丹竹头伪军刘华部大获全胜。丹竹头西炮楼院建筑占地面积约为1000平方米，为民国建筑，四面均开有瞭望窗和横长方形射击孔。2012年1月，丹竹头西炮楼院被龙岗区人民政府登记为龙岗区不可移动文物。

蛇口战斗旧址

蛇口战斗旧址位于南山区南山街道。1944年6月初，宝安大队在蛇口小南山全歼日军1个班[1]。

1　深圳市史志办公室编：《定格红色：深圳地区革命历史图集》，中共党史出版社，2010年，第165页。

蛇口战斗旧址

东涌抗日活动遗址位于大鹏新区南澳办事处东涌社区大岡村海边山坡上。东涌战壕最初建造于1939年，是国民党部队为了防止日军从三门岛发起海上入侵而建造的。战壕总长约3千米，约1.5—1.6米深，站在战壕里可以清楚地看到海面的动静。战壕中还有很隐蔽的防空洞，战壕的尽头有一个哨所。沿着战壕向对面山头看去，还可以远远看到对面的烽火台。

1939年5月，8名日军从东涌海滩登陆并开火，战壕里的中国军队当即开火还击，击毙7名日军，剩下1名日军开船逃窜。1小时后，日军调来4艘炮艇对海岸线进行轰炸，不少中国士兵阵亡。但是在中国军队的英勇抵抗下，日军始终不敢从海岸登陆。直到1941年5月2日，日军才从陆路攻入东涌，火烧东涌大围村，烧毁房屋120多间，抢夺财物无数。全村被烧成一片焦土，仅黄氏祠堂一栋房子幸免于难。东涌战壕是当年抗击日军海上登陆大鹏的"桥头堡"。至今，抗日战壕、烽火台依然保存完好[1]

1 中共广东省委党史研究室、深圳市史志办公室编：《广东省革命遗址通览·深圳市》，广东人民出版社，2013年，第204页。

东涌抗日战壕现状

洪田围抗日旧址

宝安区新桥街道黄埔社区洪田围村，1943年抗日游击队攻打沙井衙边村陈氏祠堂伪军由洪田围村出发，洪田也是珠江队从山区向海边的重要运输线——宝（安）太（平）线推进的第一个立足点，村民对支援游击队抗日活动贡献很大。

1942年广东人民抗日游击队第五大队在宝安建立阳台山抗日根据地，开展敌后游击战争。游击总队珠江队在队长彭沃、政治委员卢伟良的带领下，活动于洪田、黄田、黄麻布、铁岗一带，彭沃曾率队三次袭击沙井伪军。1942年春，抗日女英雄朱金玉在洪田围村做民运工作，7月被捕壮烈牺牲。洪田人民对抗日游击队给予极大的支持，冼沧明、冼炳新等青年积极参军参战，抗日游击队珠江队长期在洪田村驻扎，游击队伤病员在洪田养伤疗养，洪田围村成为红色堡垒村。村中有革命烈士冼沧明的故居。

凤凰山伏击战遗址位于龙岗区平湖街道凤凰大道与双拥街交汇处东凤凰山国家矿山公园山顶。1944年2月，东江纵队独立第三中队成立，代号飞鹰队，中队长何通，政委黄克，指导员张军，活动在宝安平湖、东莞塘沥、官井头一带。1944年初，平湖日军在东莞虾公潭村遭到游击队打击后，派出一个班，在平湖凤凰山修筑工事，监视游击队活动。飞鹰队经研究后，摸清了日军活动规律，便在1944年2月15日凌晨，派出队员秘密爬上凤凰山顶，隐蔽在日军挖好的堑壕里。早上7时前后，9名日军从平湖出发，来到山顶，游击队趁势出击，击毙日寇8人，重伤1人，缴获机枪1挺，全歼日军1个班[1]。

1 陈一民主编：《南北征战录》，广东经济出版社，1998年，第156页。

凤凰山伏击战遗址

凤凰山顶远眺

元屋围战斗遗址

元屋围战斗遗址位于龙岗区平湖街道。1944年2月29日，飞鹰队夜袭伪平湖区政府所在地驻地——元屋围，活捉伪区长谢瑞华，俘虏伪警察20余人，缴获了一批枪支弹药[1]。

1　陈一民主编：《南北征战录》，广东经济出版社，1998年，第158页。

谭屋村战斗遗址

谭屋村战斗遗址位于龙岗区平湖街道。1944年7月21日夜，飞鹰队夜袭驻扎距离平湖东侧距离藤本大队碉堡约40米的谭屋村伪警中队，俘敌40余人，缴获枪支70余支[1]。

谭屋村战斗遗址（平湖荔枝岭村一带）

1　陈一民主编：《南北征战录》，广东经济出版社，1998年，第162页。

八仙岭战斗遗址位于龙岗区龙岗街道龙西社区与宝龙街道龙东社区之间的八仙岭山顶。1944年秋，东江纵队司令部调集彭沃部队、飞龙队、飞马队、飞虎队和地方常备队等，准备围歼驻扎于龙岗墟附近正布岭村的肖天来部，彭沃部队派出副小队长杨容率领一个重机枪班到八仙岭，负责掩护部队进攻。翌日有日军四五百人，由沙湾墟经横岗墟抵达龙岗墟，占领了八仙岭，东纵四名战士牺牲。后该阵地被东纵重新夺回，在八仙岭上，东纵对龙岗墟内的日军进行打击。为了掩护部队主力撤退，八仙岭高地的东纵战士坚守阵地，阻击了日军多次进攻，日军还派出飞机两架在低空盘旋，双方进行了刺刀战和肉搏，后日军撤出战斗，纵火焚烧龙岗墟后，向东进犯坑梓、淡水，东纵始终占据八仙岭制高点。战斗结束后，东纵牺牲四人，日军伤亡十多人。此次战斗，部队守住了阵地，打击了敌人，并且是地空立体作战和白刃战，其激烈程度在东纵历史上是少见的[1]。

1 丘盘连、弓玄主编：《沿着东纵的脚印》，中国青年出版社，1995年，第382页。

东江纵队第六支队天仔壁战斗遗址

东江纵队第六支队天仔壁战斗遗址位于深汕特别合作区赤石镇大安行政村胡安村后向西约1千米的天仔壁山坡。

东江纵队第六支队石龙头山战斗遗址

东江纵队第六支队石龙头山战斗遗址位于深汕特别合作区赤石镇冰深行政村吴厝村石龙头山。1945年11月底，为掩护大安峒根据地东江纵队第六支队队部和海陆

丰特派员李果安全转移，六支队直属中队分队长张远南奉命率领一支20多人的小分队在明热坪巷（今上城村）一带阻击敌人。当部队行至石龙头山附近时，发现敌军正从明热方向过来，张远南立即命令部队冲上附近的石龙头山，抢夺至高点。山下敌军约一个连的兵力包围了小分队，小分队战士面对数倍于己的敌军，毫不退缩，英勇作战，利用石龙头山乱石横生的有利地势与敌人激烈交锋。战斗持续了一天一夜，最终完成掩护队部和特派员陈果安全转移的任务。

东江纵队第六支队猴子额山阻击战遗址位于深汕特别合作区赤石镇大安行政村猴子额山（赤石镇三角坑南1千米大安路左侧）。1945年11月中旬，国民党一五四师进攻惠阳稔平半岛和六支队，支队得到情报，及时转外线至埔仔峒。1945年12月，国民党一五四师1000多人再次到大安峒扫荡，东纵六支队"天狼队"在狗仔额山（今猴子额山）阻击，大安峒麻雀下的民兵协同作战，双方激战6小时，是役毙敌20多人，伤敌多人，我方亦牺牲、负伤十多人。"天狼队"虽付出了巨大伤亡代价，但为六支队机关和群众向惠阳山区安全转移争取了宝贵时间。

东江纵队第六支队『天狼队』
猴子额山阻击战遗址

马鞭岛海战旧址位于大亚湾。日军为了确保其海上运输线的安全，阻止我方海上部队进入大亚湾，收编了盘踞在红海湾龟灵岛的海匪100多人，成立伪海军一个大队。他们窜到大亚湾，拥有3艘较大型的武装木帆船"大眼鸡"，停泊在马鞭岛近海域。1943年7月6日，刘培独立中队十六勇士夜袭驻大亚湾马鞭岛伪军，全歼敌一个中队100人，击毙击伤伪军大队长陈强以外70余人，缴获机枪2挺，大木船5艘。曾生赞誉这场战斗的胜利开创了广东人民抗日队海战的范例。

1943年10月上旬，护航大队四艘武装船夜间出击，在大亚湾西岸鹿咀歼灭一艘日军运输船，用鱼炮炸死日军水兵四人，缴获了船上武器和物资后胜利返航。

黑岩角位于大鹏新区南澳办事处西涌社区。1944年11月30日，海上中队在黑岩角向一艘锚泊修理的日军运输船进行突袭，缴获电扒（机动帆船）1艘，俘虏日军7名，获得大量物资。在战斗中，班长曾佛新牺牲，被安葬在大鹏湾畔的水头沙，海上中队长罗欧锋题写墓碑。

水头沙海战旧址位于大鹏新区南澳办事处水头沙村前海域。1945 年 5 月，港九独立大队海上中队向水头沙湾的 3 艘敌船发动突袭，战斗持续几十分钟，缴获木船 2 条，毙敌 2 人，俘虏 32 名，缴获机枪、步枪、指挥刀、军用毯、罐头等大批物资[1]。

水头沙海战旧址

1　曾生等：《东江星火（革命回忆录）》，广东人民出版社，
　　1983 年，第 87 页。

（三）

历史事件相关旧（遗）址

坝岗村海岸读书会、海岸流动话剧团活动遗址位于大鹏新区葵涌办事处。1935年12月9日，在中国共产党的领导和推动下，北平学生爆发了震动全国的"一二·九"爱国运动，有力地推动了全国抗日救亡运动的开展，也激发了大鹏地区知识青年的抗日热情。这一年寒假，在外地教书的进步知识青年黄闻、陈永、陈培、黄业、蓝造、黄德明等回到大鹏，集中在坝岗村讨论如何开展抗日救亡运动的问题。他们决定在坝岗成立"海岸读书会"，并从香港购回了一批进步书籍，广泛吸收当地青年参加，阅读进步书刊，举行时事座谈会和文艺歌咏等活动，开展抗日救亡的宣传，要求国民党政府停止内战、联合抗日。蓝造、李惠群、李伯棠、陈培、黄捷英、陈通等人还先后来到葵涌土洋村崇德学校任教，开展抗日救亡的宣传活动。学校宣传队按照《松花江上》《大路歌》《码头工人》《义勇军进行曲》等抗战歌曲的内容，编成节目，经常到葵涌、

坝岗村海岸读书会、海岸流动话剧团活动遗址

沙鱼涌和溪涌等地演出，宣传抗日。宣传队还发动学生做纸花义卖，组织商民捐款，发动沙鱼涌渡船和东笏驳艇船工做义工，以实际行动支援抗日救国。

1937年8月，由黄闻等进步青年发起，在葵涌坝岗村成立"海岸流动话剧团"，剧团的主要成员有黄业、黄岸魁、陈培、蓝造、陈永、黄林、陈通、陈秀、陈瑞、黄捷英、黄德明、黄贯东、林丰时、黄文琛、钟少华、欧阳汝珊（袁庚）、钟莹斌、刘锦进（刘黑仔）、赖仲元、张平、潘清等人。海岸流动话剧团成立后，在大亚湾、大鹏湾海岸沿线进行巡回演出，以坝岗为起点，经大鹏、东山、东涌、西涌、下沙、沙头角、葵涌、淡水、澳头、小桂等地，行程100多千米。演出的主要剧目有《放下你的鞭子》《保卫家乡》等。海岸流动话剧团从成立到结束，虽然只有几个月的时间，但它的活动和宣传演出在惠宝沿海地区产生了很大的影响，为后来的抗日斗争培养了骨干和中坚力量[1]。

1 中共广东省委党史研究室、深圳市史志办公室编：《广东省革命遗址通览·深圳市》，广东人民出版社，2013年，第180页。

南头城

『救亡呼声社国防前线工作队』活动旧址

1938 年 1 月，中共外围组织"救亡呼声社国防前线工作队"抵达宝安，以抗战团体名义公开活动，推动宝安县国民党政府进行了一些抗日救亡活动。他们以南头城为中心，通过流动宣传、演出话剧、唱救亡歌曲等形式，扩大社会影响，还组织宣传队，深入皇岗、赤尾、罗湖等农村地区，唤起民众的救亡意识，同时开辟新的据点，发展党员。南头城也是 1939 年 12 月游击队第一个收复的县城。

1940 年日军占领南头城后，日军第二十六师团步兵 1 个联队 2000 人驻扎南头城。南头城外大校场搭满日军帐篷，南头城东门、西门、南门都有日军站岗，老百姓出入城内，不仅要向日军鞠躬，还要被严格盘查[1]。6—7 月间，南头城及周边 18 个村的村民分段挖毁宝深公路，日军恼羞成怒，拆毁南头城及仓前、九街、一甲、新铺街等处民房约 4000 间，直到日军投降前，南头城及周边街区已是一片废墟。

1 深圳市史志办公室：《广东省深圳市抗战时期人口伤亡和财产损失》，中共党史出版社，2010 年，第 9 页。

南头城南门

1938年11月，王作尧带领东莞抗日模范壮丁队在白花洞村（今光明区光明街道白花社区）和张广业、黄木芬领导的东宝惠边人民抗日游击大队汇合，决定宣布不用抗日模范壮丁队番号，统一使用东宝惠边人民抗日游击大队名称[1]。白花洞曾经是东莞中心县委驻地，王作尧任县委宣传部部长兼武装部部长。1944年曾为宝安大队政治处驻地，政治处在白花洞村南边的小炮楼上[2]。

1　傅泽铭：《星光熠耀：记王作尧将军的一生》，花城出
　　版社，2003年，第114页。
2　李征：《东纵回忆录》，内部资料，1996年，第129页。

白花洞中围肚村现状

坪山文武帝宫

惠宝人民抗日游击总队宣传抗日处

坪山文武帝宫位于坪山区坪山街道坪山社区，1944年1月东江纵队在此召开庆祝东纵成立大会。惠宝人民抗日游击总队曾在坪山关帝庙前进行抗日宣传。

谷仓下村即谷仓吓村，位于坪山区马峦街道，建村不晚于清光绪年间，居民以廖姓为主，属客家村落。1939 年秋，梁鸿钧、曾生调王彦芝、戴机、吴镜波、谭淑贞等同志筹建电台，从香港买来电台机器，动手安装，在坪山谷仓下村进行电台业务学习和筹备工作。1940 年 3 月，因东移，电台工作中止[1]。

1　中共深圳市委党史办公室编：《深圳党史资料汇编》第 3 辑，内部资料，1987 年，第100 页。

沙壆村位于坪山区坪山街道，建村于清康熙年间，居民以陈姓为主，属客家村落。1939 年 9 月，广东省委在沙壆村举办广东军事干部训练班[1]。班主任由参加过长征、担任过延安抗大军事教员和南岳游击训练班教官的李松（李振亚）担任，副主任邬强和卢伟良，学员包括新编大队和独立二大队的排连干部和粤北、广西来的地方党干部[2]。

沙壆村一角

1　中共惠州市惠阳区委党史研究室编：《东江之子——怀念高健同志》，中央文献出版社，2004 年，第 393 页。

2　丘盘连、弓玄主编：《沿着东纵的脚印》，中国青年出版社，1995 年，第 146 页。

香园墩村

广东军事干部训练班遗址

　　香园墩村位于坪山区坪山街道,建村于清康熙年间,居民以沈姓为主,属客家村落,1966年与远来村、岭心围合并为远香村。1939年9月,李振亚、邬强在坪山香园墩村曾开设游击队军事干部培训班。

香园墩村中香园世居

东江军事委员会紧急军事会议旧址位于坪山区坪山街道江岭社区竹园南区 27 号竹园村炮楼。1940 年初，国民党反动派掀起"反共"高潮，妄图歼灭广东人民抗日游击队。2 月底，东江军事委员会接到在第四战区东江游击指挥所工作的中共地下党员李一之和张敬人送出的紧急情报，得知国民党东江当局正部署进攻新编大队和第二大队，遂于 3 月 1 日在坪山竹园村召开紧急军事会议，研究如何应对国民党的围攻，决定将部队东移至海陆丰一带，经过 6 个月的斗争，部队损失严重，后在中共中央"五八指示"指导下，从海陆丰重返东宝抗敌前线，部队从此迅速发展，打开了华南敌后抗日游击战的新局面[1]。

1 中共广东省委党史研究室、深圳市史志办公室编：《广东省革命遗址通览·深圳市》，广东人民出版社，2013 年，第 238 页。

上下坪会议旧址

1940年3月，曾生、王作尧部队因遭到国民党顽军围剿，东移海陆丰，遭受严重挫折。在中共中央"五八指示"下，东江特委书记尹林平亲自到惠阳、宝安勘查，布置好曾王部队返回路线，动员海陆丰、惠阳、东莞沿途党组织帮助部队安全返回，并选定宝安县布吉乡上下坪村作为部队内部整理之地。8月初曾王部队离开海丰，9月中旬抵达布吉，尹林平亦赶到上下坪村，召集中队长以上人员进行会议。在会上，尹林平一字一句背诵传达了中央"五八指示"，对东移的经验教训进行总结，要求部队重返前线，确定了独立自主的抗日游击战和建立敌后根据地的方针。会后曾王部队放弃国民党军番号，成立广东人民抗日游击队第三大队、第五大队，分赴大岭山、阳台山开辟抗日根据地，部队由尹林平任政委。

1941年1月，驻扎布吉的日军10多人窜入上下坪村，搜村寻找游击队，周伯明率领短枪队击退日军[1]。

1 傅泽铭：《星光熠耀：记王作尧将军的一生》，花城出版社，2003年，第183页。

上下坪村旧照

弓村位于龙华区龙华街道，建村于清康熙年间，居民以卢姓、周姓、卓姓为主，属客家村落。1941年广东人民抗日游击队第五大队主力第一中队（石龙队）在此练兵[1]。1944年夏，王士钊在龙华弓村周家祠举办区一级党员干部学习班，时长七八天，参与学习的有麦尧、阮洪、梁忠、周吉、刘贵就五位同志，学习包括政治形势、党的基本知识和汇报总结、研究如何开展党的工作等问题[2]。

1 深圳市龙岗区退役军人事务局编：《鸡公山烽火》，内部资料，2023年，第220页。
2 中共深圳市委党史办公室编：《深圳党史资料汇编》第2辑，内部资料，1985年，第166页。

白石龙会议旧址、营救文化名人接待站旧址位于龙华区民治街道民治社区白石龙旧村。抗日战争时期，白石龙村成为阳台山抗日根据地中心，尹林平、梁鸿钧、曾生、王作尧等曾在村中刘鸣周家居住。1942年初，在文化名人大营救过程中，白石龙天主堂作为重要的接待中转站及住宿地，在这里接待和转移了邹韬奋、茅盾、胡绳等一大批文化名人。为适应形势的发展，1942年1月下旬，中共南方工作委员会副书记张文彬到达白石龙村主持召开干部会议，决定成立广东人民抗日游击总队和东江军政委员会，这次会议被称为"白石龙会议"。白石龙会议是东江人民抗日游击队发展史上一次重要的会议，明确了人民武装今后的斗争方向和任务，对进一步开展东江敌后游击

1 中共广东省委党史研究室、深圳市史志办公室编:《广东省革命遗址通览·深圳市》,广东人民出版社,2013年,第102页。

2 中共广东省委党史研究室、深圳市史志办公室编:《广东省革命遗址通览·深圳市》,广东人民出版社,2013年,第124页。

战争,建立稳固的抗日根据地具有重要意义,也为粉碎日伪军和顽军的军事进攻打下了基础[1]。1942年4月,日寇在对白石龙村的扫荡中烧毁了神父房和修女房,只剩下天主堂保存至今。2003年11月,天主堂被宝安区人民政府公布为第二批区级保护单位。2012年12月,被深圳市委公布为深圳市第一批党史教育基地[2]。

阳台山营救文化名人接待站蕉窝坑遗址，游击队曾在此设立招待所，文化名人在此隐蔽[1]。

1　中共广东省委党史研究室、深圳市史志办公室编:《广东省革命遗址通览·深圳市》，广东人民出版社，2013年，第126页。

阳台山营救文化名人接待站泥坑遗址，游击队曾在此设立招待所，文化名人在此隐蔽。

阳台山营救文化名人接待站深坑遗址，1942年秘密大营救时，曾在此设立招待所，邹韬奋、茅盾、宋之的、胡绳、张铁生、于伶、章泯、袁水拍、戈宝权、黎澍等20多位文化名人在此驻留[1]。

深坑
营救文化名人接待站遗址

[1] 曾生等：《东江星火革命回忆录》，广东人民出版社，1983年，第58页。

杨美村阳台山营救文化名人接待站旧址，1942年秘密大营救时，曾在杨美村一带设立招待所。戏剧界的许幸之、凤子，美术界的特伟，生活书店的徐伯昕等100多人，住在杨美村附近山上，此处比深坑更热闹，被称为"文化新村"。

杨美村
营救文化名人接待站旧址

水源世居位于坪山区石井街道田心社区，是1942年初营救文化名人的接待站旧址。1941年12月日军攻占香港以后，大批文化界知名人士和爱国民主人士处境困难。在中共中央南方局书记周恩来和八路军驻香港办事处主任廖承志的指示下，广东人民抗日游击队（总）组织、策应了滞留香港的文化名人大营救。游击队开辟了东、西两条营救路线。其中，东线从九龙出发，经牛池湾、西贡、渡大鹏湾，在沙鱼涌上岸，经田心到惠阳茶园。1942年1月3日，廖承志、连贯、乔冠华等人由武工队护送到田心，成为田心接待站接待的第一批同志。在营救文化名人的过程中，游击队领导常来田心接待站看望从香港营救出来的人员。当地群众协助游击队员为被营救出来的人员煮茶烧饭，帮助游击队员为被营救出来的人员带路，从田心接待站出发去茶园、惠州接待站，再转移到大后方。2021年4月，水源世居——营救文化名人田心接待站旧址经中共深圳市委常委会会议审定通过，并以市委名义公布为市第三批党史教育基地。

水源世居
营救文化名人接待站旧址

田心小学
营救文化名人接待站旧址

田心小学位于坪山区石井街道。又名南中学校，是1942年香港沦陷后，游击队员护送上官德贤经过处。1942年春，张文彬带领沈志远、戈宝权、胡风、茅盾夫妇、张友渔夫妇等入驻田心小学[1]。

1　中共惠州市惠阳区委党史研究室编：《东江之子——怀
　念高健同志》，中央文献出版社，2004年，第300页。

赤尾村位于福田区南园街道，建村于明代，居民以林姓为主，属广府村落。1938 年 1 月 "救亡呼声社国防前线工作队" 抵达宝安，派出队员王月娥、王章、王侬等前往赤尾村活动。他们抵达赤尾村后，公开身份是赤尾小学的教员。他们主要利用晚上时间，挨家挨户做群众工作，宣传抗日，发动群众，为宝安日后开展敌后游击战打下良好基础。1938 年 8 月，中共深圳总支部成立，驻地就设在赤尾村，书记黄庄平，管辖皇岗、赤尾两个支部和罗湖、黄贝岭的党员。深圳总支部还通过组织读书会、举办农民夜校等多种形式，在乌石岩、南头、西乡、布吉、深圳（墟）等地广泛活动，发动民众开展抗日救亡运动。抗战时期赤尾村是游击队设在日军封锁线上的一个基地，是香港八路军办事处与东江抗日游击队联系和转运物资的秘密交通站之一，群众基础好。

赤尾村旧照

茜坑村
营救文化名人中转站旧址

茜坑村位于坪山区坪山街道，建村于明代，居民以林姓、罗姓为主，属客家村落。1942 年香港秘密大营救时期，廖承志、连贯、尹林平曾在此开会停留。

岗头村存放保管抗日军用物资地洞遗址

岗头村存放保管抗日军用物资地洞遗址位于龙岗区坂田街道岗头社区进坑（沈海高速和坂澜大道交汇处西南侧）。1941 年 12 月 8 日，日军偷袭珍珠港，太平洋战争爆发。同日，日军进攻香港。25 日，香港沦陷，中共地下党组织在九龙一间被服厂的缝衣机和布匹被运回宝安县游击区，放在岗头村的黄泥垅（地名）山林里。岗头村党支部派支委陈德林带领民兵 5 人，支援部队搭棚、盖草寮当厂房，重建被服厂，奋战几天完成了任务。一些青年妇女还组成缝纫组，协同香港回来的车衣工人缝制军用被服、鞋袜，输送给部队使用。同时，广东人民抗日游击队不断从新界运回子弹、迫击炮弹、炸药、雷管、花生油等军用物资，需要一个秘密山洞作为存放仓库。经过考察，将山洞地址选在了岗头村进坑的山林里。

1942 年 4 月 1 日，华南队在石坳村祠堂开学，张文彬、尹林平、曾生、杨康华、梁鸿钧、李东明、邹韬奋、胡绳等参加开班仪式。开学伊始，邹韬奋作了报告《民主政治问题》。后华南队转移至鸡公山沟顶山窝。1942 年 8 月，华南队培训结业。该培训班为日后东莞"咸草田训练班"和东江干校提供了借鉴[1]。

华南队培训旧址

鸡公山顶

1 中共深圳市委党史办公室编：《深圳党史资料汇编》第 3 辑，内部资料，1987 年，第 231 页。

新屋村一角

张文彬召集惠阳县前线工委开会处

新屋村

新屋村位于坪山区坪山街道，建村可追溯至南宋，居民以李姓、陈姓、罗姓为主，属客家村落。1942 年 3—4 月，张文彬在新屋村陈煌亮家（地方党员、民运队员）召集惠阳县前线工委领导谭天度、叶锋和高健开会，邹韬奋、胡绳也一起参加会议，张文彬在会议上介绍了抗战形势和基本任务、行动方针和斗争策略等问题，尹林平后来也到过此处[1]。

1 中共惠州市惠阳区委党史研究室编：《东江之子——怀念高健同志》，中央文献出版社，2004 年，第 302 页。

珠江头村即珠光村，位于南山区桃源街道，建村于明代，居民以郑姓、黄姓等为主，属广府村落。1943 年 7 月，叛徒骆忠带领日军来到沙河，袭击游击队税站，税站当时设在珠江头村，交通站设在珠江头村对面的蕃薯寮，因叛徒出卖，黄日东、邱翔二位烈士牺牲于此[1]。

珠江头村一角

1　中共宝安县委党史办公室编：《回顾东纵交通工作》，广东人民出版社，1987 年，第 246 页。

坑梓位于坪山区东北部，现为坑梓街道，包括了近 50 个自然村。1943 年，游击队成立了华昌情报总站，下设若干分站。1943 年 11 月，情报副总站长曾小访负责在坑梓举办第一期情报训练班，教材除上级提供的有关情报训练

坑梓龙田世居

教材外，还有自编的教材，黄东上了《当前形势和情报人员如何开展对敌斗争与侦察手段》等课，三个月学习结业[1]。

1　中共深圳市委党史办公室编：《深圳党史资料汇编》第 2 辑，内部资料，1985 年，第 259 页。

龙眼村石洞位于宝安区石岩街道龙眼村后 300 余米处阳台山南山坡下。石洞处于两山沟之中结合处，上面三块大石岩覆盖，前面入口处位于石缝之间，缝口十分狭窄，高度不足 1 米，宽不超过 50 厘米，仅能容一人侧身弯腰钻进。洞口外面野草、荆棘、树木丛生，把洞口覆盖，因此洞口十分隐蔽。洞内由于自然岩石形成分岔，地面随山势高低不平，最高处不足 2 米，一般高度 1 米左右，容积有 10 多平方米，仅能容 10 余人藏身。解放前夕，龙眼村村民为躲避土匪，经常隐蔽在此洞中。抗日战争时期，为隐蔽伤员和躲避日伪顽军围剿，当地自卫队、游击队和龙眼村民将抗日军民隐蔽在此，为赢得抗日战争的胜利做出了贡献[1]。

1 中共广东省委党史研究室、深圳市史志办公室编：《广东省革命遗址通览·深圳市》，广东人民出版社，2013 年，第 108 页。

龙眼村石洞
游击队隐蔽处

广东人民抗日游击总队演练地点位于宝安区西乡街道九围蔗园埔村九围碉楼。1941 年至 1944 年期间，广东人民抗日游击队曾驻扎该村庄，1984 年被广东省民政部门评为广东省革命老区村。该炮楼建于 19 世纪，高约 20 米，长约 7 米，宽约 5 米，曾作为 1943 年 7 月广东人民抗日游击总队宝安大队为准备攻打公明墟的日伪军而进行作战演习的地点[1]。

九围碉楼
广东人民抗日游击总队演练地点

1 中共广东省委党史研究室、深圳市史志办公室编：《广东省革命遗址通览·深圳市》，广东人民出版社，2013 年，第 88 页。

石龙坑村位于龙岗区布吉街道，建村于清代，村民以钟姓、邱姓、陈姓为主，属客家村落。据称，1943 年 9 月饶彰风在石龙坑荔枝园完成《东江纵队成立宣言》[1]。

石龙坑荔枝园
饶彰风写《东江纵队成立宣言》处

1 深圳市龙岗区退役军人事务局编:《鸡公山烽火》，内部资料，2023 年，第 196、197 页；李征:《东纵回忆录》，内部资料，1996 年，第 119 页。

黄岐塘钟家果园位于大鹏新区大鹏办事处黄岐塘村后山，是游击队曾经活动的场所。

黄岐塘钟家果园
大鹏地区东江纵队活动旧址

　　羊槽湾即洋畔湾，位于大鹏新区南澳办事处。1942年，王锦带领渔民群众，在羊槽湾进行东江纵队海上训练，训练3个月，从"旱老虎"变成"深水龙"[1]。

1　曾生等:《东江星火（革命回忆录）》，广东人民出版社，1983年，第82页。

　　月亮湾位于大鹏新区南澳办事处，是东江纵队非常重要的军港。

水贝村
东宝行政督导处路西国事座谈会旧址

水贝村位于光明区公明街道，建村于南宋年间，居民以陈姓为主，属广府村落，1952年分为上村、下村。1945年4月10日，东宝行政督导处在宝安水贝召开路西国事座谈会，标志东宝地区统一战线发展到新阶段。蔡如平、卢伟、曾劲夫、吴盛唐、谭植棠等人参加，还有工农兵学商代表、政府各级领导、各人民团体代表、妇女代表、解放区代表、宗教界代表和国际友人共248人参会。

水贝村一角

王母墟光德学校旧址
华南地区最早升起五星红旗的地方

王母墟光德学校旧址位于大鹏新区大鹏办事处王母社区迎宾路7号，现为大鹏成人学校。新中国成立前夕，受命参加接管广州的近千名中共干部汇集于大鹏半岛王母墟解放区接受培训。他们看到1949年9月30日香港《华商报》刊发的新华社新闻稿中公布的中华人民共和国国号、国旗、国歌、首都，以及将于1949年10月1日举行开国大典的消息后，决定于10月1日早晨举行庆祝活动。大家分头准备，亲手缝制了一面五星红旗。10月1日早晨，大家集合在光德学校操场大榕树下，唱起《义勇军进行曲》，将自制的五星红旗冉冉升起。10月15日，他们进驻广州后，将这面自制的五星红旗与标准国旗一对照，大小和样式完全一致[1]。

1　中共广东省委党史研究室、深圳市史志办公室编:《广东省革命遗址通览·深圳市》，广东人民出版社，2013年，第196页。

　　维新学校位于龙华区观澜街道大布巷居委会滨江吓四巷，前临大布巷路，后依山，东面隔观澜河与观澜古墟连接。1934—1942年，中共地下党员张展棠在中共东（莞）惠（阳）宝（安）党组织的安排下，来到这里以教书为掩护，建立的秘密联络点成为领导开展抗日活动的红色据点，为党做了大量秘密工作。在张展棠进步思想影响教育下，大布巷村及周围村的进步青年学生黄潜、黄虎、黄佛能、黄佛养、邱季寿、张仲迁、黄官福等都参加了人民抗日游击队。解放战争期间，游击队与前来围剿的国民党军队在后山进行了激烈战斗，学校的校舍在战斗中被焚毁。维新学校始建于清代，主体为一栋三开间单进的建筑，门额书"维新学校"，檐壁有彩绘，内部立有四柱，木结构屋架，硬山顶，平脊，灰瓦面 [1]。

維新學校

1　中共广东省委党史研究室、深圳市史志办公室编：《广东省革命遗址通览·深圳市》，广东人民出版社，2013年，第114页。

纪劬劳学校

纪劬劳学校由龙岗平湖著名爱国商人刘铸伯（1867—1922）出资兴建，位于龙岗区平湖街道平湖旧圩西南面广九铁路东侧，平湖火车站东面。1916年12月31日，宝安县平湖纪劬劳国民学校落成。有教学楼一座，是二层瓦面大屋，后面是瓦面平房，规模很大，仅教学设施建筑面积就达464平方米，为砖木及钢筋混凝土结构。百年来，除后面平房有些改动外，纪劬劳学校基本上保存了原貌。抗战时期纪劬劳学校曾是何与成活动旧址。

坪山学校遗址

坪山学校遗址位于坪山区坪山街道东胜街坪山人民医院对面东门学校旁。1937年2月，香港党组织介绍陈铭炎、黎孟持、黎伯枢三人到坪山小学，傅觉民到龙岗大井育贤小学，以教师职业为掩护，开展救亡活动。坪山小学成立党小组，是坪山地区最早的党组织，出版《坪潮》等刊物[1]。

1 中共深圳市委党史办公室编：《深圳党史资料汇编》第3辑，内部资料，1987年，第44页。

王桐山书院位于大鹏新区大鹏办事处王桐山居民小组钟氏宅第东南，向北偏西20°，建于清代乾隆年间。"天一涵虚"炮楼高达数丈，形若古堡，炮楼直耸云霄，气势雄壮。古楼四壁设有"枪眼"多处，为清代钟氏大宅的防卫设施。东面墙上有"天一涵虚"四个大字。钟原、袁庚、蓝造等人早年都曾在此读书。

红朱岭学校遗址位于龙岗区平湖街道新南社区红朱岭。1938年，大革命时期加入中国共产党的刘曼之受中共东莞中心支部书记姚永光的指示，回到平湖任特别区书记，开展革命工作。他利用乡绅刘耆卿的关系，建起红朱岭学校，并被聘为红朱岭学校教导主任。学校落成招生后，刘曼之以学校的经费作为党的活动经费，组织教师和学生成立抗战话剧团、歌舞队，发动群众抗日救亡。他考察、选择积极分子，发展他们加入中国共产党。1943年，红朱岭学校更名为平湖乡中心小学。同年冬，刘宝英受中共东莞二线县委派，出任红朱岭、新祠堂党支部书记。她利用在平湖乡中心小学任教的有利条件，在青年学生中发现和培养积极分子，进行革命活动。她发展了刘华胜、刘锡中等5名新党员，加上老党员，平湖地区中共党组织的战斗力迅速加强，还建立了地下情报机构，打开了整个平湖地区革命工作的局面。红朱岭学校建于1938年，现在原校舍已毁，遗址上新建的学校名为新南小学[1]。

1 中共广东省委党史研究室、深圳市史志办公室编：《广东省革命遗址通览·深圳市》，广东人民出版社，2013年，第154页。

东和义学遗址

东和义学遗址位于盐田区沙头角街道中英街北街口东侧榕树头旁，现中英街33号。东和义学是沙头角第一个党组织诞生地位。东和学校建于晚清时期，是土地革命战争时期和抗日战争时期党组织宣传革命的中心场所。当时的东和小学有六七名教师，200余名学生。1935年，中共地下党员刘德谦在东和学校里发展成立了东和区（后来改名为沙头角）的第一个党组织。1940年底，日军占领沙头角，并在中英街关口东和义学旧址设防，构筑了工事和碉堡。沙头角乡将原东和学校改名为"东和义学"，开办义务教育。中共沙头角地下党组织把进步教师温炳、陈佳章、梁卓雄、陈永良等安排到学校任教，以教师的身份掩护地下党员开展情报搜集工作。时任东和义学的教导主任、中共地下党员李吉芳成立了东和体育会，何集庆以学生身份组织成立了少青体育会。这两个"体育组织"经常以开展体育活动为名，灵活地宣传游击区的抗战情况，组织儿童团活动，使青少年深受影响。他们还从中选择进步青年协助地下党传送情报[1]

1 中共广东省委党史研究室、深圳市史志办公室编：《广东省革命遗址通览·深圳市》，广东人民出版社，2013年，第72页。

鹏城学校旧址位于大鹏新区大鹏办事处大鹏所城北部，为一栋普通民房。鹏城学校是抗日战争时期中国共产党在大鹏半岛开展抗日救亡活动的重要场所之一，许多进步青年以教师职业为掩护，在这里从事革命活动。赖仲元、袁庚就是其中的杰出代表。赖仲元1918年8月18日生于大鹏所城，少年时代在广州读中学时就投身抗战活动，中学毕业后回到故乡，在鹏城学校任教，利用讲台向学生宣传抗日救亡的道理，还参加了大鹏抗日自卫团，在东莞抗日自卫团基干训练班受过训。1938年底，赖仲元加入中国共产党，任中共大鹏党小组组长，后任中共大鹏乡支部书记，1939年任中共大鹏区委委员。由于他经常公开同敌人进行面对面的斗争，受到国民党反动派的警告和监视。赖仲元在鹏城学校教书的时候，发现当时在大鹏所城公安药局做工的刘黑仔（刘锦进）是一位积极上进的青年，就主动接近他，用讲故事的形式，把八路军、新四军在前方与日寇英勇作战的故事绘声绘色地讲给刘黑仔听，使刘黑仔深受教育。1939年上半年，赖仲元介绍刘黑仔加入中国共产党，引导他走上革命道路。经党组织批准，还把刘黑仔安排在沙头下村小学以教书为掩护，从事革命活动。后来，刘黑仔参加抗日游击队，成为传奇抗日孤胆英雄。袁庚（原名欧阳汝珊）1917年出生于大鹏布新水贝村。1938年8月，在鹏城学校教书时参加了黄闻首倡的"海岸流动话剧团"，成为话剧团的重要成员。同年冬，他又跟随黄闻协助大鹏中华民族解放行动委员会（农工党前身）组织了"宝安大鹏民众抗日自卫队"。1939年春，袁庚加入中国共产党。同年秋，大鹏半岛进步青年组建了"大鹏青年抗敌同志会"，简称"青抗会"，袁庚任会长。他带领"青抗会"的青年，组织抗日救亡宣传队，出版《青年群》油印刊物，还在鹏城、王母、沙溪等地办起农民夜校和妇女训练班，向广大人民群众宣传抗日救亡的道理，动员青年参加曾生领导的抗日游击队。改革开放初期，袁庚创建的蛇口工业区打响了改革开放第一炮[1]。

1 中共广东省委党史研究室、深圳市史志办公室编：《广东省革命遗址通览·深圳市》，广东人民出版社，2013年，第208页。

南头中学

南头中学位于南山区南头街道，前身为新安县凤冈书院。1906年，凤冈书院改为凤冈学校，1914年更名为宝安县立第一高等小学，学生大多来自宝安县各地区，东莞及香港新界也有学生来此读书。1926年学校扩大建制，成立中学部，名为宝安县立初级中学。1937年抗战全面爆发后，共产党员梁金生担任校长，抗日救亡运动在南头兴起。抗日救亡呼声社国防前线工作队王启光、麦容等也在学校内活动，学校内外掀起抗日救亡活动热潮。1938年，梁金生带领女儿、三名学生和一位老师赴延安寻求救国之道。南中学生王彪、吴沛华、叶青茂、张子善、张平等都加入了东江纵队。

平冈中学

平冈中学位于龙岗区龙岗街道，建校于1930年，1938年日寇登陆大亚湾，平冈中学师生投身抗日，学校成为宣传抗日救亡思想的中心。张松鹤1938年入党的，曾在平冈中学开展地下革命工作。

宣德学校遗址位于大鹏新区葵涌办事处三溪社区围布路旁，本为黄氏私塾，后改为宣德学校。抗战时期，曾是宣传抗日救亡思想的重要场所。

坝岗小学遗址位于大鹏新区葵涌办事处，1936年冬季，坝岗小学黄闻与黄业因志向相合而成为好友，一起分享进步书籍，继而发起成立海岸读书会、组建海岸流动话剧，发起抗日救国运动。蓝造也曾在这里宣传抗日。

宣德学校遗址

坝岗小学遗址

崇德小学遗址

　　崇德小学遗址位于大鹏新区葵涌办事处，李慧群曾在此宣传抗日。此地还曾进行过从粤北撤回的进步青年座谈会。

新民小学遗址位于大鹏新区葵涌办事处，钟原、张平曾在此宣传抗日。现为大鹏新区大鹏中心小学。

甘坑村位于龙岗区布吉街道，建村于清康熙年间，居民以张姓、谢姓、邓姓为主，属客家村落。抗战爆发后，党组织领导的游击队进入甘坑开展抗日活动。在甘坑村，住过游击队的地方有 10 多处，游击队还在甘坑设过税站。甘坑村民支援游击队战斗，掩护地下党员和游击队战士。有一次，游击队领导人曾生同志亲临甘坑指挥反"扫荡"不巧患了重病，村民迅速将他背到该村榕树窝菠萝丛中掩护起来，并请医生为他治病。老党员邓英、彭佛耀、李石宴等人，都曾冒着生命危险给游击队送过情报。在长期的革命斗争中，甘坑有邓石泉、彭耀先、邓金仁、张发、邓发、谢佛金、彭华、张贵清 8 人献出宝贵的生命，被追认为烈士[1]。

甘坑村一角

1 中共广东省委党史研究室、深圳市史志办公室编：《广东省革命遗址通览·深圳市》，广东人民出版社，2013 年，第 156 页。

上白石村

　　上白石村位于南山区沙河街道，世界之窗景区对面。抗日战争时期，上白石村是塘朗山区与深圳海滨之间的一个小村落。村前紧邻宝（安）深（圳）公路，村后是连绵不断的大片荔枝林，再往后进入塘朗山、阳台山区。由于上白石村特殊的地理位置与环境，进可以上宝深公路侦察敌情、袭击日伪军，退可以靠荔枝林掩护避入深山，成为抗日游击队理想的活动区。1941年，广东人民抗日游击队从香港派出一个工作组，进驻上白石村开展游击活动，其中周振、周吉、何伯琴、周向荣4人长期驻点。他们白天藏到村子后面的荔枝林里，晚上进村进行抗日宣传，动员青年参加抗日游击队，发展党员，建立中共上白石村支部，同时也搜集传递日伪军活动的情报。珠江纵队参谋长周伯明以及司令部领导的短枪队，经常到上白石村活动。在党组织与抗日游击队的教育影响下，上白石村的群众被充分发动起来，抗日热情高涨，年轻的参军参战，年少的为游击队送信送饭，年老的也帮助游击队当后勤，成为抗日根据地的红色堡垒。在上白石村20多户人家中，几乎家家有人参加革命，或是游击队队员，或是地下党员。牺牲在战场上的有陈汉平、陈炳胜、陈桂喜、陈桂财等人[1]

1　中共广东省委党史研究室、深圳市史志办公室编：《广东省革命遗址通览·深圳市》，广东人民出版社，2013年，第56页。

上白石村一角

南岭村炮楼

南岭村位于龙岗区南湾街道，建村于清初，居民以张姓、林姓、李姓为主，属客家村落。抗日战争时期，曾生、王作尧率领抗日游击队曾在南岭村驻扎，向南岭村群众宣传抗日救国的道理，对南岭村群众产生了很大的影响。后来，南岭村青年张学宏以教书的身份为掩护，开展宣传活动，传播革命思想，并组织了以南岭村青年为主要成员的游击队，以炮楼为活动地点，召开秘密会议，油印抗日传单[1]。

1 中共广东省委党史研究室、深圳市史志办公室编：《广东省革命遗址通览·深圳市》，广东人民出版社，2013年，第164页。

松子坑村位于坪山区坑梓街道，建村于清乾隆年间，居民以黄姓、郭姓为主，属客家村落。1942—1944年，蓝造等人居住在村中，村里黄锦香一家人对蓝造等人照顾得很好[1]。

松子坑村黄氏宗祠

1 中共深圳市委党史办公室编：《深圳党史资料汇编》第3辑，内部资料，1987年，第144页。

塘外口村

塘外口村位于坪山区坑梓街道，今为塘外口水库。村中黄思明家是中共惠阳县委的联络站。

塘外口村遗址

白芒村

白芒村位于南山区西丽街道，建村于清初，居民以张姓为主，属客家村落。1942年为了开辟阳台山以南抗日游击根据地，广东人民抗日游击总队宝安大队政训室组织干事赵笃生、何养等人到白芒村进行民运工作，宣传抗日，动员张金雄。部队同志经常在张金雄家出入，其家成为游击队员之家，妻子叶凤兰常为部队送情报、煮茶送水，支持抗日。

上洞村位于大鹏新区葵涌办事处，建村于明代，居民以袁姓、黄姓为主，属客家村落。1942年初，游击队营救了两位从九龙日占区集中营逃出来的国际友人至上洞村[1]。此处在1942年5月前后也是惠阳大队的驻地[2]。1944年营救的美国飞虎队成员克尔，相关照片拍摄于此。1944年4月，东江纵队第一期卫生员培训班设在上洞村天主教堂[3]。

1 中共宝安县委党史办公室编：《回顾东纵交通工作》，广东人民出版社，1987年，第243页。
2 曾生等：《东江星火（革命回忆录）》，广东人民出版社，1983年，第70页。
3 中共宝安县委党史办公室编：《回顾东纵卫生工作》，广东人民出版社，1987年，第109页。

1944年下半年，港九大队大屿山中队以内伶仃岛和固戍、龙鼓滩一带的村庄为据点，进驻内伶仃岛，与岛上的渔民结下了鱼水关系。游击队在这些据点设立税站，保护海上往来客商，还与岛上渔民合作，组织渔船，平时以捕鱼为掩护，回避敌人扫荡，配合兄弟部队作战，进行破坏敌人航运的活动。内伶仃岛对游击队控制珠江口海域起到了重要作用[1]。

1 王江涛：《江涛诗文集》，内部资料，2001年，第68页。

深圳墟

深圳墟位于今罗湖区东门街道，立墟于明代，是深圳市中部重要的商业中心，也是广九铁路位于粤港交界处的边陲重镇。1938年11月，日军曾侵占深圳，撤退时将墟内铁门、五金类物品搜掠一空。1939年2月，日军飞机在深圳墟投弹数十枚，轰炸无线电台、罗湖车站。深圳墟也是抗日游击队的活动区域，墟内的药店曾是游击队的药品中转站。1945年8月20日，东江纵队武装特派员潘应宁带领民兵进入深圳墟，受降伪军。10月10日，深圳墟日军德本光信率部在深圳墟内投降。

龙岗墟位于龙岗区龙岗街道。1944 年，日寇先后委派梁思敏、陈天涯、李琪任龙岗维持会长，三任汉奸维持会长都被处决，大大震慑了敌人，从此日寇再也不敢搞维持会[1]。

龙岗墟一角

观澜墟位于龙华区观澜街道。1937 年 12 月，观澜墟内爱国民主人士陈其艳在观澜墟内开设"时新书店"，出售《十年来的红军》《铁流》等进步书籍。黄木芬在墟内鲁班庙成立以爱国绅士为主任的"观澜抗敌后援会"，成员上百人。1941 年成立了库坑情报小组，在卖布街开了"广源号"商店，作为汇集情报的联络点[1]。

观澜墟一角

1 中共深圳市委党史办公室编:《深圳党史资料汇编》第 3 辑，内部资料，1987 年，第 254 页。

1 中共深圳市委党史办公室编:《深圳党史资料汇编》第 4 辑，内部资料，1989 年，第 122 页。

鹿岭世居

鹿岭世居位于坪山区碧岭街道上沙村，上沙村始建于清代初年，居民以廖姓为主，属客家村落。鹿岭世居为大溪地华侨廖氏所建，占地面积2206平方米。因世居内建有一座五层角楼，当地居民俗称其为"五层楼"。从抗日战争到解放战争时期，常有人民革命武装在此驻扎，最多可驻300余人。该楼东面为坪山小盆地，西面是三洲田山地，能居高远眺，易守难攻[1]。

1　中共广东省委党史研究室、深圳市史志办公室编：《广东省革命遗址通览·深圳市》，广东人民出版社，2013年，第236页。

一 不可移动文物类

（四）

历史人物相关旧（遗）址

曾生故居

曾生故居位于坪山区坪山街道江岭社区石灰陂（东江纵队纪念馆广场东南侧）。故居系曾生先祖所建，砖木结构，占地面积约 180 平方米，共三层，一楼为厨房、堂屋，二、三楼是卧室，是一幢典型的客家民居。曾生故居是东江纵队纪念馆的重要组成部分，保存完好，故居内陈列着曾生将军回故乡时与亲人相聚的照片[1]。2001 年被公布为龙岗区文物保护单位。

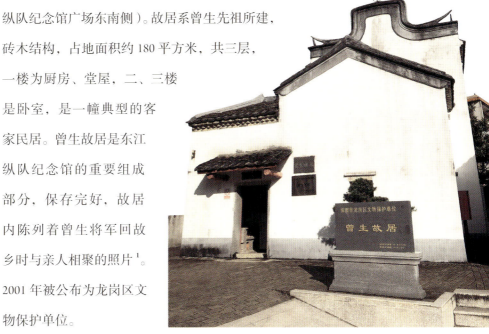

1 中共广东省委党史研究室、深圳市史志办公室编：《广东省革命遗址通览·深圳市》，广东人民出版社，2013 年，第 250 页。

曾生墓

曾生墓位于福田区北环大道深圳革命烈士陵园内，建于 1996 年 10 月。曾生（1910—1995），深圳市坪山区石灰陂村人。1934 年参加革命，1936 年参加中国共产党，抗日战争时期任东江纵队司令员，为华南抗日游击战争的胜利做出了重大贡献。解放战争时期，任两广纵队司令员，率部参加济南、淮海和解放广东等战役。新中国成立后，被授予少将军衔，先后任广东军区副司令员、广东省副省长兼广州市市长、交通部部长、中顾委委员等职。1995 年 11 月因病逝世。1996 年 5 月，经中央办公厅、国务院办公厅批准，在深圳革命烈士陵园东侧安放曾生同志骨灰并修建墓碑，对教育后人具有现实意义[1]。

1 中共广东省委党史研究室、深圳市史志办公室编：《广东省革命遗址通览·深圳市》，广东人民出版社，2013 年，第 38 页。

梁金生故居位于罗湖区东晓街道草埔村 32 号。梁金生（1906—1946），国际共产主义战士，深圳市罗湖区草埔村人。1906 年出生于安南（今越南、柬埔寨、老挝总称）东川省南圻，1915 年回国。1924 年春在上海加入中国共产主义青年团。1925 年在草埔创办培峰小学，开展农民运动，建立笋岗、草埔农民协会和农民

自卫军。1927 年 3 月，加入中国共产党。"四·一二"反革命政变后，转入地下从事党的秘密工作。1928 年前往安南，并加入安南共产党，在东川省进行地下活动。1934 年 8 月，恢复中国共产党党籍，任中共南宁市党支部书记。1936 年 12 月，奉中共南方临时工作委员会指示，回到草埔小学任教，开展党的地下活动。1937 年 8 月在草埔小学的基础上创办民族中学，提出以抗日救亡为宗旨，以"教、学、做"合一为教育方针。1938 年 1 月，民族中学因缺少经费停办，梁金生改任宝安县立第一初级中学校长，与在广州的党组织积极配合，使得广九铁路沿线的广州、天堂围、布吉、深圳、香港的抗日活动联成一线。同年 7 月，前往延安抗日军政大学学习。1939 年 1 月，毕业后被分配到中央职工运动委员会筹办职工学校。先后任光华制药厂厂长、第一保育院小学校长，并被选为陕甘宁边区第二届参议会参议员、边区第一届文协执行委员、边区中医院研究会常务委员。1945 年 8 月，中共中央应越南劳动党主席胡志明的要求，派梁金生支援越南革命斗争。1946 年初，参加越南劳动党与中国国民党谈判，被特务下毒身亡。1983 年 6 月，中华人民共和国民政部批准梁金生为革命烈士[1]。

1 中共广东省委党史研究室、深圳市史志办公室编：《广东省革命遗址通览·深圳市》，广东人民出版社，2013 年，第 50 页。

　　袁庚祖居位于大鹏新区大鹏街道布新社区水贝村。袁庚（1917—2016），原名欧阳汝珊，深圳大鹏新区水贝村人，国民党"中央军校"第四分校（广州分校）第十一期毕业，先后任东江纵队港九大队队员、训练队教官、护航大队队长、情报官、情报处处长、联络处处长等职。1945年，临时授予上校军衔，担任东江纵队驻港办事处第一主任。1946年，随东纵部队北撤至山东烟台，后编入第三野战军，任炮兵团团长。1953年任中国驻印尼雅加达总领事馆领事。1979年，任深圳蛇口工业区管理委员会主任，负责蛇口工业区的开发。2003年香港特别行政区授予袁庚"金紫荆勋章"，被称为中国改革开放的探索者；10月被上海市人民政府授予"中国改革之星"称号。

　　戴氏大屋建于清晚期，占地约300平方米，曾是省港大罢工领导人戴卓民、东江纵队司令部无线电台总台长戴基的居所。

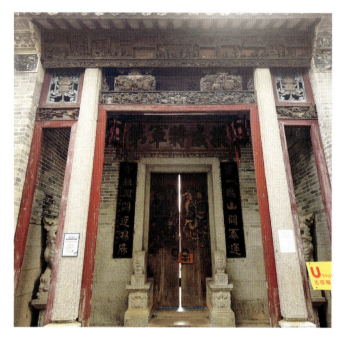

赖仲元故居位于大鹏新区大鹏街道鹏城社区大鹏所城。赖仲元（1918—1988），深圳市大鹏新区鹏城人，清抗英名将赖恩爵后人。他1935年后任鹏城小学教师，鼓励学生参加抗日救亡活动。1938年日军在大亚湾登陆，他积极投入抗日救亡运动，同年10月加入中国共产党。此后历任中共大鹏乡支书、大鹏区委委员、东江纵队独立中队政委、大鹏自卫中队长、东江纵队特派员等职。1944年任路东新一区区委书记兼区长，因对敌斗争坚决、群众工作成绩显著，受到上级机关通令嘉奖。

罗贵旧居位于大鹏新区大鹏街道鹏城社区大鹏所城。罗贵（1929—1997），大鹏新区鹏城人。13岁时参加东江纵队，先后任护航大队袁贤小队通信员、第七支队政委曾源的警卫员等，17岁加入中国共产党。解放战争时期参加华东战场和解放广东的战斗，此后还参加了抗美援朝、对越自卫反击战等。1951年任顺德剿匪大队长，1952年被部队党委送去读中学，之后任广州装甲兵司令部科长，1958年进入哈尔滨炮兵工程学院学习深造，1963年毕业后任439仓库主任。自1964年在广州军区后勤20分部先后任军械处处长、副参谋长、参谋长。

刘黑仔故居

刘黑仔故居位于大鹏新区大鹏街道鹏城社区大鹏所城东北角，建于清末，为一砖石土木混合结构、坐北朝南的三层楼房，原为刘黑仔与其兄弟共同的居所。刘黑仔（1919—1946，原名刘锦进），东江纵队港九大队短枪队队长，传奇式孤胆英雄。深圳市大鹏新区鹏城人。1939 年春加入中国共产党，在下村小学以教书为掩护，从事地下工作。同年冬，加入曾生领导的新编大队。1940 年春，部队东移海陆丰受挫后，因失散回乡，在竞新小学当代课老师，继续做地下工作。1941 年春重返部队，在惠阳短枪队任小组长，成为神枪手。1941 年 12 月，日军进攻香港，刘黑仔被调到挺进港九的短枪队（港九大队短枪队的前身），先后任副队长、队长。他率领短枪队员护送爱国民主人士和文化界人士从香港撤到后方安全地区，并在九龙市区和近郊开展城市游击战，消灭日军小分队、哨所，处决汉奸、特务，突袭日军启德飞机场等。刘黑仔率领短枪队队员到处袭击日军，使香港日军头目矶谷廉介的"大东亚模范治安区"计划破产。

东江纵队《前进报》频频报道刘黑仔传奇式的英雄事迹。在东江抗日军民的心目中，刘黑仔是一位出色的抗日孤胆英雄。1945 年 2 月，刘黑仔被调到东江纵队西北支队，率领短枪队在南雄县一带活动。1946 年 5 月，在南雄与江西省交界的界址遭遇国民党顽军的伏击，负重伤后牺牲[1]。

1 中共广东省委党史研究室、深圳市史志办公室编：《广东省革命遗址通览·深圳市》，广东人民出版社，2013 年，第 210 页。

张金雄故居位于南山区西丽街道白芒社区。张金雄（1907—1943），深圳南山区白芒村人，少时随父在香港生活，10岁起随母在家乡读书。1941年日军侵犯香港，大批香港难民逃往宝安。张金雄回到家乡，在白芒村到乌石岩一带接待、安置难民，深受当地村民拥戴。1941年冬到1942年春，广东人民抗日游击队开辟阳台山抗日根据地，白芒村为根据地一部分。张金雄决定参加抗日游击队，被分配到新建立的上沙河税站，与其他战士一起在沙河、西沥、白芒、乌石岩一带流动收税，为抗日根据地筹措军需。不久，担任上沙河税站站长，为抗日根据地输送大批钱粮税款。张金雄参加抗日游击队后，他家被战士们称为"游击队之家"。他将家里70多担稻谷献给游击队以解决军粮困难，战士们也经常到他家吃饭、洗澡。1943年8—9月，张金雄在上王里住宿，因奸细告密，被国民党顽军一个连包围。张金雄掩护税站的2名税收人员突围，不幸身中数十弹，壮烈牺牲。1983年10月，中华人民共和国民政部批准张金雄为革命烈士[1]。

1　中共广东省委党史研究室、深圳市史志办公室编：《广东省革命遗址通览·深圳市》，广东人民出版社，2013年，第64页。

张金雄故居旧照

官文森故居

官文森故居（又称"懋德世居"）位于龙岗区龙城街道盛平社区。官文森（1885—1957），又名清贵，出生于马来西亚雪兰莪州一个橡胶园主家庭。曾任雪兰莪州政府矿务巡员12年，后独资开设福利、利成、隆新三家锡矿公司，购置81公顷橡胶园。

他热心华侨公益事业，捐建加影华侨中学教室一座。历任马来西亚惠州会馆联合会总务、南洋惠州同侨救乡会副主席、雪兰莪惠州会馆总理、雪兰莪中华大会堂常务、循人学校总理、培英学校总理。抗战时期，他独资组织"惠侨救乡会"、东江华侨回乡服务团"文森女子救护及宣传队"，回国参加抗日。懋德世居旁的昇齐楼是一炮楼拖两横屋的炮楼院式建筑，修建于1932年，是抗日游击队的据点之一，游击队员们经常在这里联络、碰头、开会，也有前线伤病员在此养伤。

鲘门王作尧居住地旧址

鲘门王作尧居住地旧址位于深汕特别合作区鲘门镇民安村中兴街吴氏祖祠。1940年初，国民党顽固派加紧部署消灭行动。在东莞、宝安、惠边地区，中国共产党领导的抗日队伍——曾生、王作尧率领新编大队和第二大队，在惠阳坪山竹园村举行紧急

军事会议，决定将部队突围后向东转移。途中遭敌追击堵截，伤亡惨重，两支队伍人数最后减至100余人。王作尧等人居住在鲘门中兴街吴延乐（化名吴牛特）家祠的阁楼上，坚持在鲘门鹿仔坑洞一带开展反击国民党反动派和日本侵略者的斗争。7月下旬，按照上级指示，王作尧等率队重返东莞、宝安、惠边抗日前线。

曾鸿文旧居位于龙岗区坂田街道新雪社区上雪村一巷6号旁（原布吉乡雪象村雪竹径村），1941年1月，中共宝安县委成立后，设址于布吉乡雪象村雪竹径村曾鸿文家中，曾鸿文家的炮楼便成为中共宝安县委和东纵主要抗日据点和临时指挥所之一，县委领导经常在这里联络、碰头、开会和指挥。曾鸿文在1942年1月到6月的"香港文化名人大营救"中立下大功，参与成功救下茅盾、邹韬奋、胡绳等800多名文化名人，营救行动被誉为抗战史上的奇迹。

曾鸿文旧居

1944年11月，海上中队模范班长曾佛新在黑岩角海战中壮烈牺牲，遗体由战友安葬于大鹏新区南澳村和水头沙之间，中队长罗欧锋为其题写了墓碑。

曾佛新墓

曾佛新墓旧照

坝光革命烈士墓

烈士墓位于大鹏新区葵涌办事处坝光社区码头附近山边，共有三座墓堆，一块高约 90 厘米、宽约 60 厘米的水泥墓碑竖立在墓正前方，隐约可见文字为"中共党员——叶振明、张飞，战士——刘光明烈士墓，广东人民抗日游击队东江纵队"。

何华益墓

何华益墓位于福田区梅林街道梅林水库南山坳上，该墓原位于北环大道，因修路于 1994 年迁至现址，为当代墓葬。墓主何华益，女，1898 年 8 月出生于广东香山县（现广东省中山市），9 岁随父去美国旧金山。20 岁回国，经宗亲介绍嫁给下梅林村读书人郑满容。婚后在深圳南塘街开办鸿安酒店。

1938 年，鸿安酒店成为叶挺将军的东路军总指挥部。后来，鸿安酒店又成为深圳地区游击队联络站。何华益被亲切地称为"鸿安婆"。鸿安婆为爱国志士提供住宿，将大部分酒店收益用来资助叶挺和东江纵队，以创办"商会"的名义奔走港澳充当义务募捐员。抗日战争和解放战争时期，鸿安婆同情为躲避战乱而逃荒到深圳的难民，据不完全统计，仅由她安排在下梅林村落户的逃荒难民就有 20 多户。何华益女士的生平事迹对于研究深圳地区的抗日斗争历史以及进行爱国主义教育有一定的意义。何华益墓于 2004 年 5 月，被福田区人民政府公布为福田区爱国主义教育点之一[1]。

1 中共广东省委党史研究室、深圳市史志办公室编：《广东省革命遗址通览·深圳市》，广东人民出版社，2013 年，第 40 页。

马史烈士墓位于宝安区石岩街道罗租社区罗租岭公园内。马史（1923—1944）又名马俗（一说名马裕），惠东县白花镇新墟街向南坊人。1939年，经地下党员陈少英介绍，加入中国共产党。1941年夏，参加广东人民抗日游击队第三大队。1943年12月，东江纵队成立后，马史参加了松岗、公明歼敌战等军事行动，并由战士、服务员任第三支队中队政治指导员。1944年12月19日，东江纵队第三支队和第一支队的一部在当地民兵的配合下，向沙井的敌伪据点发动袭击。当时，沙井驻有伪区署及守敌1个连和伪沙井联防大队的2个中队，还有日军特务机关。战斗持续半个多钟头，歼敌数十人。时为第三支队中队指导员的马史在战斗中率队出击，身先士卒，在跨越障碍物时中弹牺牲。战士们将他葬在石岩罗租岭上。马史烈士墓于1965年立，坐南朝北，由青砖砌筑，平面呈正方形，边长1.5米，由底座、碑身和攒尖顶组成，碑身有两块碑文，一块书写"马史同志永垂不朽"，一块书写马史个人简历[1]。

1 中共广东省委党史研究室、深圳市史志办公室编：《广东省革命遗址通览·深圳市》，广东人民出版社，2013年，第134页。

刁亮烈士墓位于宝安区石岩街道浪心社区宝源居委会料坑垃圾转运站右侧。刁亮，惠阳县打禾岗大岭厦人，广东人民抗日游击队珠江大队第一中队长，共产党员，战斗英雄。1943年1月在观澜作战中光荣牺牲。刁亮烈士墓坐南朝北，偏东20°，呈覆斗状，平面呈长方形，长3.6米，宽1.85米，墓前墓碑书写"刁亮同志之墓"[1]。

1 中共广东省委党史研究室、深圳市史志办公室编：《广东省革命遗址通览·深圳市》，广东人民出版社，2013年，第136页。

マ史烈士墓

刁亮烈士墓

麒麟山五烈士墓

　　麒麟山五烈士墓安葬的皆是沙河街道境内出生的五位烈士，分别是吴炳南、陈汉平、陈炳胜、陈桂喜、池同福。吴炳南，1927年生，沙河白石洲村人，1943年参加广东人民抗日游击队。1946年6月东江纵队北撤时复员回乡，1947年5月任惠东宝人民护乡团三虎队一排排长，1948年7月在拔除国民党军驻白石洲据点的战斗中牺牲。陈汉平，1929年生，沙河上白石村人，1943年参加东江纵队，1944年8月，因汉奸告密，在高树头被日伪军包围，宁死不屈，被当场杀害。陈炳胜，1912年生，沙河上白石村人，1943年参加东江纵队，1944年在反击日伪军对沙河的"扫荡"中牺牲。陈桂喜，1912年生，沙河上白石村人，1944年参加东江纵队，在反击日伪军对沙河的"扫荡"中负重伤，因医治无效于1945年病故，1957年被追认为革命烈士。池同福，1926年生，沙河塘头村人，1944年参加东江纵队，1945年在松岗红桥头阻击日伪军"扫荡"战斗中英勇牺牲。1983年10月，沙河地区所属的广东省沙河华侨农场为便于祭扫，将分散安葬在沙河地区的五座烈士墓，搬迁到麒麟山，合建为麒麟山五烈士墓。墓前立碑，碑通高3.8米，其中基座1.2米。碑体正面刻"革命烈士永垂不朽"，基座刻五位烈士姓名、政治面貌、籍贯、参加革命时间、任职与牺牲时间[1]。

1　中共广东省委党史研究室、深圳市史志办公室编：《广东省革命遗址通览·深圳市》，广东人民出版社，2013年，第66页。

洪田七烈士墓位于宝安区沙井街道黄埔社区洪田村。1944年，设在沙井南洞村一个破庙里的游击队总部遭到敌人的破坏，游击队员20多人被困在火山上七天七夜，后来幸亏几位妇女上山砍柴才从小路突围，五位游击队员牺牲后被安葬在洪田火山。同年12月，游击队奉命攻打沙井。陈培伪军凭着依山傍水坚固工事，负隅顽抗。几天后，游击队从海上敌人背后袭击，取得了成功。这次战斗中，游击队员有20多位同志牺牲，其中两名外地籍同志因不知姓名而被安葬到洪田火山。

洪田七烈士墓用花岗岩建造，坐南向北。七名烈士都是从外地转战到此地的东江纵队游击队员，没有留下姓名。牺牲时年纪最大的不过30岁，小的只有15岁，其中一名是指导员，还有一名是中队长[1]。

1 中共广东省委党史研究室、深圳市史志办公室编：《广东省革命遗址通览·深圳市》，广东人民出版社，2013年，第130页。

园山街道怀亲堂烈士墓　南湾街道恩德圣地陵园

怀亲堂烈士墓位于龙岗区园山街道沙荷路4400号，以纪念龙岗区横岗镇在抗日战争和解放战争期间以及解放初期牺牲的13名烈士。

该陵园地处龙岗区南湾街道沙塘布社区金银坑山上，其中有吴德文墓和陈德霖墓。吴德文，1940年2月参加革命，同年加入中国共产党，任民兵队队长。1941年9月，日军从梅林村扫荡，为了阻挡敌军，掩护村民安全转移，他不顾个人安危，毅然留下断后。最终因寡不敌众被凶残的日军砍去了双臂，流血过多英勇牺牲，年仅26岁。陈德霖，1902年出生，1940年参加了中共领导的岗头村民兵队，担任地下工作负责军用物资的隐藏任务及党的抗日救国宣传工作；1941年2月12日，陈德霖光荣加入中国共产党，先后担任岗头村民兵队队长，布吉乡民兵队大队长，参加多场战役。1946年3月由于叛徒告密，被国民党反动军队逮捕，当年6月在观澜从容就义。

一 不可移动文物类

（五）

相关纪念物（设施）

小梅沙东江纵队税站纪念园

小梅沙东江纵队税站纪念园位于盐田区，包括税站背景墙及三组浮雕，展示了日寇扫荡、主动撤退、设伏歼敌等内容，以此进行爱国主义教育。

长源革命烈士纪念碑

长源革命烈士纪念碑位于南山区桃源街道长源社区纪山，又名桃源革命烈士纪念碑。1985 年，长岭皮村为纪念在该村牺牲的五名烈士，搭建了一个长、宽、高皆约 1.5 米的烈士墓，将原分散掩埋的五名烈士遗骨安葬墓中。墓前立一小碑，高约 2.5 米，上刻"革命烈士纪念碑"，占地约 100 平方米。所安葬五名烈士是：廖仕、吴美添、吴珠妹和两名香港籍女烈士。1942 年前后，两名烈士从香港回宝安参加抗日游击队，在长岭皮村后面山头一

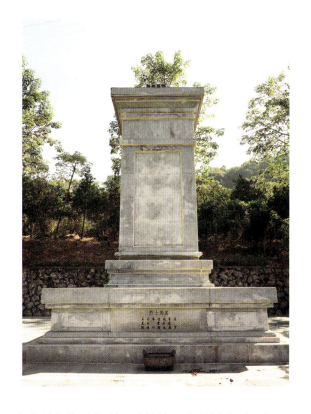

次反击日伪军"扫荡"时中弹牺牲。当地群众将两位烈士遗体掩埋在长岭皮村，但一直不知两位烈士姓名。长源革命烈士纪念碑原建于长岭皮村（1992 年更名为长源村）麦地巷。2006 年 3 月，因规划中的留仙大道经过麦地巷五烈士墓，南山区政府将五烈士墓迁往纪山，建革命烈士纪念碑，并扩大为纪念长源村东江纵队革命烈士。纪念碑通高 9.03 米，基座高 2.4 米，内为钢筋混凝土结构，外贴灰色花岗岩，顶覆盖灰蓝色琉璃瓦[1]。

1 中共广东省委党史研究室、深圳市史志办公室编：《广东省革命遗址通览·深圳市》，广东人民出版社，2013 年，第 68 页。

乌石岩革命烈士墓位于宝安区石岩街道乌石岩庙。碑基雕刻革命烈士简介，碑身正向书"革命烈士之墓"。该革命烈士墓是原宝安县石岩镇政府于 1987 年 5 月为纪念朱金玉、王丽、刘忠、李敏、无名氏五位烈士而修筑的。朱金玉（1922—1942），女，越南华侨，祖籍广东南海。抗日战争爆发后，参加华侨回乡服务团，转道香港到达东江，加入由曾生领导的新编大队从事政治工作，与时任副大队长的周伯明结为夫妻。1941 年春，被派到龙华上水径村开展民运工作，帮群众劳动，教群众文化，宣传抗日救国方针。7 月，国民党顽军偷袭洪田村时被捕。朱金玉在敌人严刑拷打下坚贞不屈。敌人一无所获，便将她拖到石岩沙河坝筋竹头下当众枪决。当地群众捐资将她埋葬在石岩上排沙公坳的牛湖窝。王丽，女，原为泰国华侨工人，后为广东人民抗日游击队卫生员。1942 年 5 月，王丽为掩护伤员被俘。顽军连长审讯王丽，逼她供出游击队的情况。王丽坚贞不屈，敌人几次对她进行严刑逼问均无所获，最后将王丽吊死在乌石岩墟边的一棵大榕树上。刘忠（1914—1943），男，广东东莞人。1941 年参加广东人民抗日游击队，后任副中队长。1942 年年底至 1943 年年初，国民党顽军黄文光部驻扎在田心村四层高的土炮楼，鱼肉百姓，收取苛捐杂税，人民怨声载道。当时，刘忠所在游击队在上排村活动，和田心村的敌炮楼仅相距 500 米，决定拔除这个据点。炮楼四周用松桩及铁丝网围着，戒备十分森严，四周都是居民。经过研究决定，部队派对情况比较熟悉的刘忠执行爆破任务。1943 年春的一天，先由情报员秘密疏散炮楼附近群众，以免伤及无辜。晚上，风雨交加，刘忠摸到炮楼底下准备安装炸药包。这时，他发现装炸药时拆掉了导火索，只好返回拿了导火索后迅速地跑向炮楼。当他正接近铁丝网时，一阵电闪雷鸣，楼顶上的敌人发现了他，一排子弹扫射下来，刘忠中弹牺牲。第二天，战友们将他埋葬在乌石岩山顶[1]。

1 中共广东省委党史研究室、深圳市史志办公室编：《广东省革命遗址通览·深圳市》，广东人民出版社，2013 年，第 142 页。

兴围革命烈士纪念碑

兴围革命烈士纪念碑位于宝安区西乡街道后瑞社区第一工业区兴围路侧。1942年秋，广东人民抗日游击总队深入宝太线敌后，收复黄田失地。同年12月，南头日伪军200余人袭击黄田税站，宝安大队第一中队奋起反击，将敌击退。入夜，中队领导人黄密、卢耀康和王天锡率领两个班到黄田基围隐蔽休息。国民党顽军闻讯后出动成千兵力包围黄田。卢耀康率队退守珠江大堤，以寡敌众，自晨至午后，击退顽军多次冲击。因白天退潮，无法从海上

撤退，卢耀康小队战斗至弹尽粮绝，17人壮烈牺牲。兴围革命烈士纪念碑于1987年12月25日黄田战斗45周年纪念日由宝安县人民政府重修，纪念碑呈四方锥形，由碑身、基座和小广场组成，基座长约2米，宽约2米，通体高约10米。基座和碑身用花岗岩石砌筑，地面铺砌花岗岩石。碑身镌刻有"革命烈士永垂不朽"。纪念碑基座正面为革命烈士纪念碑碑文，背面镌刻"留取丹心照汗青"，两侧镌刻革命烈士芳名和生平事迹[1]。

1 中共广东省委党史研究室、深圳市史志办公室编：《广东省革命遗址通览·深圳市》，广东人民出版社，2013年，第140页。

观澜革命烈士纪念碑位于宝安区观澜街道大布巷社区观澜公园西山岗之上。观澜在抗日战争时期是沦陷区，也是敌、我、顽军激烈争夺的游击区，附近的大布巷村是抗日游击队的堡垒村之一。在观澜一带，中国共产党领导的抗日游击队与日伪军及与国民党顽军发生了多次战斗，许多革命同志在这里抛头颅、洒热血，留下了许多可歌可泣的动人事迹。观澜革命烈士纪念碑修建于 1994 年 5 月 30 日。纪念碑坐西向东，呈四方锥形，由碑身、基座、小广场和两个凉亭组成。基座南北长 5.2 米，东西宽 4.2 米，通体高约 18 米。基座和碑身使用黑色花岗岩石条砌筑，地面铺砌花岗岩石条。纪念碑基座正面为革命烈士纪念碑碑文，背面镌刻革命烈士芳名和生平事迹简历。该纪念碑记录革命烈士 37 人。纪念碑碑体四周为小广场，广场四周设置有护栏，纪念碑正前方修建有登山台阶。纪念碑前方左右两侧还各设置有供游人休息的绿瓦红柱的四方凉亭[1]。

1 中共广东省委党史研究室、深圳市史志办公室编：《广东省革命遗址通览·深圳市》，广东人民出版社，2013 年，第 144 页。

龙华革命烈士纪念碑

龙华革命烈士纪念碑位于龙华区龙华街道龙华公园内，占地面积约 11000 平方米。碑身东西长 3 米，南北宽 2.4 米，高 2.1 米，正面阴刻行书"革命烈士永垂不朽　宝安县人民政府立"。抗日战争时期，龙华是敌我顽激烈争夺的游击区。1954 年，原宝安县人民政府在龙华老街修建革命烈士纪念碑，1961 年动工修建，次年建成，1986 年迁至今址。纪念碑前有一座牌坊，正中横匾有原东江纵队司令员曾生题字"龙华革命烈士纪念亭"。纪念碑向南偏东 25°，高 9 米，周围用石栏

杆围绕，东西宽 14 米，南北宽 16 米，底座呈四方台柱状，平顶，正面有杨康华的题字"革命烈士永垂不朽"。碑座的正、背面均为革命战斗场面浮雕[1]。纪念碑南面，立有原东江纵队副司令员王作尧、原东江纵队政治部主任杨康华的墓碑。

1　中共广东省委党史研究室、深圳市史志办公室编：《广东省革命遗址通览·深圳市》，广东人民出版社，2013 年，第 146 页。

王作尧墓碑

杨康华墓碑

阳台山龙眼村革命烈士墓位于宝安区石岩街道罗租社区罗租岭公园内。烈士墓是为了纪念在阳台山战斗中光荣牺牲的谢平、周振东等18位烈士，由群众自筹资金建立的。烈士墓坐南朝北，东西长1.9米，南北长2米，建于1979年4月。谢平（1926—1942），石岩龙眼山村人，1940年参加抗日游击队地下工作，1942年9月18日在阳台山战斗中牺牲，时为游击队地下工作者。周振东（1893—1941），石岩麻布村人，1939年参加抗日游击队，为第二大队战士，1941年10月在公明楼村就义，时为抗日游击队情报员[1]。龙眼村交通站房东是叶亚炳[2]。

1 中共广东省委党史研究室、深圳市史志办公室编：《广东省革命遗址通览·深圳市》，广东人民出版社，2013年，第132页。

2 中共宝安县委党史办公室编：《回顾东纵卫生工作》，广东人民出版社，1987年，第151页。

坑梓革命烈士纪念碑位于坪山区坑梓街道秀新社区竹子岭坑梓文化公园。1986年11月，坑梓建镇之初即开始筹建坑梓革命烈士纪念碑，并于1987年初建成。当时纪念碑位置在光祖中学后山，叶锋为纪念碑题词。1995年7月，纪念碑整体搬迁至秀新社区竹子岭现址。纪念碑由花岗岩麻花石构成，分碑台、坑梓革命烈士纪念碑底座、碑座、碑身四个部分，刻有"坑梓革命烈士纪念碑"样，镌刻了池官水等50位坑梓革命烈士的姓名[1]。

1 中共广东省委党史研究室、深圳市史志办公室编：《广东省革命遗址通览·深圳市》，广东人民出版社，2013年，第252页。

坪山革命烈士纪念碑

坪山革命烈士纪念碑位于坪山区坪山街道办事处对面的山岗上。坪山革命烈士纪念碑于1953年冬建成，1957年冬及1983年夏两次重修。纪念碑占地面积1.2万平方米，包括门、牌坊、六角亭、重檐式八角亭。纪念亭大门前左右立有石狮，门口台阶之上便为四柱三楼式牌坊，宽13.2米，牌坊正中饰一红五星，下有题字"坪山革命烈士纪念亭 曾生一九八三年十一月十三日"。牌坊两侧有六角凉亭，往前登上两段台阶便为纪念碑，纪念碑后有一八角亭。1987年9月，坪山革命烈士纪念碑被宝安县人民政府公布为宝安县第一批重点文物保护单位[1]。

1 中共广东省委党史研究室、深圳市史志办公室编：《广东省革命遗址通览·深圳市》，广东人民出版社，2013年，第254页。

龙岗人民革命烈士纪念碑位于龙岗区龙岗街道龙西社区红花岭公园。1948年8月3日，国民党军集结2000余人突袭龙岗楼下、石窝村，企图拦截准备东移的江南支队主力。江南支队迅速组织兵力抢占红花岭高地，经过9个多小时的激战，击退了敌军13次进攻，共毙、伤敌军300余人，江南支队牺牲20余人。为了纪念红花岭战斗，缅怀革命烈士的丰功伟绩，由龙岗镇主持兴建红花岭烈士纪念碑。2004年1月，龙岗区委区政府对红花岭烈士纪念碑建设规划进行调整，更名为龙岗区烈士纪念碑，纪念碑上的烈士名单扩展到龙岗区范围

龙岗人民革命烈士纪念碑

内的革命烈士名单。2004年11月，龙岗区烈士纪念碑公园竣工验收，成为龙岗区革命传统教育基地。纪念碑占地面积1.2万平方米，碑体底部长4.15米，宽3.36米，碑体高度为18.6米，加上碑顶四个战士塑像则高20多米。纪念碑碑体上刻有碑文和龙岗区范围内各革命时期烈士的名单。2007年8月，龙岗区委区政府又对纪念碑进行改扩建，扩大了建设规模，完善了基础设施，重刻了烈士纪念碑碑文和全区烈士名单。2014年8月，龙岗人民革命烈士纪念碑经中共深圳市委常委会会议审定通过，并以市委名义公布为市第二批党史教育基地。2021年6月，被公布为市爱国主义教育基地。

山厦革命烈士纪念碑

　　山厦革命烈士纪念碑位于龙岗区平湖街道山厦社区山厦路。纪念碑由主纪念碑和原东江纵队副司令员王作尧同志骨灰安放处两部分组成。主纪念碑呈方形，占地面积1500平方米，建筑面积300平方米，碑高6.3米。纪念碑分碑身、碑文座和台座三部分，碑身正面镌刻有17位革命先烈英名，原东江纵队副司令员王作尧将军亲手为纪念碑撰写碑文，并由原东江纵队参谋主任兼江北指挥员周伯明行书刻于碑上。1990年，王作尧同志去世后，按照他生前遗愿，有关部门将其部分骨灰安放在山厦革命烈士纪念碑旁。纪念碑于1984年7月建成[1]。

1　中共广东省委党史研究室、深圳市史志办公室编：《广东省革命遗址通览·深圳市》，广东人民出版社，2013年，第214页。

山厦村严、叶氏祠堂旧址，今为山厦革命历史纪念馆。位于平湖街道山厦社区香山路34号。纪念馆着重反映平湖的革命斗争史，展示先辈生产、生活、礼仪、民情等习俗，其原址为山厦严、叶氏祠堂，建于清代康熙年间，距今已有300多年的历史。这里曾是山厦农会总部、山厦党支部、抗日壮丁队活动的重要场所，东纵王作尧大队也曾以此作为临时指挥所。

山厦革命历史纪念馆旧照

蔡马生烈士纪念碑

蔡马生烈士纪念碑位于龙岗区平湖街道力昌社区广九铁路山厦铁路桥旁。蔡马生，宝安平湖镇上睦古村人。1941年5月加入中国共产党，1942年春参加广东人民抗日游击总队。上睦古村靠近广九铁路，是抗战时期路东和路西的交通联络重要据点，蔡马生家就是游击队的交通情报站。1942年大营救时，游击队从香港营救出来的爱国民主人士、文化精英和国际友人，从路西阳台山抗日根据地转移到路东抗日根据地的坪山田心接待站途中，都在蔡马生家停留休息。1943年9月，蔡马生在上睦古村被日军逮捕，同年10月在平湖墟（今平湖街道办事处大院）被残酷杀害，年仅31岁。新中国成立后，平湖镇在蔡马生烈士遇难处修建"蔡马生烈士纪念碑"一座。1988年元月，蔡马生烈士纪念碑迁建于现址[1]。

1 中共广东省委党史研究室、深圳市史志办公室编：《广东省革命遗址通览·深圳市》，广东人民出版社，2013年，第214页。

岗头革命烈士纪念碑位于龙岗区坂田街道岗头社区水库南侧，占地面积 1980 平方米，碑体长 4 米，宽 4 米，高 9.1 米。

岗头村是革命老区，具有光荣的革命传统。早在大革命时期，当地群众就在中国共产党领导下参加了农民运动。1941 年，中共岗头支部、布吉乡民主政府成立后，积极开展革命活动。1945 年 8 月，日军投降后，岗头村党支部带领 60 多名自卫队员配合游击队收缴日、伪军的武器。1947 年 12 月，国民党反动军队在岗头村金竹园袭击我党地下情报站，10 名战士不幸牺牲。为纪念岗头村在抗日战争和解放战争时期牺牲的烈士，1990 年 12 月，布吉镇人民政府修建纪念碑、纪念亭。2006 年 3 月，岗头社区予以重修。新修的纪念碑高 2.5 米，正面刻有"革命烈士纪念碑"七个大字，背面刻有碑文和 20 位革命烈士英名。2015—2018 年，岗头社区又先后对革命烈士纪念碑主体、周边道路进行维修和整治。重修后的纪念碑占地面积 1980 平方米，碑体长 4 米，宽 4 米，高 9.1 米。2021 年 4 月，岗头革命烈士纪念碑经中共深圳市委常委会会议审定通过，并以市委名义公布为市第三批党史教育基地。

土洋村革命烈士纪念碑

　　抗战时期土洋村是东江纵队的重要活动地和根据地，土洋村也涌现出不少参加东江纵队及为革命事业英勇牺牲的烈士。1985年，葵涌乡人民政府在东纵原练兵场后的山顶建造了"东江纵队纪念亭"，在纪念亭后约50米处竖立"土洋村革命烈士纪念碑"，以纪念土洋村在革命战争时期牺牲的李九、利佑、李满胜、李乃胜、利英、李路生、李容生、范佳、李佳才9名烈士。

大鹏革命烈士纪念碑位于大鹏新区大鹏办事处园岭革命烈士陵园。大鹏人民具有光荣的革命传统。1938年10月，中共惠宝工委成立后，曾生派黄国伟到大鹏发展中共党员，建立大鹏党小组，在大鹏坳下一个茶寮里召开了第一次党小组会议。1939年3月，建立中共大鹏区委。1941年，受党组织安排，刘培打入土匪王竹青部，团结了一部分人，被称为刘培部队，成为广东人民抗日游击总队惠阳大队独立中队，后来发展成为东江纵队护航大队。1943年底，中共大鹏临时区委领导群众配合游击队，粉碎敌伪顽的"围剿"和"扫荡"，取得一连串的战斗胜利。1944年10月，路东新一抗日民主政府成立，建立了自卫大队，领导群众实行"二五"减租，攻击日军据点，迫使日军撤走。东江纵队北撤以后，大鹏建立了武工队，继续坚持不懈地与国民党反动派作斗争。在长期的革命斗争中，许多像刘锦进（刘黑仔）这样的大鹏的优秀儿女，为革命献出了自己宝贵的生命。

该碑1956年春建于鹏城东乌涌村北坦林埔公路边，混凝土构建，分五级，高5米，底座高1.2米，顶饰一颗红五星，下书"永垂不朽"，底座上面书24位烈士英名。1995年，由中共大鹏镇委、大鹏镇人民政府重建于现址。整个陵园占地2.7万平方米，树木葱郁，风景秀丽。纪念碑用花岗岩石砌成，高15.5米，方柱形，碑体上正面刻有"革命烈士纪念碑"，背面为"革命烈士永垂不朽"。碑座每边长14米，上面刻有碑文和烈士英名[1]。

1 中共广东省委党史研究室、深圳市史志办公室编：《广东省革命遗址通览·深圳市》，广东人民出版社，2013年，第224页。

白花洞革命烈士纪念碑

　　白花洞革命烈士纪念碑位于光明区光明街道白花社区黄屋排东南山坡。白花洞是一个具有悠久历史的革命老区，大革命时期已有共产党领导农民协会，抗日战争时期和解放战争时期则是阳台山革命根据地的一部分，在新民主主义革命时期中国共产党在这块土地上培育了周来友、徐马连、谢马春、刘新友、周全和等一批英雄儿女，他们为民族独立、人民的解放、国家的富强英勇奋斗，前仆后继，百折不挠，在同外来侵略者和国内外反动派势力斗争中光荣地献出了自己宝贵的生命。纪念碑占地 65.1 平方米，高约 6 米，整座建筑为混凝土结构[1]。

1　中共广东省委党史研究室、深圳市史志办公室编：《广东省革命遗址通览·深圳市》，广东人民出版社，2013 年，第 232 页。

该碑位于光明区新湖街道圳美社区大马山脚下，始建于 2007 年 11 月，前身是关烈士之墓。据迳口社区群众回忆，在一次战斗中，有一位姓关的游击队女卫生员为掩护伤员转移，冒着枪林弹雨和敌人展开殊死的斗争。但不幸的是，她的双腿被敌人子弹打中，身受重伤遭敌人生擒。残暴的敌人对她严刑拷打，然而她宁死不屈，不愿意说出游击队伤员的藏身之处。在这样坚强的战士面前，敌人束手无策，只好派三名匪徒把她押解到南头县严加拷问。在行经这个山头时，这个女卫生员趁着敌人一时疏忽，偷偷吞下藏在身上的毒药，最后牺牲了。敌人还毫无人性地剥下她身上的所有衣服，将她抛弃在这偏僻的荒山野岭的小路之旁。

葵涌烈士纪念碑 2003 年由中共深圳市龙岗区葵涌镇委员会和深圳市龙岗区葵涌人民政府修建，设于葵涌公园，碑高 9 米，方柱体，碑顶塑高举钢枪的战士，碑身正面书"革命烈士永垂不朽"，碑座正面刻有"碑记"，碑后附有葵涌镇在抗日战争和解放战争期间牺牲的革命烈士芳名。

庙角岭革命烈士公墓纪念碑

　　庙角岭革命烈士公墓纪念碑位于大鹏新区葵涌办事处老葵坝公路北侧，2003 年，葵涌办事处在葵涌公园内重修了革命烈士纪念碑。

大安峒革命烈士陵园位于深汕特别合作区赤石镇，占地面积 9000 平方米。大安峒是海陆丰革命根据地的重要组成部分，是中国共产党在东江建立红色政权的重要活动区域，留下了彭湃、徐向前、曾生、谢非等无产阶级革命家的战斗足迹，曾经建立了惠海行商护路大队、东江纵队第六支队、海丰县抗日民主政府、中共海陆丰中心县委、海陆丰人民自卫总队、广东人民解放军江南支队第五团和粤湘边纵队东江第一支队第五团等党政领导机构及其武装队伍。1958 年，赤石镇人民政府修建革命烈士纪念碑，纪念碑正面顶端浮塑红五星一枚，下面直书"革命烈士纪念碑" 7 个大字。陵园收殓了第一、二次国内革命战争时期在赤石镇牺牲的 99 位革命烈士遗骨。2016 年，民政部门启动烈士陵园修缮及扩建工作，收殓深汕特别合作区内的烈士遗骸及骨灰共计 283 位，集中建立合葬墓，墓前竖立高达 6 米的花岗岩纪念碑（其中碑身高 3.9 米，碑座高 2.1 米）。同时，以纪念碑为中心建设配套设施，为深汕特别合作区提供缅怀先烈、进行爱国主义教育的纪念场所。

2021 年 4 月，大安峒革命烈士陵园经中共深圳市委常委会会议审定通过，并以市委名义公布为市第三批党史教育基地。

深圳革命烈士陵园

深圳是东江纵队的起源和发展壮大之地，具有光荣的革命传统。1983 年深圳市人民政府根据深圳经济特区城市发展规划，将原坐落于宝安县人民广场的革命烈士纪念碑迁建到深圳市北环路边，修建了深圳革命烈士陵园。革命烈士纪念碑位于烈士陵园正中央，碑座四面浮雕，北面浮雕是铜铸碑文，西面浮雕反映抗日战争的壮烈场面，东面浮雕反映我党营救沦陷在香港的进步爱国人士和国际友人的斗争场面，南面浮雕反映解放战争的场景。碑

身四面镌刻着"革命烈士永垂不朽"八个大字，由曾生题字，纪念碑碑形和浮雕由张松鹤设计。该陵园 1988 年被广东省列为省级重点烈士纪念建筑物保护单位；同年 7 月被深圳市委命名为市级第三批重点文物保护单位；1995 年被深圳市委命名为深圳市第一批爱国主义教育基地；2009 年 6 月被深圳市委命名为市级第一批党员教育基地；2012 年 11 月被深圳市评为中共党史学习教育基地。革命烈士芳名亭位于烈士陵园西南角，建于 1992 年。刻入烈士芳名亭共有 1050 名革命烈士，其中包括抗日战争时期牺牲的革命烈士 490 名。

东江纵队北撤纪念公园是为纪念东江纵队北撤这一历史事件而设立，位于大鹏新区葵涌街道沙鱼涌。中央军委原副主席迟浩田上将为公园题词。

抗日战争胜利后，蒋介石集团加紧策划内战。国民党广东当局调集优势兵力，企图一举歼灭中共华南武装。1946年5月21日，经过反复谈判，国共双方终于正式签署《东江停战和华南中共武装北撤问题联合会议决议》，6月13日，军事调处执行部第八执行小组到达葵涌监督执行东江纵队北撤工作。6月29日，在大鹏湾沙鱼涌海滩举行欢送北撤部队的大会。方方代表中央军委对全体北撤人员讲话，接着曾生在会上简要阐明北撤的意义，并向乡亲们和复员战士郑重告别。6月30日，东纵（包括珠纵、韩纵、南路、桂东南等部队的部分骨干）共2583人，在沙鱼涌分乘3艘美军登陆艇，向山东烟台北撤。7月5日，东江纵队胜利抵达烟台解放区。1985年9月，原深圳市宝安县人民政府在沙鱼涌海滩建亭立碑，纪念当时对于国内和平民主事业具有重要意义的东江纵队北撤事件[1]。2021年4月，东江纵队北撤纪念公园经中共深圳市委常委会会议审定通过，并以市委名义公布为市第三批党史教育基地。

1 中共广东省委党史研究室、深圳市史志办公室编：《广东省革命遗址通览·深圳市》，广东人民出版社，2013年，第228页。

东江纵队北撤纪念公园

梁金生烈士纪念馆

梁金生烈士纪念馆位于罗湖区东晓街道草埔新屋吓办公大楼二楼，占地 130 平方米，为梁金生烈士生平事迹展览。2009 年 6 月 26 日，梁金生烈士纪念馆开馆。2014 年 8 月，梁金生烈士纪念馆经中共深圳市委常委会会议审定通过，并以市委名义公布为市第二批党史教育基地。

东江纵队纪念馆

东江纵队纪念馆位于坪山区坪山街道江岭社区石灰陂。该馆由深圳市东江纵队老战士联谊会倡议并筹建，中共坪山镇委、坪山镇人民政府全力配合，并得到了深圳及省内外东江纵队、粤赣湘边纵队联谊会老战士、深圳革命老区广大人民群众、深圳市工商界、港澳爱国人士、海外侨胞鼎力相助和大力支持。馆舍于 2000 年 5 月建成，同年 12 月 2 日正式开馆。2001 年 12 月，深圳市坪山区东江纵队纪念馆被中共深圳市委公布为市爱国主义教育基地。2012 年 11 月，经中共深圳市委常委会会议审定通过，并以市委名义公布为市第一批党史教育基地。

中国文化名人大营救纪念馆位于龙华区民治街道白石龙老村内。抗日战争时期，白石龙村成为阳台山抗日根据地的中心。1942年初，在文化名人大营救过程中，白石龙天主堂作为重要的接待中转站及住宿地，在这里接待和转移了邹韬奋、茅盾、胡绳等一大批文化名人。白石龙天主教堂建筑平面呈长方形，三间，占地面积91.59平方米。2005年，新建"中国文化名人大营救纪念馆"，由国务院原副总理邹家华题写馆名。纪念馆占地面积2000平方米，展出文物140件（套）、文化名人相关书籍70余册。目前，

该馆是岭南地区收藏中国文化名人大营救史料及文物最多的主题性纪念馆，是广东省统一战线基地、广东省红色革命遗址，并入选广东省党史教育基地名录。

　　2003 年 11 月，中国文化名人大营救纪念馆被宝安区人民政府公布为第二批区级保护单位。2012 年 11 月，经中共深圳市委常委会会议审定通过，并以市委名义公布为市第一批党史教育基地。2014 年，被广东省委党史研究室公布为省第二批党史教育基地。2020 年入选第三批国家级抗战纪念设施、遗址名录。

二 可移动文物类

曾生同志抗日战争时期使用过的铁皮文件箱

抗战时期曾生使用过的铁皮文件箱，现藏于深圳博物馆。

曾生同志抗日战争时期使用过的铁皮文件箱

抗战时期曾生使用过的铁皮文件箱，现藏于深圳博物馆。

曾生同志在抗日战争时期所用的条纹棉布被单

抗日战争时期曾生使用的被单，现藏于深圳博物馆。

王作尧同志使用的战利品"西菲利"钢笔

抗日战争时期王作尧使用的战利品"西菲利"钢笔，现藏于深圳博物馆。

"东纵"堡垒户为王作尧同志办公准备的木方凳

"东纵"堡垒户为王作尧同志办公准备的木方凳，现藏于深圳博物馆。

彭沃同志使用过的浅绿色的毛毯

　　抗战时期彭沃使用过的浅绿色的毛毯，现藏于深圳博物馆。彭沃，1915 年出生于广东海丰县，1926 年加入中国共产主义青年团，1932 年加入中国共产党，1933 年秋调至东江红军第一路总指挥古大存处当医官，1938 年 10 月随曾生回到坪山，成立惠宝人民抗日游击总队，任特务队（警卫队）队长，后任新编大队第一中队中队长。部队东移受挫后，任第三大队第一中队（虎门队）队长，1942 年初任惠阳大队大队长，1942 年 8 月任主力中队（珠江队）队长。1944 年 9 月任第三支队支队长，1946 年 6 月 30 日随东纵主力北撤山东。

"彭沃"铜印

　　"彭沃"铜印，现藏于深圳博物馆。

"东纵"英雄林文虎赠送彭沃同志的派克钢笔

　　林文虎，泰国华侨青年，抗战爆发后，回国参加东江人民抗日武装，作战勇敢，屡立战功，任东江纵队中队长。在解放万山群岛的战役时，林文虎被任命为海军火力船队副队长。在战斗中，他表现英勇并壮烈牺牲，被中央军委海军司令部追认为全国第一位"海军战斗英雄"。该钢笔现藏于深圳博物馆。

抗日战争时期东江纵队何瑛同志的笔记本

　　何瑛，1924 年生，广东中山翠微村人。1938 年加入中国共产党，1942 年 2 月在深圳白石龙参加东江游击队，在司令部任文书。1942 年底跟随王作尧回厚街创建敌后武工委，负责情报工作。1945 年初跟随丈夫王作尧到罗浮山开辟抗日根据地，负责司令部的常务工作。1945 年 8 月又随王作尧组建的粤北指挥部，挺进粤北与八路军南下支队会师。1946 年 6 月底赶到深圳沙鱼涌参加北撤山东。该笔记本为何瑛在 1945 年前后使用，现藏于深圳博物馆。

东江纵队港九大队市区中队中队长方兰同志使用过的"西菲利"钢笔

方兰，又名孔秀芳、方姑。她 1921 年生于香港，祖籍广东顺德县，1938 年加入中国共产党，1942 年参加广东人民抗日游击队，后任港九大队市区中队 中队长兼指导员，指挥人员搜集日军情报，并参与配合营救盟军飞行员、破坏香港日军生产等工作。这是她使用过的"西菲利"牌钢笔，现藏于深圳博物馆。

方兰同志使用过的美国造"西菲利"钢笔

1943 年 12 月方兰同志任东纵大队港九大队市区中队的中队长兼指导员时候用过的钢笔，现藏于深圳博物馆。

曾鸿文同志在香港从事抗日救亡时使用过的毛毯

抗战时期曾鸿文在香港使用过的毛毯，现藏于深圳博物馆。曾鸿文，生于1892年，原名曾洪文，广东宝安布吉雪竹径村（今上雪村）人，曾任香港洪门重要领袖，抗战全面爆发后，为曾生、王作尧东移部队重返东宝抗日前线做出重要贡献，后参加了抗日游击队，任广东人民抗日游击总队宝安大队大队长、宝四区区长等职。

赖仲元使用过的鱼骨印

赖仲元使用过的鱼骨印，现藏于深圳博物馆。赖仲元，生于 1918 年，深圳大鹏人，中学毕业后在家乡鹏城小学任教师，1937 年 7 月，抗日战争全面爆发，他鼓励学生参加抗日救亡运动。1938 年 10 月，加入中国共产党，任中共大鹏乡支书、青年抗敌同志会委员、中共宝安县大鹏区委员、惠阳白花区委书记、广东人民抗日游击总队惠阳独立中队政委等职，计划、组织部署了数十次战斗，都取得胜利，其中两次得到曾生司令员的赞扬。抗战胜利后，赖仲元任东江地区第二战线政委，1946 年 4 月，奉令调到军事处执行第八小组工作，到广东解决停战及抗日游击队北撤问题，后随部队北撤烟台。

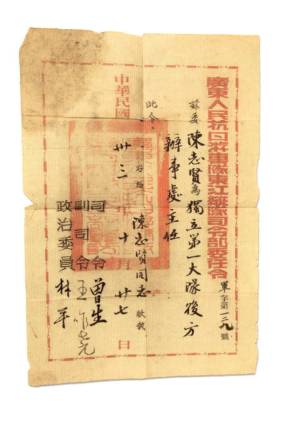

东江纵队司令部给陈志贤的委任令

陈志贤，1942 年曾任港九大队海上中队队长。该委任状为 1944 年 10 月，东纵司令员曾生、副司令王作尧和政委尹林平签发，任命陈志贤担任独立第一大队后方办事处主任。该委任令现藏于深圳博物馆。

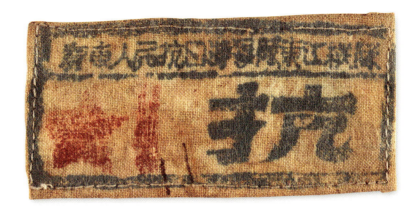

1945 年广东人民抗日游击队东江纵队胸章

广东人民抗日游击队东江纵队胸章，布质。现藏于深圳博物馆。

"东纵"游击队石岩湖联络站工作人员郑秤娇穿过的蓝色棉背心

东江纵队石岩湖联络站郑秤娇穿过的蓝色棉背心，是游击队人员日常工作的见证。现藏于深圳博物馆。

"东纵"游击队石岩湖联络站工作人员郑秤娇穿过的蓝色棉背心

东江纵队石岩湖联络站郑秤娇穿过的蓝色棉背心，是游击队人员日常工作的见证。现藏于深圳博物馆。

小梅沙税站何基玛瑙印章

何基在小梅沙税站使用过的玛瑙印章，现藏于深圳市中英街历史博物馆。何基，1925 年出生在牙买加，父亲是宝安盐田人，母亲是牙买加人，1936 年回国，在盐田乐群学校上学。不久，日军在大亚湾登陆入侵华南，1942 年何基参加抗日游击队，至 1944 年一直在小梅沙税站工作，1946 年随部队北撤烟台。

"东纵"战士使用过的棉絮

东纵战士在游击队时期使用过的棉絮，现藏于深圳博物馆。

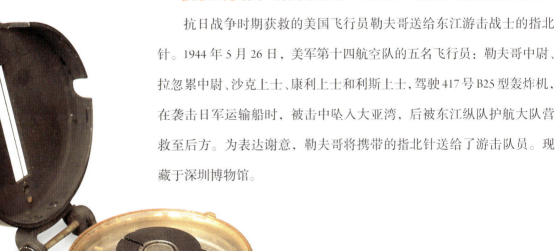

被救的美国飞行员送给"东纵"战士的美制指北针

抗日战争时期获救的美国飞行员勒夫哥送给东江游击战士的指北针。1944 年 5 月 26 日，美军第十四航空队的五名飞行员：勒夫哥中尉、拉忽累中尉、沙克上士、康利上士和利斯上士，驾驶 417 号 B25 型轰炸机，在袭击日军运输船时，被击中坠入大亚湾，后被东江纵队护航大队营救至后方。为表达谢意，勒夫哥将携带的指北针送给了游击队员。现藏于深圳博物馆。

"东纵"战士缴获敌人的草绿色小布袋

"东纵"战士缴获敌人的草绿色小布袋，现藏于深圳博物馆。

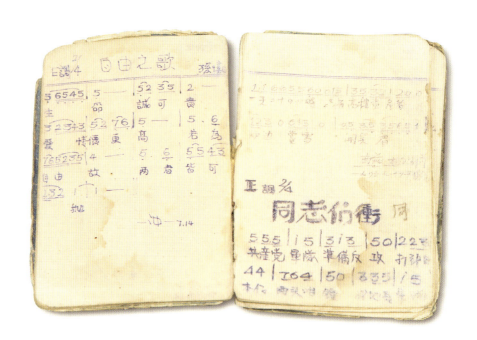

"东纵"战士抄录歌曲的小笔记本

该笔记本是东纵战士抄录歌曲的本子，内有曲谱和歌词。现藏于深圳博物馆。

"东纵"油印《红色的光芒》歌页

《红色的光芒》作于 1946 年东纵北撤前夕，这是《红色的光芒》歌页。现藏于深圳博物馆。

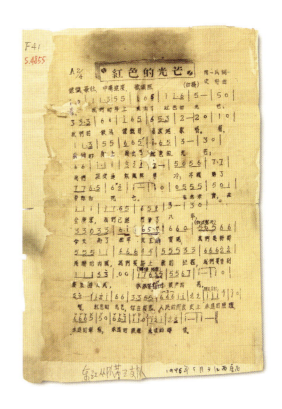

抗日游击队员使用过的干粮袋

抗日游击队员使用过的干粮袋，布质。现藏于深圳博物馆。

东江纵队司令部使用过的木靠背椅

东江纵队司令部使用过的木靠背椅，现藏于深圳博物馆。

东江纵队司令部使用过的木靠背椅

东江纵队司令部使用过的木靠背椅，现藏于深圳博物馆。

东江纵队司令部使用过的木靠背椅

东江纵队司令部使用过的木靠背椅，现藏于深圳博物馆。

东江纵队司令部使用过的木质九屉写字台

东江纵队司令部使用过的木质九屉写字台，现藏于深圳博物馆。

东江纵队司令部使用过的四方木桌

东江纵队司令部使用过的四方木桌，现藏于深圳博物馆。

东江纵队《前进报》报社使用过的三屉长木桌

东江纵队《前进报》报社使用过的三屉长木桌，现藏于深圳博物馆。

东江纵队司令部存放文件的木质双门大立柜

东江纵队司令部存放文件的木质双门大立柜，现藏于深圳博物馆。

陆无涯硬笔速写"村民殷勤照顾东纵伤病员"

陆无涯，原名汝华，别字石魂、无涯，晚年又号晦庐，原籍广东鹤山，新加坡莱佛氏书院肄业。1929年回国，入上海艺专学习西洋美术，其后专修国画，1938年参加澳门四界救灾会回乡服务团，任队长，取道香港、东江，回广东参加抗战。1946年赴港，作为粤港知名画家参加《正报》工作。该图反映了根据地人民对东纵伤员殷勤照顾，绘于1946年。现藏于深圳博物馆。

陆无涯硬笔速写加彩"东纵海上北撤图"

该图绘于1946年，反映东纵在沙鱼海滩北撤山东烟台的场景。现藏于深圳博物馆。

陆无涯铅笔速写"东纵小鬼兵廖天华"侧面图像

该图 1946 年绘于葵涌，记录了东纵小鬼廖天华当时的形象。现藏于深圳博物馆。

陆无涯硬笔速写"方方少将和曾生司令员"纸片

该图 1946 年绘于葵涌，描绘了 6 月 23 日东纵北撤前招待港九新闻界人士的曾生、方方形象。现藏于深圳博物馆。

陆无涯硬笔速写"子弟兵回来了"纸片

该图 1946 年绘于葵涌，反映东纵北撤前往葵涌集结的场景。现藏于深圳博物馆。

陆无涯硬笔速写"群众为北撤队伍挑枪支"纸片

该图 1946 年绘于葵涌，反映根据地人民为东纵部队挑枪支的场景。现藏于深圳博物馆。

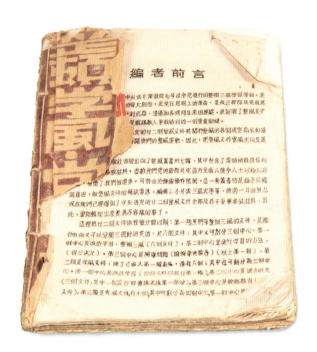

《整顿学风·党风·文风》
1.2.5.6 辑合订本

　　《整顿学风·党风·文风》出版于1944年，收录了党中央指定的《整顿党的作风》等22个文件，是东江纵队指战员开展整风的重要资料。现藏于深圳博物馆。

《两三年内完全学会经济工作》油印本书册

　　《两三年内完全学会经济工作》是毛泽东1945年1月在陕甘宁边区劳动英雄和模范工作者大会上的讲话，此为前进出版社1945年6月出版的单行本，作为东纵指战员学习的重要资料。现藏于深圳博物馆。

吕振羽著《国共两党和中国之命运》油印册

吕振羽著《国共两党和中国之命运》，1943年8月7日刊于延安《解放日报》头版，副题为《驳蒋著〈中国之命运〉》。文章以大量具体事实对比了国共两党在抗战中的态度与贡献，指出"中国之命运的光明面，是寄托在中国共产党身上的"。此文也是东纵指战员学习的重要资料。现藏于深圳博物馆。

"东宝行政督导处"胸章

"东宝行政督导处"胸章，彭国麟使用，布质。现藏于深圳博物馆。

路东新一区给广东军调第八小组的信件草稿

1946 年路东新一区给广东军调第八小组的信件草稿，现藏于深圳博物馆。

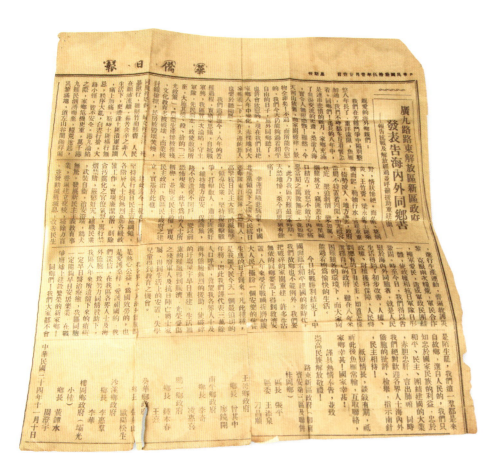

"广九路路东解放区政府告海内外同乡书"剪报

"广九路路东解放区政府告海内外同乡书"剪报，现藏于深圳博物馆。

东江纵队某部缴获的日军照相机

抗日战争时期东江纵队某部缴获的日军照相机，现藏于深圳市坪山区东江纵队纪念馆。

三 非物质文化遗产类

（一）

诗词

一双愤怒的眼睛 [1]（1933）

林鹖

在投入囚狱的晚上，

我面对着牢房的墙壁，

久久不能入睡。

突然看到墙上画着一只愤怒的眼睛！

我想了很久，才了解到，

要上刑场的人的不屈的意志，

他是留下这只眼睛，

来看这些杀人犯的末日。

帐眉寄意 [2]（1938）

林鹖

夜深四壁噪寒虫，戎幕萧然鬼不穷。

清兴也随人事减，愁心偏与去年同。

枕戈时具刘琨志，投笔常怀定远风。

东北沦亡增涕泪，宁无一个是英雄。

到东江前夕 [3]（1940）

林鹖

一家七口六处去，各在异地过中秋。

忧恨年年毋能免，忍将家仇换国仇。

---

1 中共广东省委党史研究室、中共东莞市委党史研究室《丹心赋》编委会编：《丹心赋——东江纵队诗词山歌选》，《广东党史资料丛刊》编辑部，1993年，第323页。

2 中共广东省委党史研究室、中共东莞市委党史研究室《丹心赋》编委会编：《丹心赋——东江纵队诗词山歌选》，《广东党史资料丛刊》编辑部，1993年，第116页。

3 中共广东省委党史研究室、中共东莞市委党史研究室《丹心赋》编委会编：《丹心赋——东江纵队诗词山歌选》，《广东党史资料丛刊》编辑部，1993年，第116页。

庆功会上才相见 [1]

林鹗

湛江送君赴香岛，环球动荡我独留。

战马频催声嘶急，烽火纷纷难回头。

硝烟弥漫在东江，宝安东莞各一方。

五岭庆功大会上，喜闻忠勇志气扬。

到游击队去 [2]

林鹗

艰民生活苦头多，无喝无吃无奈何？

幸得治之来联系 [3]，喜上眉梢乐呵呵。

化妆难民投亲戚，十八罗汉上征程。

夜行日睡树林见，提心吊胆过县城。

行军常常变花样，脚底生泡路难行。

唉声叹气不想走，轮流讲古笑连声。

老许一新会教唱 [4]，我讲水浒最出名。

《抗日歌谣》前奏曲 [5]（1938）

殷红

满胸怒恨，满眼辛酸；

踏遍祖国江山，处处血迹斑烂。

血债簿，翻一翻，层层耻辱没遮拦。

五月九，直把吾人当猪狗；

---

1 中共广东省委党史研究室、中共东莞市委党史研究室《丹心赋》编委会编：《丹心赋——东江纵队诗词山歌选》，
　《广东党史资料丛刊》编辑部，1993 年，第 115 页。
2 中共广东省委党史研究室、中共东莞市委党史研究室《丹心赋》编委会编：《丹心赋——东江纵队诗词山歌选》，
　《广东党史资料丛刊》编辑部，1993 年，第 115 页。
3 治之，指伍治之。
4 老许一新，指许一新。
5 中共东莞市委党史研究室：《东江纵队历史诗歌选》，内部资料，2013 年，第 11–14 页。

五月三，三千强盗劫济南；

九一八，东北同胞遭屠杀；

七月七，卢沟桥上血痕碧；

八一三，京沪被占心不甘。

黄河水，黄浑浑，

尽是忠魂告国魂；

长江水，万里长，

千万同胞没故乡；

黑河水，鸣啾啾，

如何洗净此身羞？

珠江水，鸣潺潺，

过日如过鬼门关。

是何由？是何端？

捏捏指头，

都是东洋鬼子没心肝。

欺弱小，

逞强蛮，

霸我国土，做他屠摊，

奸淫杀掠，肆意摧残。

同胞啊，莫等闲，

听我唱，听我弹，

种种事实，不是谣传。

带歌本，落民间，

提醒大众，再莫散沙一盘。

组织起来，势力不孤单。

血的债，血来还，

坚持抗战到底，誓把鬼子杀完。

合力干，汉奸小丑也滚蛋。

青天白日天下，过个生活甜如蔗。

作于 1938 年 12 月 12 日

当头月 [1]（1940 年）

张松鹤

课罢龙冈作夕筵，诗豪酒圣自茫然。

诗前酒圣经先醉，酒后诗豪兴更颠。

绝塞寒风凝血臭，当头明月抱尸眠。

河山破碎心犹碎，敢作骚人渡难年？

时代的逆流 [2]（1940）

张志宽

时代的狂飙卷着逆流，

灾难弥漫着人类宇宙，

太平洋横溢罪恶，

欧洲激荡着战云。

一边是青面獠牙的刽子手，

张着血口贪婪啃啮千万人的骨头，

另一边喷发着憎恨，高攀反抗烈火，

从残酷的刀山上争取正义和自由。

中华民族正遭遇空前的祸患，

半个锦绣河山被倭奴踏破，

四万万人再不能忍受，

像群狮在怒吼。

不分党派，不论贫贱，

为消雪百年的民族恨敌忾同仇。

看，祖国燃着正义的火种，

到处流淌着战士鲜红的血！

无耻的民族败类，

1　中共东莞市委党史研究室：《东江纵队历史诗歌选》，内部资料，2013 年，第 19 页。

2　中共广东省委党史研究室、中共东莞市委党史研究室《丹心赋》编委会编：《丹心赋——东江纵队诗词山歌选》，《广东党史资料丛刊》编辑部，1993 年，第 296-298 页。

充当敌人的傀儡，

戴上鬼蜮的面具，

扮作两面派混入抗日阵营，

暗地里造谣中伤分裂团结，

公然挑拨全民族的统一。

出卖领土倒进敌人怀抱，

借着封建残余的统治执行外国主子的意旨。

在长期艰苦抗战的几年中，

中国人迎受着千锤万炼，

鹰犬疯癫地咬噬我们民族战士，

开始了中世纪的野蛮统治，

但暴君谁支持过万世？

民族的败类啊，

看你趾高气扬到何时？

终有一天你会被民族反抗的巨流吞没。

千万爱国青年怀抱救亡大志，

却无辜被罗织罪名遭杀害，

丧心病狂的顽固者啊，

鬼子正借你的手来屠杀同胞！

同室操戈正是敌人"政治进攻"的阴谋，

这是进步与倒退的一场血斗！

谁甘沦亡任人蹂躏？

谁愿当牛马永不翻身？

且让逆流去无耻威迫利诱，

且让逆流去毒辣地操枪杀伐，

怎能阻止我们去挽救自己的国家？

怎能让我们忍受暴日的侵略？

灾难、疾病和死亡时时在头上盘旋，

我们已准备光荣牺牲，壮烈殉难！

对仇人唯有以牙还牙，

那么，我们就等着吧！

月光之夜 [1]（1940 年 7 月 19 日）

张志宽

皎洁的月色照着寂寞的大地，

和风悠拂轻抚树梢低语，

我独个儿坐在树影下，

一只跛狗孤单地伏在身边，

远处传来断续幽怨的胡琴声，

像年轻寡妇在深宵凄婉地哀泣，

颤动我那多愁善感脆弱的心弦。

啊！啊！如此深情的月夜啊！

我愀然沉溺于梦境般的追思，

如泡沫一样幻灭的往事在脑中浮起，

想来到啊！

昨天还热烈欢叙一堂的友好。

而今被恶势力迫得莺飞燕散，

更如何想得到分手没多时，

便纷纷报道惊心动魄的噩耗。

死难的同志啊，永别了您们的英姿，

死，死，谁惧怕呢？

可悲的是不能英勇倒在敌人阵前，

竟凄然死在自家人手里。

有志英豪无辜被杀害，

秦皇的死尸从古冢中复活，

此恨绵绵何时雪？

---

1 中共广东省委党史研究室、中共东莞市委党史研究室《丹心赋》编委会编：《丹心赋—东江纵队诗词山歌选》，
《广东党史资料丛刊》编辑部，1993 年，第 298–302 页。

胡琴一声拉碎了我的心。

我徘徊在那冷落的园林，

低垂了头怕看天上多情的明月，

绿草丛中闪耀着晶莹露珠，

疑是我自己滴落的眼泪。

我的生命虽若池边流萤般卑小，

虽若墙头野草般不在人们眼里，

但年轻的心比月亮还清白无瑕，

何幸蒙受盖世不白之冤？

谁不想做民族独立自由的天之骄子？

国难深重，只有从死里求生，

我们这最艰苦一代的中华儿女，

肩负着怎样重大的救亡责任？

中国新进的青年做成时代的民族魂，

谁敢否认我们创下的惊天动地功勋？

廿世纪的暴徒疯狂反动，

残酷地制造了人间悲惨的不幸。

我迷糊着眼睛，

蒙蔽了听觉，

那幢幢树影好像是亡友的英灵，

风动树梢好像是亡友低声呼唤：

"种子下地会发芽，

仇恨入心会生根，

不把敌人杀干净，

海水也洗不清这心头的恨。"

琴声像引擎，

抽搐着我的心，

我愤恨地咬紧嘴唇呆呆伫立，

熏风吹来嗅到阵阵血腥，

恶心地打着颤栗的寒噤，

如烟如海的夜沉淀了叹息。

"啊，夜深了！"

突破周围的静谧，

月亮已悄悄移到头顶。

我轻抚被凉露浸冷的肌肤，

默然拖着瘦长的影子，

走回死寂的寝室，

怀着失恋者浓厚的哀愁滋味，

疲惫地倒在床上胡乱沉思，

脑袋像爬着一群蚂蚁似的紊乱。

窗棂懒照着怀人的月影，

宛如隔世的陈迹，电影般移动眼前。

记得许多个澄明的月夜，

故友们席坐如茵的草地，

细谈心曲，纵论世界大事，

说到个人前途和民族的出路，

光明的希望如箭贯穿我们的心。

抗战的炮声响了，拨开长久忍辱的云雾，

大家兴奋地握手称道：

"从今我们可以自由救国了！"

沉着坚毅地在各处发起救亡团体，

相互慰勉在工作中学习和锻炼，

到处激荡着怒吼雄壮的歌声，

满街满巷挤塞着愤恨的面庞，

各个会场都热血沸腾。

故乡惨然失陷，

同志们相继牺牲，

我们没有退却而作更果决的坚持。

组成一支铁的队伍，

像圆锥深入农村唤醒人群。

多少同志忘掉自己忘掉了家，

如兄如弟团聚在救亡的大家庭。

宁愿风餐露宿吃尽辛苦，

在死亡疾病和贫困压抑中挣扎。

同志们进步成长了，

工作区日渐扩大，救亡声如洪水奔涌。

救亡在不断开展增长，

包藏祸心的准汉奸胆栗了，

冠冕堂皇地借助统战势力，

解散各地进步的民主团体，

统一到包而不办的专制组织里。

而今，青年积极救国也有罪啊！

以莫须有的罪名逮捕、屠杀……

痛心啊，民族前途镌着可怕的暗影。

轻风悠悠吹动幔帐，

银色的月光吻着我燃烧的胸膛。

新愁旧感纷杂地汇集空虚的脑海，

蟋蟀在墙角饮泣，花蚊在枕边低吟，

在这个怀人情切的深宵，

愿明月在烈士坟头长照。

安息吧，战士，

同志们正踏着血路前进，

明天会用敌人的鲜血为您们祭奠！

你没有死 [1]（1940）

张志宽

烦厌的孤独生活促我沉思，

静谧的深夜不成寝，

心头混乱交织着旧月的影，

眼前浮荡着迷糊的一片。

忽然朦胧中看见李先生站在身边，

他还像旧时沉默地拈着胡须，

带着年轻活泼的欢笑，

我甜蜜地投进他温情的怀抱。

他轻轻抚摸我额角，

嘴唇微动仿佛想说些什么，

但哽在喉头的只是无声痛楚。

他那炽火与热力的眼睛，

引起我无限严肃而亲切的尊敬。

忽而收敛了他嘴边的笑容，

露出格外庄严悲痛的表情，

眼眶盈溢着晶莹的热泪，

我顿时感到莫名惊慌，

挤塞了千丝万缕愁绪。

莫不是刺破了他惨痛的伤痕？

莫不是挑起了他的新仇旧恨？

静穆俄顷，他疯狂搂紧我，

满身都是伤痕血迹，

苍白的嘴唇吐着血沫，

我惧怕这僵尸拥抱，

窒息地挣扎，尖锐地呼号！

---

1 中共广东省委党史研究室、中共东莞市委党史研究室《丹心赋》编委会编：《丹心赋——东江纵队诗词山歌选》，《广东党史资料丛刊》编辑部，1993 年，第 303-309 页。

啊啊，原来是一个可怕的梦魇！

醒来时怯弱的心犹带着惊恐。

窗外的风声宛如猿猴哀啼，

漆黑的天空眨着稀疏冷淡的星光，

鬼蜮的大地浸透空虚的寂寞，

忧郁的往事依稀倘恍。

纯洁而年轻的李先生哟，

你不幸被刽子手残杀了。

你为反抗人间丑恶而死，

你为追求光明和真理而死！

十二年的陈迹我怎能遗忘？

记得那是岁寒十二月时光，

风声日渐吃紧，

你住在学校暂时躲避锋芒。

我家和学校靠得很近，

每天都去听你讲故事讲新闻，

有时你弹风琴我唱歌，

就像亲兄弟一样。

你到哪里我都和你做伴，

晚上也和你睡在一床。

你走到农村，

多少男女老少围在你身边，

热情倾听你讲人生的真理。

你爱说话，亲切而矜夸，

人家有困难你顶喜欢帮助，

从来不肯收受酬答。

乡亲们对你倾心钦慕，

没有人不愿意听你讲话。

你精神灵活，富有领导才干，

扫荡了大众心头的愚昧，

鼓动起被剥削者奔向光明。

你使权威者妒忌而畏惧，

竟然在十二月其十三日抓捕了你。

当时学校给包围得十分严密，

可怜我和你尚在迷梦中，

你在按琴我在唱歌。

突然几个丘八提着短枪，

比虎狼还凶地跨进礼堂，

大踏着步东张西望。

你机警跳起身，

挺着胸膛接受询问：

"你是李××先生吗？"

你异常镇静微微颔首。

噼叭一枪夹着喧闹，

你胸前闪着明晃晃的刺刀。

"干什么？"

你严肃反问，

倔强的神色使他们有点张皇，

吆喝中带着战栗：

"喂，上峰有命令逮捕你！"

"妈的，什么道理！"

你毫不示弱地追问。

他们拿出手令威吓道：

"你是共产党，叛徒，还想分辩"

"哈哈，原来犯了这该死的罪！"

无凭无据也要抓人？

为了找寻叛徒的证据，

他们翻遍了寝室，搜遍了学校。

甚至茅厕之粪也被翻搅。

结果还是一无所获。

"搜不出证据也要把你拉走!"

"难道横蛮不讲理?"

他们一边吆喝,一边嘲笑。

谁跟你讲理,没证据也照样得死!

一个狰狞的灰色动物亮出链条,

睁着满是血丝的眼,神气活现,

"锁!公事公办!"

锁链铮铮响,

你微笑着没半点惊慌,不紧不慢说:

"兄弟,用不着锁嘛!"

同你们一起到县府去就是,

你们都有枪还怕我走脱?

他们终于被你镇服了。

你从容穿上蓝长衣跟他们走,

像被丢在无人荒岛般的孤凄。

焦急间接到你狱中来信,

纷乱、恐惧、阴郁啮咬着我。

谁把你囚入黑臭地狱去受磨?

昨天你还在尽情高歌,

今天却失去自由被套上枷锁。

谈到你遭残酷毒打,

我只有咬牙切齿憎恨。

虽然受到致命刑罚,

你没有屈服,更加坚忍不拔。

你说监狱就是磨炼人的战场,

处境艰难听不到你苦痛嗟伤,

威吓动摇不了你对真理的信仰。

你被解送广州，

受尽残忍拷打，

我半天惊呆在迷雾里，

幼小心灵弄不清这是怎么一回事，

哽塞的喉缝颤出了沙声，

"李先生，你什么时候回来？"

涔涔眼泪潸然流，

禁不住奔放的情感低声啜泣。

你走到我面前温情抚慰：

"孩子别哭，我也许明天就回，

安心回家读书吧，好好听话。"

你就这样被丘八掳走了，

却频频多情地回顾。

我含泪送走你被高墙树木掩没的影子，

没想到这就是永别。

等了一天又一天，总不见你回来，

我真不知偷垂了多少泪，

十个指头被竹针插得鲜血长流，

你身躯被火烙得满是黑疤，

你始终不曾吐出半句秘密。

威吓不成又想把你软化，

用金钱、地位、女人来诱惑，

他们以为你会吃这些香饵，

其实你早看透阴险狡猾的把戏。

死难临头不屈到底，

你的血液里滚动着太阳热流。

老爷们杀人不用证据，

你就这样无辜死于电椅！

"李先生死了！"

噩耗传来我心肝碎裂，

还有什么悲惨的事胜过死别！

饮你血的敌人狞笑了，

威权者要用"更文明的科学方法"，

把"带着劣根"的苗儿杀绝！

啊啊，乖戾的暴君哟，

奴隶们已掘下埋葬你的坟场，

看你还能残蛮到几时？

十二年前的往事埋在我心里，

李先生，你没有死！

多少人正踏着你的血迹前进。

今天，祖国已翻卷起惊涛骇浪！

正在开拓的自由城郭，

那基础是先行者的血肉头颅奠定。

你的壮烈牺牲有着光荣的代价啊，

你的名字深深烙印在人们记忆里。

每当我走到你十二年前工作的地方，

许多中年农民总是围着我，

零碎地谈论你不朽的功勋，

翘起泥污的大拇指赞美你的为人。

说到你那舍己为群的精神，

脸上都肃然升起了亲切的敬意。

提起你被残酷地杀害，

谁不从心坎激荡出忿恨和叹息！

粗大的拳头有力地在空中挥动：

"老李，我们终要为你报仇！"

正义的共鸣在僻陋的角落回荡。

而今你可以安息微笑了，

你在人间播下的种子，

已永生在大众的心田里。

李先生，你没有死，

我看见千万个你复活了！

重压的积忿正在奴隶内心焚烧，

尽管还有人更疯狂狠毒镇压，

但野草永远是烧不尽的

春风一吹，大地又会青葱碧绿！

新生 [1]（1941 年前后）

张志宽

我虽然非常勤劳，

享受却不如大哥小弟好，

吃亏、受气比人多，

常常被看作"赔钱货"。

女人同畜生一样遭出卖，

像囚徒一样被流放。

哪个女人不是吞气忍声活受罪？

哪个女人能冲出封建的铜墙铁壁？

我在羁厄下长天，

自然乖乖地让父母摆弄，

服从那不可知的命运。

小小年纪和一个地主儿子订婚，

从此像被丢进无底深渊！

虚荣地幻想毒蛇般把我缠咬，

青春漂亮的人生，

美满甜蜜的家庭，

恩宠威福的日子。

1　中共广东省委党史研究室、中共东莞市委党史研究室《丹心赋》编委会编：《丹心赋——东江纵队诗词山歌选》，《广东党史资料丛刊》编辑部，1993 年，第 310–318 页。

我偷偷地欢喜、祈祷。

然而，无情的现实和我玩笑，

那地主的产业被时代浪潮冲没了，

田地押卖个精光，

地主死去，未婚夫远出流浪，

只剩下他母亲一人。

消息传来，

我不思茶饭，

一提起便痛苦伤心！

失去终身依靠，

不如死去了好。

父母苦苦劝慰，

哥嫂不当我是什么，

我虽有说不完的苦楚，

却在失望中抱着希望，

也许有一天他会荣归？

十个年头还望不到归人，

谁能忍受这般熬煎？

人人奚落、嘲笑，

只有一个表弟对我好，

来家安慰我还把书教。

家人对他起疑心，

怕我跟他发生不轨。

虽然他没有什么坏行为，

讨厌的流言蜚语已风传，

从此他不再踏进我的家门。

没有了他我是多么寂寞，

只能将他的话常思索：

　"用充实的生活填塞你的空虚，

拿出战斗精神排除苦闷忧虑。"

寂寞中燃起一点温情的火。

一天一天，一年一年，

终于传来未婚夫的消息，

他在外省荣任高官要职，

亲戚们又来和我亲昵，

我还是幻想从云翳中冲出去。

不久婆娘病危，

要我去服侍和冲喜，

父母在眼泪里流出喜欢，

以为从此能把责任交付，

即使不幸也只怪女儿自己的命。

听说要出嫁，

心绪缭乱只想找表弟商量，

可是他去后踪迹渺茫。

我左思右想万分为难，

是服从，还是反抗？

我终被强送到他家，

像搬运货物一样，

从此得遵守"三从""四德"，

女人只有这样乖乖过活，

才能博得人们的好称道。

到他家个把月，

整日将婆娘侍候，

熬过冷寂的夜，

吃尽生活的苦，

婆娘终于病死了。

孤零零，

我在想女人的命运多阴惨，

就像生活在沙滩和荒原。

要逃到表弟身边，

又不知他究竟在何方？

记得是在清明时节，

陌生的丈夫突然归来，

我就这样做了他的俘虏，

他多情地抚慰和温存我。

因为我还年轻漂亮。

他携我到繁荣的都市，

生活异常豪华奢侈。

我渐渐被酥软和陶醉，

学会了奉承和讨好，

全不顾敌机在头上嚎叫。

出入于富丽的宴会，

穿插在高贵的官太太丛中，

温柔的话语使我的心儿融化，

享乐欢愉令我销魂动魄，

谁还想过去的忧痛伤悲。

浪漫的时分，

也常充溢疲倦的沉闷，

包裹着烦躁无聊的气氛。

一肚子莫名的郁闷，

在烟酒纵欲中发泄。

丈夫渐渐对我冷淡，

忧戚中复燃了我对表弟的思念。

怎能够这样三心两意啊，不，

女人应该只懂得服从，

破廉耻的念头是罪恶。

我知道他在做狡猾的欺骗，

对我的态度巧妙地改变。

常托词公事忙碌，

在外边不回来，

自然是花天酒地去买醉。

有一天寻到他的下落，

果然已经跟娼妇同居。

我气愤得发疯一般，

一边怒骂一边痛哭流涕。

我的冤屈竟遭一顿毒打。

他提出要与我离婚，

我像是被摄去了神魂，

在这陌生的异地，

谁能为我主持公道？

薄幸啊，可恶的人情！

思念遥远的故乡，

思念爱我的父母，

思念深情的表弟。

我被迫离婚，

从此踏进不幸的门槛。

"依靠别人生活是死路，

要生存还须自己流血汗。"

迷途中忆起表弟奋勉的话，

鼓起我很大的勇气，

投入到战时救护队去。

我已抱定坚决的意志，

脱掉荒淫无耻的外衣。

颓唐的日子教人堕落，

我从彷徨失望中醒觉，

要做一个真正的人！

受过几个月训练，

预备到各地去实践。

但市区遭到空前轰炸，

急需一批救护人员，

我们一群姐妹立刻行动起来。

楼房幢幢被炸塌，

砖瓦和着血肉飞溅，

救命声尖叫呼喊，

碗大的伤口喷着血，

到处是血肉模糊的死尸。

一听"警报"便四处救护，

亡命地搬运受伤的市民，

全身都带着血腥，

谁也没有小姐似的娇气，

日夜奔跑，忘形穿插。

金色的太阳照耀行列，

我们挺胸高声歌唱：

"谁愿意做奴隶，

谁愿意做马牛。"

怀着热烈心情出发上前线。

枪声炮声震荡耳鼓，

烽烟滚滚把伤兵接送。

我将生命交给了祖国，

从腐败走向新生，

热血鼎沸奔腾！

一天从火线运来的伤兵中，

我忽然发现了表弟，

他重伤昏迷不醒，

无论怎样呼唤，

他都认不出我是谁。

我泪如泉涌，

惊慌无比，

肝胆俱裂，

呆呆伫立，

失魂落了魄。

一个昼夜后他渐渐苏醒，

我那迷乱的心放出光明。

对着他痴痴地微笑：

"明弟，你认识我吗？"

他愣愣地看着我迷言不语。

我几乎又要哭了：

"你真认不出你的表姊了吗？"

慢吞吞，他喉间发出了颤音：

"啊，芳姊，

你……怎么，来到这里……"

病室充满可怕的呻吟，

散发着浓烈的恶臭血腥。

我看他伤势太重，

怕他过于兴奋难过：

"好好休息吧，我要去工作……"

虽然我尽力抑遏自己，

还是忍不住跑到他面前，

默默地拉着他的手。

他脸上露出倔强的喜悦：

"芳姊，是不是从家里逃出？"

我详细叙述一切，

浑身的血液急速滚流。

他艰难地握紧我的手：

"啊，这才是中华儿女，

这才是妇女解放的出路！"

焦虑地期望着好转，

伤势却越来越重，

他气喘喘说不出话，

一天昏迷好几次，

我的心惊乱难定。

"老明太勇敢了，

次次都是打前锋……"

"他是'老模'英雄……"

伤兵同志告诉我许多情况。

我知道他伤势很难再有起色。

窗口射进微弱的阳光，

照在他骨突紫黄的脸上，

我麻木地坐在床沿，

外边吹来阵阵冷风，

他慢慢撑开眼缝又无神地垂下。

"芳姊，要在艰苦战斗中新生！

啊，我死后，死后……"

话没说完嘴角已经僵硬，

"啊，明弟，你……"

我抱着尸体狂吻。

前线的战事越来越吃紧，

难民像洪水向各地逃奔。

仇恨在我胸中燃烧，

敌人杀死我的明弟，

杀死我千万同胞！

血的教训永记不泯，

我要为民族解放献身，

痛苦虽时时把我折磨，

我要争取妇女的光荣，

从此在战场上求永生！

囚徒之歌 [1]

张志宽

坚厚的堵墙，

透不进一丝太阳。

发霉的空气，

恶劣，腐湿，

沉闷，醒醍……

生锈的锁链，

套在疮疥的身上，

皮肤在溃烂，发臭。

脓和血粘在一块，

苍蝇，蚊蚋，

病菌，虱子……

做了最亲密的朋友！

而今，我只剩下

一把嶙峋的骨头。

忿怒溢满心头。

谁把我们囚轭到死地？

谁剥夺了我们的自由？

黑暗吞蚀我们，

不知春不知秋！

每天只喝到几口冷水，

咽着砂拌谷的粗饭。

1　张志宽：《张志宽烈士遗诗·野草集》，武汉大学出版社，1990年，第190-192页。

那些掠夺我们财产的疯狗，

那些强奸我们妻子的野兽，

却逍遥、快活、优游。

我憎恨，我诅咒！

再也不能忍受，

要冲毁这铁栅牢狱！

听，外边脚步轻快，

那娇嫩的女嗓音，

挑动我寂寞的心。

我要像飞鸟一样高唱，

我要把宝贵的青春贡献！

扭断铁的锁链，

撞倒铁的高墙，

外边有鸟语花香，

外边有灿烂温暖的太阳。

爱自由的弟兄们哟，

联合起来！

我们不怕损失什么，

损失的只是奴隶的锁链。

难道爱自由就是犯罪？

不！

我们要

将这不合理的存在粉碎！

夏竹园交通联络站 [1]（1941）

陈觉

不管风霜雪，终夜常独行；

徒步百数里，翻山越野征。

任务一声到，确保事竟成；

强渡封锁线，铁脚猫眼睛。

两手都准备，旌门防背径；

万一敌情变，应急智果明。

军次宝安西乡 [2]（1943）

陈觉

米珠薪桂悯苍生，梓民百姓拔剑争；

魔鬼肆意淫荼掠，豺狼凶焰毒狞狰。

全区军民反"扫荡"，漫野松浪挂铜钲；

东纵战帜迎风舞，战地黄花笑颜盈。

挽三洲田牺牲烈士 [3]（1943年9月）

倭寇腹背两相煎，正义为民杰率先。

矢斥头颅无反顾，丹心青史伴蓝天。

1 中共惠阳地委党史研究小组办公室、中共惠阳地委党史资料征集小组办公室编：《东江革命历史诗歌选集》
（一），内部资料，1983年，第12页。
2 中共惠阳地委党史研究小组办公室、中共惠阳地委党史资料征集小组办公室编：《东江革命历史诗歌选集》
（一），内部资料，1983年，第13页。
3 中共惠州市惠阳区委党史研究室编：《东江之子——怀念高健同志》，中央文献出版社，2004年，第401页。

香港沦陷回粤东途中感怀 [1]（1942）

何香凝

水尽粮空渡海丰，敢将勇气抗时穷。

时穷见节吾侪责，即死还留后世风。

流亡杂诗 [2]（1942）

柳亚子

一姥南天顾命身，千魔万怪敢相缨？

劫余仍遣同舟济，揽辔中原共死生。

无粮无水百惊忧，中道逢迎舴艋舟。

稍惜江湖游侠子，只知何逊是名流。

将去兴宁石马，留别张华林、陈宛聪夫妇 [3]（1942）

柳亚子

十日流连醉梦间，君家情话最缠绵。

授餐适馆寻常事，难得樽前一破颜。

仙侣刘樊共唱酬，三生福慧羡双修。

解衣推食寻常事，一笑樽前破万愁。

别谢一超、蓝奋才、袁嘉猷、连贯 [4]（1942）

柳亚子

复壁殷勤藏老拙，柳车辛苦送长征。

须髯如戟头颅贱，涉水登山愧友生。

---

1 中共广东省委党史研究室、中共东莞市委党史研究室《丹心赋》编委会编：《丹心赋——东江纵队诗词山歌选》，《广东党史资料丛刊》编辑部，1993年，第102页。

2 中共东莞市委党史研究室：《东江纵队历史诗歌选》，内部资料，2013年，第30、31页。

3 中共东莞市委党史研究室：《东江纵队历史诗歌选》，内部资料，2013年，第34页。

4 中共广东省委党史研究室、中共东莞市委党史研究室《丹心赋》编委会编：《丹心赋——东江纵队诗词山歌选》，《广东党史资料丛刊》编辑部，1993年，第142页。

协助东江纵队 [1]

廖安祥

卢沟事变起，抗日总动员。

惠阳青年会，一马争当先。

组织回乡队，叶锋与刘宣。

十月十日夜，敌进大亚湾。

侨胞闻噩讯，救乡不迟延。

廖公驻香港，曾生回坪山。

组织游击队，训练无空闲。

群众齐拥护，华侨钱支援。

部队买物资，由我运坪山。

队员日日增，编成战斗连。

处处打敌伪，卫国保家园。

队伍大发展，壮大要改编。

成立东纵队，战士有几千。

曾生任司令，林平政委员。

人多力量大，总队驻坪山。

抢救何香凝老太和廖公 [2]

廖安祥

连贯有指示，任务要我帮。

西环偷渡海，先到九龙坊。

情况很紧急，健行等同往。

找到尹林平，奉命再回港。

海面被封锁，两日找艇忙。

1　中共广东省委党史研究室、中共东莞市委党史研究室《丹心赋》编委会编：《丹心赋——东江纵队诗词山歌选》，《广东党史资料丛刊》编辑部，1993年，第224页。
2　中共广东省委党史研究室、中共东莞市委党史研究室《丹心赋》编委会编：《丹心赋——东江纵队诗词山歌选》，《广东党史资料丛刊》编辑部，1993年，第225、226页。

后到红磡地，敬记有船往。

大家争过海，五元落船舱。

船刚到半海，日寇连放枪。

被迫停船等，蜂拥登船上。

人人心胆颤，战刀两尺长。

换艇赶人走，人多水进舱。

爬登海石上，整日晒太阳。

无粮又无水，饥渴苦难当。

晚上再冒险，偷渡到香江。

上级通知我，修船把人藏。

我嘱刘水福，船泊避风塘。

廖乔连先走，何柳留船舱。

早上送过海，林平找地方。

越过西贡道，接应黄冠芳。

渡海沙鱼涌，部队来护航。

爬山又越岭，茜坑转惠阳。

直到水东街，住宿福昌行。

再说何老太，全家住船舱。

水福招待好，奉侍如亲娘。

我派船来接，柳亚子同往。

冲过封锁线，一超任护航。

先到长洲岛，直驶向东方。

海陆丰登岸，全家庆安康。

柳亚子赠诗，赞我有文章。

翼群接老太，送她到曲江。

家住黄田坝，泥坯竹织房。

日军常来炸，好在住山岗。

袭击日寇后从海上转移 [1]（1942）

谭天度

海洋万里接天齐，漫漶乌云压首低。

月黑浪花翻似雪，风高帆影去如飞。

沙场交锋犹历历，战士兴发笑嘻嘻。

游击生涯天地阔，无分早晚与东西。

夜过梅花尖 [2]（1942）

谭天度

巍巍一柱独擎天，耸立海隅不计年。

朝代兴亡应有故，英雄成败岂徒然。

敢撄强暴凭风骨，能负艰危仗铁肩。

正值国家多难日，坚贞应似梅花尖。

阳台山之春 [3]（1942）

袁水拍

离别那绿色的港湾，

在那战争的春天。

啊，在游击区里相会。

相会在祖国山间。

人们种菠萝又打仗，

放下长枪就下田。

打得法西斯叫饶命，

长得菠萝甜又甜。

1　中共广东省委党史研究室、中共东莞市委党史研究室《丹心赋》编委会编：《丹心赋——东江纵队诗词山歌选》，《广东党史资料丛刊》编辑部，1993年，第222页。
2　中共广东省委党史研究室、中共东莞市委党史研究室《丹心赋》编委会编：《丹心赋——东江纵队诗词山歌选》，《广东党史资料丛刊》编辑部，1993年，第222页。
3　中共东莞市委党史研究室：《东江纵队历史诗歌选》，内部资料，2013年，第32、33页。

这里是革命的故乡，

澎湃的英名传四方，

想那年行军饮马尿，

抱着枪轮流睡觉……

打游击还要办学校，

教育妇女和儿童，

穿过铁路去袭击，

敌人封锁有何用？

黑暗是他们的仇敌，

自由，他们最最爱。

蜜蜂在屋檐下酿蜜，

战士帮乡女磨米。

记得山中的分别吗？

白李花开满田边。

年轻而勇敢的人们，

好像还在我眼前……

作于 1942 年春·宝安白石龙游击区

红棉花 栗色马 [1]（1943）

杜埃

暮晚，

踩着泥泞，

像无声的列车，

奔向荒原。

矫捷的，

你果敢的人民之子啊！

在凶残的法西斯铁蹄下，

---

1 中共广东省委党史研究室、中共东莞市委党史研究室《丹心赋》编委会编：《丹心赋——东江纵队诗词山歌选》，《广东党史资料丛刊》编辑部，1993 年，第 267–273 页。

应毛泽东同志的号召——

揭竿而起。

百劳鸟,

叫出了兴奋的噪声。

滚滚的东江河,

为子弟兵翻腾。

记得吧!

南国的,

闪耀着红棉花血光的,

暮春三月的夜间,

你骑上一匹栗色壮马,

引着铁行列,

疾走荒原。

第二天,

朝露湿透了军衣,

你单骑回来了,

欣然自信地说:

    "一切布置好了,

敌人决难近前。"

于是,

你策着马股,

转向另一阵地驰奔。

那时——

你们的队伍,

还是初生的幼儿,

艰苦地哺育,

同战士们捱着七分二钱一天伙食;

你和你的助手,

按照党的要求,

不懈地进行教育，

为的是达到一支政治军队的水平，

好继承老一代无产阶级革命者的传统。

你们打开了祖上的谷仓，

解决了几百战士的军粮。

你们以少数的部队，

几次战胜了强敌，

人民武装的名字，

像春潮，

给耕耘的人民带来希望。

你们的人马，

像一把火，

在整幅的大地上燃烧。

三月，

莲花山脚的斜坡上，

热情的鹧鸪啊!

不歇地啼唱。

我打从另一个游击区转来，

路过你们根据地，

我发现了，

四野的金银花

在怒放。

啊!

你和你的人马，

活跃在春日里，

焕发容光。

你走前来，

拥抱了我，

奥呀!

你的手膀那么有力。

你说部队正在强壮，

我们的根苗在生长，

有了军医院和兵工厂，

还收容了俘虏。

最后你还教我打枪，

然而，你却带着老伙伴的口吻：

"你拿笔要比拿枪强。"

噢，你是多么爱开玩笑啊！

正如你我有一次被一位冒牌的"爱国人士"邀去赴宴时一样，

你在席间对着我眨鬼眼，

嘲讽那位"抗战官僚"。

西山挂起斜阳，

敌机已经匿迹，

你说正好就道。

我向你握别，

而你说要送我一支笔——

你所意味的一根枪。

但是，不久我要踏上更遥远的征程，

当时急于启行，

你听了，来不及送笔，

却意味深长地捎来了口讯。

后来，你们的队伍——

一支由毛泽东军事思想哺养成长的南国人民武装，

却受到国民党"磨擦"部队的包围，

你们被迫把队伍撤向山地。

那时候，多少支笔在为人民的抗日军队呼吁，

多少人在惦念着你们。

然而，结果，

你们带领队伍为执行自卫而粉碎了反动派不轨的企图，

还接受了两连国民党起义军参加了你们的队伍。

人民武装在光辉地壮大着，

就在那时，为了反法西斯战争的神圣事业，

我辞别了祖国的南疆。

1941 年 12 月 8 日，

日寇发动了太平洋侵略战。

刹那间，

海洋掀起了大风暴，

马尼拉、新加坡、雅加达、河内、西贡和珍珠港……

全被推进血泊中；

香港展开了市街战，

全世界注视着中国的八路军、新四军也注视着党付托你们所带领的南国人民武装。

迫近了九龙，

正待援救燃烧中的香港，

但当地统治者出于某种动机，

竟然停止了抵抗。

这一次虽没有成功，

人民军队的名字却显得更辉煌。

你们的队伍奉党的命令掩护人民从港、九撤退，

抢救出了多少的爱国人士、

进步文化人和英美法印等国侨民；

多少的青年、工人、店员、妇女，

在人民军队的保护下，

撤离了被日寇侵占的香港，

到达了解放的东江，

加入了铁的行列。

在希特勒匪军向斯大林格勒疯狂进攻，

在日寇发动血腥的太平洋侵略战争中，

在世界战局面临最艰苦的日子里，

中国的八路军、新四军，

在毛泽东的统帅下，

紧密配合国际反法西斯战争，

不断出击，

建立战功，

你们带领的南国人民武装，

也军威大振，

在动乱的岁月中顶天立地，

像那倔强地挺立南国天空的英雄树一样。

一年、二年，

整整两年了，

法西斯横断着海洋，

祖国和海外完全隔断，

但是，还得谢谢敌人，

在乌云滚滚的太平洋上，

给我们带来了第一次讯息。

1943 年 12 月 30 日英文伪《论坛报》上：

"皇军向八千共军进攻

扫荡中共在粤之'温床'。"

啊！

人民武装建立了五年，

在战斗中发展了五年，

敌人还在声嘶力竭地叫嚷"扫荡"，

多可怜，

就像你们俘虏的那个日本哑兵一样慌张……

多"文雅"的譬喻，

就像强盗踏进婴儿室，

狂喊着：

"捣毁那'温床'！"

你们又战斗了两整年，

一定的，你们的队伍更加壮大了，

根据地正不断向着四面的敌占区扩展；

你们举起的不灭的火炬，

愈来愈照亮了广阔的大地。

它是不可击破的力量呀，

它使得一切的敌人越来越加坐卧不安。

敌人妄图毁灭人民的堡垒，

这是可能的吗？

容许吗？

——那澎湃着的东江，

容许吗？

——那万人筑成的铁城墙。

你曾说：

"任凭偌大的风暴也不能把它摇荡！"

啊！红棉花，

你辉耀着 12•11 广州公社血光的一朵南国奇葩。

啊！红棉花，

你是斗争的最美的标志呀！

记得吧！

南国的——

闪动着红棉花泪光的、

骚动的、暮春三月的夜间，

你骑上一匹栗色马，

引着铁行列，

疾速地奔向荒原。

可曾想到：

脚下的荆丛地，

播下的红色种子，

如今遍地开满了花！

作于 1943 年 12 月 30 日深夜·马尼拉市

红小鬼赞 [1]

李苏仁

好孩子，离家乡，

年纪虽小志气高，

不怕山高路遥。

献身拯救祖国，

参加东江纵队；

他担任首长的通信兵，

他担任首长的保卫员。

他在行军途中，

常替伤病的战友。

背负行装和枪弹，

并肩走在队伍中间，

助人为乐的红小鬼真能干。

红小鬼，在前线，

穿枪林，冒弹雨，

传达命令，百无一误。

假作看牛郎，

深入虎穴，侦察敌情；

神出鬼没抓俘虏，

胜过雄鹰抓小鸡。

日军，顽军，

看见红小鬼，

---

1 中共东莞市委党史研究室编：《东江纵队历史诗歌选》，内部资料，2013 年，第 55、56 页。

吓得魂飞散。

咱们的红小鬼，

人人爱，人人赞。

发誓 [1] （1944）

蔡子祺

漫天烽火，

倭寇逞凶；

亿万同胞，

灾难深重。

能忍受吗？

不！一万个不！

我发誓：

拔掉那可恶的膏药旗！

作于1944年9月·东莞

无题 [2] （1945）

徐毅平

人间遍生死，

何须为此悲。

若为事业计，

蹈火亦不辞。

作于1945年端午节

1 中共广东省委党史研究室、中共东莞市委党史研究室《丹心赋》编委会编：《丹心赋——东江纵队诗词山歌
选》，《广东党史资料丛刊》编辑部，1993年，第340页。
2 中共东莞市委党史研究室编：《东江纵队历史诗歌选》，内部资料，2013年，第58页。

进击 [1] （1945）

蔡子祺

在那遍布古藤荆棘的小道，

在风里，雨里，

翻山，越岭，

袭击敌人！

夜老虎

谁敢阻拦？

"萝卜头""呵呵鸡"

闻风丧胆！

银光闪闪，

雷声隆隆，

头戴五角帽，

身穿列宁装的战士

浑身是胆，

无畏向前！

山峰啊，巅连起伏，

峡谷啊，迂回深险，

都挡不住我们勇猛进击！

作于 1945 年·东江

深夜军号响 [2]

金帆

薄雾迷山谷，残月落松林。村里地板上，睡满远征人。

深夜军号响，惊醒千重门；扑去身上土，谈笑急行军。

1　中共广东省委党史研究室、中共东莞市委党史研究室《丹心赋》编委会编：《丹心赋——东江纵队诗词山歌选》，《广东党史资料丛刊》编辑部，1993 年，第 340 页。
2　中共广东省委党史研究室、中共东莞市委党史研究室《丹心赋》编委会编：《丹心赋——东江纵队诗词山歌选》，《广东党史资料丛刊》编辑部，1993 年，第 292 页。

夜行军[1]

金帆

月明星云稀，风吹柳树低。

队伍默默走，山村公鸡啼。

红军北方来，健儿去会师。

何时东方白，望见大红旗？

露宿山边[2]

金帆

高高山脚下，潺潺小河旁；稻草当棉被，枯叶作眠床。

白天行军苦，夜晚梦魂香；醒来红日照，始惊满身霜。

新绿的土地[3]

金帆

看我们终于来到这里了！

终于由那魔鬼统治着的土地，

来到这新绿的土地了！

——好呵！那在前面的路上，

躺着的春天的太阳；

好呵！我们心头的

像朝阳一样鲜红的微笑。

你，新绿的土地，

你是中国青年的恋人：

今天，你张开你这新生的胸脯，

---

1 中共广东省委党史研究室、中共东莞市委党史研究室《丹心赋》编委会编：《丹心赋——东江纵队诗词山歌选》,《广东党史资料丛刊》编辑部，1993年，第292页。

2 中共广东省委党史研究室、中共东莞市委党史研究室《丹心赋》编委会编：《丹心赋——东江纵队诗词山歌选》,《广东党史资料丛刊》编辑部，1993年，第293页。

3 中共惠州市委党史办公室编：《东江革命历史诗歌选集》(三)，内部资料，1990年，第15-18页。

你这铺着绿草的胸脯，

你这田野上播着种子的胸脯，

你这开满着红的、白的、蓝的、紫的、

我不知道叫它什么名字的花儿的胸脯，

你这曾经给敌人践踏过、

又由勇敢的同志解放了的胸脯——

用你这春风温暖的手臂，

来迎接我们，拥抱我们，

来拂我们的头发，来抹我们的眼睛，

这眼睛曾看见许多同志的血染在屠伯的刀上，

——那满身带着腥污的屠伯；这眼睛曾为了渴望看见你，

焦灼着而滴过眼泪……

昨夜，我们在旅途中，

那阴湿和黑暗的床上，

做着被人追逐的噩梦；

今朝，我们这生泡的脚底，

便吻着你这春天的泥土，

——早安，你负着锄儿，

在田野间播种的庄稼汉；

早安！你胸前插着铅笔，

坐在路边守望着行人的自卫军；

早安！你握着发亮的枪支，

站在岗上放哨的同志；

——同志，你们真辛苦呵！

同志，到司令部还有多少里？

同志，别笑我们，

我们这些从后方来的青年男女，

哇哩哇啦，手牵着手，

唱着跳着的孩子气：

同志，你们的手多粗，

你们用这握过型犁柄的手，

握着这枪支，保护着解放的土地和父母儿女兄弟姐妹。

早安！同志！

那在远远的山边，那草场上，

集合着的队伍——又要出发吗？

出发到那山峦的后面，

那罪恶鬼子住着的地方；

今夜，他们便带着胜利回来，

每人肩上都背着双支枪杆。

那在前面挑着担子的老百姓，

像我们一样向着司令部走去的，

他们担的都是同志们埋伏在路旁，

从敌人的运输队那里缴来的战利品吗？

是的：有药、有布匹、有罐头食物，

有子弹，有短枪，有涂满字的太阳旗。

祝福你呵！你睡在禾草的地板上，

嚼着粗饭和青菜的青年学生，

今天我们也像你们一样由后方来了，

带着爱与恨的血液，

大踏步地走来，笑着走来了！

看朝阳照红我们的脸孔呵！

看朝阳照红这新绿的土地上，

春天广阔的道路呵……

队伍 [1]

金帆

妈妈，快出来，

快到这大门外来，

来看前面路上的队伍，

那么长，那么多的人！

一个跟着一个，一队跟着一队，

由那边的山脚，走到这边的山脚，

由这条村走到那条村。

妈妈，放下你洗着的碗儿，

快到这禾坪上来呵！

这禾坪上你的宝宝和许多人在站着，

站着观望前面路上的队伍，

队伍中的人也好像在向我们望；

他们的眼睛像许多大星，

他们的嘴角笑得像花儿，

他们背上的枪，沿着大路，

闪成一条长长的电光。

妈妈，快出来，快出来看！

你看，队伍中有许多小娃子；

他们还这样小呢，他们！

他们也会保家乡，打鬼子？

他们还像坪上的小学生呢，他们！

他们腰间挂着短枪，多神气！

他们还走在前面，走在前面呵！

你看，他们的脚像生着翅子。

还有，还有那些姑娘们姐妹们，

---

1 中共惠州市委党史办公室编：《东江革命历史诗歌选集》（三），内部资料，1990年，第18~21页。

也走在队伍中，一群又一群，

都在卷起了裤管，不像女人，

露出嫩嫩的脚腿，穿着草鞋；

哦！一个姑娘在路上跌了一跤，

她哈哈地大笑，从地上爬起，

扑扑胸前的泥尘，端正了背上的包袱，

又飞起双脚向前面跑上去，

跑得头发像天上的一朵云，

他们要到那里去？

——他们！

他们这样多的人走在路上

——他们！

快出来，妈妈，快到这大门外来，

快来听他们的唱歌：

男的，女的，一齐在唱歌了呵！

唱着"当兵好""游击队"的歌呵！

歌声这么响亮，像一把火呵！

妈妈，三叔公在你宝宝的身边

下价山指手画脚地向大家说，

他说，他们就是游击队呢，

是保护我们老百姓的游击队呢；

前次鬼子来村中抢东西，

把陈伯伯的房屋烧成两扇壁，

以后在山脚把鬼子打得，

像鸭子一样大声地逃走的，就是他们。

叫我们去退租退息，说耕田人，

应该有饭吃的，就是他们；

就是他们，叫我们选自己的官

说衙门内坐的应该是老百姓的仆人；

就是他们，就是这队伍，

这对老百姓像亲人一样的队伍，

连老百姓的一片菜叶也不敢摘的队伍。

你看，妈妈，你看！

你看陈大嫂担着两桶茶，跷着脚，

跷着脚，担到大路上去慰劳；

哦！那些小娃兵，那些姊姐兵，

由身上解下口盅，一边走一边喝茶，

喝得脸孔像朝霞一样红艳。

快出来，妈妈，快出来看前面的队伍，

快出来，妈妈快出来听他们在歌唱。

他们唱"我们的队伍多么长！"

他们唱"我们的队伍到处有！

野火大会 [1]

金帆

同志们，到山上

去砍干柴呵！

今夜我们要开野火大会。

黑夜由乌云上跳落，

霸占着山谷中的田野；

我们在田野上生起了火，

我们又把黑夜赶走。

熊熊的火焰在田野燃烧，

伸出无数红色的大舌头，

照着四面同志们的脸孔，

那大的，圆的，长的，扁的脸孔，

---

1 中共惠州市委党史办公室编：《东江革命历史诗歌选集》（三），内部资料，1990年，第22—24页。

照着女同志美丽的眼睛，

照着小鬼们笑着扯开的嘴唇，

照着政委那严肃和快活的脸孔，

照着支队长那短短的跛手，

照着战士们坐着用双手抱住的，

靠在肩上的一排排枪刺……

一个女同志站在火焰前面，

她的牙齿也映成红色，

她的歌声绕着火焰飞翔，

她唱得脸孔像火焰一样；

接着两个小鬼由人丛中跳出，

在火焰前面学猫叫，互相扭打；

接着政工队的那个胖子装成地主哀求佃户；

接着支队长和政委从座位被人拉出，

站在中间做一对年老的夫妻。

老婆说："你要去哪里？"

老公说："我要去打游击。"

老婆说："你不久就要入黄土了。"

老公说："我可以剃去这长胡子，

我活了六七十年，

最后几天也要学个青年翻个身。"

于是老婆在抹着眼睛，

于是老公——忽然跑回他的座位上去。

笑——像火焰一样，

笑——跟着掌声跑到山顶上。

同志们，今夜我们开野火大会，

同志们，来听指导员讲故事，

讲二万五千里长征，

讲大渡河上的铁索桥，

还有，讲我们的战士陈世风，

前月他摸入敌人的哨兵站，

黑夜中带回两个人头……

我们的笑叫黑夜颤抖，

我们举着火把回去，唱着歌；

天将黎明，我们又要起来呵，

去袭击河边的敌营。

女中队长李玉珍 [1]

金帆

"金同志，我认你做哥哥，好吗？

王政委和好几个同志都认我做妹妹呢。"

——我说："好，

全中国的好人，

都是兄弟姐妹。

但是，你看，

你的头发剪得这样短，我还是认你做弟弟。"

"哦，是呵！那一年，

我去香港，

我的头发也像现在一样；

有一天，我去女厕所，

吓得那里的女人一齐跳起：'怎么你这个男子！'"

"我，生长在北方，

没有了爸，也没有了娘；

抗战前我在昆明做女工，那时我还是小娃子；

以后我参加到这东江纵队，做着打杂的事情；

以后我又做卫生员，

---

1 中共惠州市委党史办公室编：《东江革命历史诗歌选集》（三），内部资料，1990年，第24—28页。

常常跟着同志在前线，

背着包袱，背着救护箱，

爬山越岭我跑得一样快：

这样，我渐渐学会了打仗，

于是有一天，我向上级说：'把枪给我吧！我不干卫生员。'"

"我的丈夫是个特务长，他死时我也不知道。

他对我很好，但是，真讨厌，

我常常要跟他吵架。

他是给鬼子干掉的，那时，我们不在一处工作：

我没有流很多眼泪……

流什么呢？应该记着的，

是他的血。"

"我想，我们女子，

也与你们男人一样有能力；

那些要想把女子当作牛马的，

呸！我要向他脸上吐口水！

是的，我很穷，没进过学校，

参加到部队后才认识几个字：

我现在又要去干校读书，希望以后变得更加有用；

革命要我做什么，我就做什么，

要我的命，好，拿去！"

"金同志，你恨那些反动派么？

我恨他们好像恨鬼子一样！

因为我看见大多同志的血：流在他们的手上。

你问她——周同志，

她是东移时给反动派抓去的，

许多同志在狱中死了，

只有她几个人出来，出来时样子真像鬼。

——为什么？自己中国人！"

"记得有一次我受了伤，

就在这里，这大腿上，

我在河边的芦苇中藏了三天，

听着鬼子在路上一队一队地走过，

把皮鞋踏得嗒嗒地响；

没有人知道我，以为我死了，

直到第四天，一个同志才发现，

把我抬到农家，医了四个月。

——金同志，如果有一天我战死了，

我希望有一个人能替我，

作一篇传记。"

——我说："好!

但现在你应该活!

革命需要你，人民需要你，

中国的女子需要你，

大家会记着你的。"

农抗会长 [1]

金帆

阿汉仔把筷子放下

就去拿壁角放着的笠帽；

老婆站在厨房门边，用油污的围裙抹着双手。

"怎么? 又要走了?

饭团还在喉咙!"

阿汉仔是农抗会长，

他每天都很忙。

那一天，鬼子打进乡村，

1　中共惠州市委党史办公室编：《东江革命历史诗歌选集》（三），内部资料，1990 年，第 28–38 页。

连一只小鸡也被抓尽，

大家都躲到深山中，

睡在干树叶上受冻了三夜；

直到游击队打来，

把鬼子赶走，才叫回他们。

好呵！游击队真会打仗！

好呵！游击队处处为老百姓设想！

于是，阿汉仔，阿汉仔，

便被自己耕田佬选为农抗会长

阿汉仔是个结实的汉子，

年纪才不过三十左右；

二十多年来，他用手用脚，

插在田野的泥土里面；

泥土中长出了青绿的禾苗，

禾苗上结成了金黄的谷粒；

但谷粒却担到地主的家中，阿汉仔只好常常扎紧肚子。

阿汉仔的爸爸是个老实人，

在田野上爬了一生，

他死时没有棺材埋，

那时阿汉仔才十几岁。

接着妈妈又跟着爸爸的足迹，两脚一伸，抬到山岗上去。

阿汉仔记得，妈妈临死时

曾抽着一丝气向阿汉仔叹息："唉！阿汉仔，我们耕田佬，

难道永远要受苦？"

阿汉仔，现在是农抗会长，

阿汉仔，别了老婆走在石子路上，

他要到乡政府去见乡长，商量借种了来给大家开荒；

想起妈妈的话，他便喃喃地说：

"不！现在我们要翻身！"

他记起那天开大会，

讨论"减租减息""退租退息"的情形：

那一天，草场上的人真多呵！

那一天，草场上到处都是人的海呵！

那一天，全村的人都锁上家门

集合在草场上来讨论自己的事情；

妈妈抱着孩子，孩子拖着妈妈，

老伯伯扶着手杖，老婆婆捶着弯背，

年轻的人挥着泥浆的手臂，

一群一群地在那里涌来涌去。

那一天，部队的陈同志也来了，

那一天，乡长也来了，

——乡长带着全村的地主慢吞吞地步入草场，

那些地主额角上闪着汗光。

当陈同志和乡长站在台上，

宣布开会，说为了打日本，

大家应该肚子饱，所以今天在这里，

地主和佃户都要和和气气来讨论，

讨论一个好办法，两方都公平。

于是一个地主站起来，捧着大肚子，

说穷人所以穷，没有饭吃，

是因为我们懒惰，不晓得勤俭；

接着一个地主又站起来，摸着下巴，

说耕田佬应该多多地感谢地主才对，

因为耕田佬是地主养活的，

因为如果他们没有田给大家耕，

大家哪里会有米汤落肚子？

呸！许多耕田佬听了便吐着口水，

呸！许多耕田佬都争着起来诅咒，

诅咒地主是只会吃喝的肥猪，

只会坐在花厅中，抱着小老婆；

诅咒去年借了一担谷，

今年要还两担五。

那一天，阿汉仔的血尽往脸上潮，

那一天，他的心在胸脯怦怦地跳……

第二天，黑牛就去廖均伯家中，

担着谷包，要按照昨天双方议好的办法，

去退回他们的租谷；

第一次去，廖均伯关起新屋的大门，

说他赴圩去了，不在家里；

第二次去，廖均伯派人出来，

说他已经没有谷了，他的谷，

早已粜光，下季再打算；

第三次去，廖均伯叫黑牛进去，

把手指狠狠地点着黑牛的额门，

叫黑牛要小心自己的脑袋，

如果那一天到来："你们不得势的时候！"

黑牛只好空手回来，不敢出声，

把谷包挟在腋下，没精打采——

耕田佬素来无势力，被人欺负惯的。

但阿汉仔是耕田佬的头儿，

他站在禾坪上，四面是耕田佬，

大家挤拢来，问："怎么办？"

大家哭丧着脸："农抗会长，怎么办？"

阿汉仔，他的眼睛扫射着大家，

像铁锤打在铁板上，他坚决地说：

"去！我们大家一齐来去！

一齐去廖均伯的家中，地主的家里！

去！男的，女的，老的，少的，

所有的耕田佬都一齐来去！

担着谷箩来去，背着谷包去，

锁上房门，连孩子也背去。

如果地主不给，好，就住在他们家中，

叫他们煮饭给我们吃！

那米原是我们的血汗。"

于是耕田佬呼啸着，像潮水一样，

漫山遍野向地主家中涌去，

于是，廖均伯的新屋的周围，和大门内，祖堂中，都挤满了人，

站满了愤怒的耕田人。

"退租！退租！"一个响亮的

由人海中冲出——可怕的声音！

廖均伯吓得脸色像纸板一样，

终于打开楼角上的谷仓！

阿汉仔是耕田佬的头儿，

他带着大家由廖均伯家退到别家地主；

那夜，耕田佬阴暗的房中，

第一次出现愉快的笑脸；

那夜，耕田佬黑暗的门前，

忽然闪出一条光辉的道路；

那夜，阿汉子高兴地咬着老婆的耳朵，轻轻地说：

"我们的日子就会好起来的，

愿你明年生个胖娃子。"

阿汉仔走到那家，那家就有，

温暖的茶，和亲切的眼睛；

他知道，他现在正做着

为大家翻身的事情。

一次，邻家的何老伯飘着白胡子，

去访问阿汉仔的那个破泥屋；

他看见阿汉仔正在跟一位女同志在讲道理，

两眼闪着光辉；那位女同志站起来，伸出大拇指：

"阿汉仔，真有种，硬当当的！"

有一夜，全村的青年，

集合在祠堂中，要成立自卫队；

本来廖家，陈家，杨家的那些地主，

白天曾满口答应拿出枪支，

因为自卫队是保护大家的家乡，

有钱没钱都一样怕鬼子来抢；

但那夜，地主忽然变价了，

推说有事，不来开会，

（一定有奸人在捣鬼）

弄到大家头上像洒了一盆冷水，

你望我，我望你，没有表情。

渐渐胆小的溜出祖堂，说去小便，

有的交头接耳，蹲到壁角，

看看开不成会，组不成自卫队。

阿汉仔，他走来站在大家面前，

阿汉仔，他恨得切着牙齿，

他骂胆小鬼只配洗老婆的尿裤，

他说大家应该有一根穷骨头，

于是，他握紧着拳头愤怒地向台上击去：

"就是他们有钱人不肯来，

我们穷人也要干！"

于是，他第一个把自己的名字签到自卫队的报名册上去，

于是，几十个粗黑的手争着去握签名的笔。

阿汉仔，他是耕田的头儿，

阿汉仔，他带着穷人闹翻身。

他说，游击队是我们的恩人；

他说，日本和反动派一定要消灭，

他说，上岭的荒地大家要赶快去开荒，

青谷那边的田也不能让它再生草；

他说，河堤要修筑，田渠要疏通，

他说，以后我们的孩子要有书读；

以后我们耕田人不准再有人来欺负。

是的，那很远很远的北方，

据说，那里原是荒凉的山岗，

那里的人原吃着树皮和草根，

那里的官员像豺狼一样。

但现在——嘿！八路军到了那边，

那里顿变为人间的天堂：

穷苦人由别人脚底下翻个身，

有钱人也不敢作福作威，

每家的餐桌上都有热腾腾的肉，

每人身上都穿着簇新的棉大褛，

还有什么"劳动英雄"，

叫人一想起心头便跳动……

阿汉仔，一边走一边望着北方的天空，

阿汉仔，口中哼着新学来的歌曲，

他要去见乡长，商量怎样来开荒，

他是耕田佬的头儿——农抗会长。

风吹着他古铜色的脸孔，

风吹着他快活的脚步……

园姐 [1]

金帆

一顶笠帽，一身蓝布衫，

一双草鞋，一根竹扁担。

大大的眼睛，圆圆的脸，

挑药品，担粮食，送枪支，运子弹，

小鬼亲昵地叫她园姐，

伤员远远地喊她卫生员。

有一次打黄村，

天色近黄昏，

她和炊事员阿兰嫂，前方送饭过竹林，

突然见小路上，逃来一个伪团丁，

鬼头鬼脑把路寻。

她抡起长扁担，大喝一声："站住！缴枪不杀！"

飞跑前去像箭穿云。

伪团丁像被响雷打——

不知来了多少人！

跪在地上身发抖，

四脚软得像草绳。

园姐过去夺了枪，

枪口对着那黑心。

伪团丁偷偷侧头望，自言自语："原来是妇人家，娘子军！"

她狠狠给了一巴掌："妇人家怎么样，娘子军比你骨头硬！"

一顶笠帽，一根竹扁担，

一双草鞋，一身蓝布衫，

大大的眼睛，圆圆的脸。

爬过多少荒山野岭，穿过多少炮火硝烟。

---

1 中共惠州市委党史办公室编：《东江革命历史诗歌选集》(三)，内部资料，1990年，第38—40页。

过去是地主的婢女，吞的是仇和冤；

如今挑的是人民的胜利，红色的江山。

海燕 [1]（1946 年北撤前）

陈达明

像春雾般无常，千万丈波涛那么险恶，

这苦难的半年啊！

我们经历了一次复一次的巨浪冲激，

我算不清那么多波折，

谁都在自己的历史上记下了光荣的一页，

谁都在暴风雨中像海燕一样寄托他的生命。

北风像箭般从毛孔钻进心窝，

午夜的岗兵该背上自己的毯子，

但"孖铺"的伙伴却瑟缩作一团了。

不断地转移，涉浸在冰冷的溪流，

还隐蔽在寒凛凛的"深坑"。

伴伙们把"观音手指"似的番薯，塞进饥饿了两天的肚子里，

啊！它是那么异样的香甜，脸上露出满足的微笑。

芭蕉林芭蕉寮一片碧绿，

顶不住淋淋大雨，

刺猬似的度过几宵……

这些算得了什么？

我们骄傲自己有人民战士的光荣称号。

骄傲我们有坚实的硬骨头。

要是我们的创伤换来了她的安乐，

我们决不停止战斗。

从生死搏斗中赢得了北撤的成果，

---

1 中共广东省委党史研究室、中共东莞市委党史研究室《丹心赋》编委会编：《丹心赋——东江纵队诗词山歌选》，《广东党史资料丛刊》编辑部，1993 年，第 264、265 页。

我们的血沸腾了！

民主的大旗高举在天空，

迎风招展得那么美丽，

千万人向这面大旗投奔，

勇敢的祖国儿女靠拢上去了。

临别依依，心情像春雾般迷茫。

珍重你的学习，不要挂念你的同伴，

他将为胜利的明天流尽最后一滴血。

在血的灌溉中，

祖国的大地，

将长出和平民主的鲜花。

夜忆 [1]（1946）
——记原东纵一个指导员的眷恋往事

郭薇

寒风似乱箭，

猛扑着青灯，

海滨之夜，

年轻人为革命将进九连山。

往事像电影，

肉眼重新映现；

离别缅甸的一幕，

鲜明如在眼前。

（一）

中秋夜月明星稀，

天欲晓无限风光。

1　中共惠州市委党史办公室编：《东江革命历史诗歌选集》（四），内部资料，1991 年，第 107–112 页。

临别的话儿，

比那伊洛瓦底江水长。

"我们为了闹革命，

暂时分离！

再见啦，娘！

处处要留神，暗箭尤须防。

愿你像劲草，

牢牢扎根在仰光。"

靠铁肩、粗扁担扛活的母亲，

庄重、深情地给我一个针线包。

望了儿媳妇一眼，

然后注视着我，

讲话深沉的声音，

慈蔼的语调：

"我虽然五十多岁了，

身体好，还能顶得住风霜；

莫挂念我，

你尽管把心宽放。

我那心头肉啊，你去吧！"

转唐山，

做一个献身祖国的孝子，

只为普救众生，

胜造一座天堂！

不信永无出头日，

五更鸡啼现曙光。

（二）

笑看朝阳，

映照着美丽的仰光，

我爱这里，

如同东江两岸的故乡。

这里的胞波无限忠诚，

啊，同根生、共理想。

当工人同盟大罢工的时候，

她和战友们，

为革命昼夜奔忙，

如今抬头挺着胸膛走，

像击浪穿云的海鸥在飞翔。

手拎皮喼，

送了一程又一程，

心声交融，无话不讲。

我劝妻回去，用吃奶的力，

紧紧握着她的双手，

倾吐个人的心情和理想。

"夫妻好比同林鸟，

比翼齐飞紧相随。

结婚两月，

为何又要远离？

只因叛徒告密，

东洋兵搜捕更紧，

逼迫我耽误了你的幸福和青春！

怨你自己命薄，

还是恨我无情？

再见啦，玛房珍！

但愿你，

决心学做白求恩，

和革命共同着命运，

从头创造新乾坤。"

她那明亮而深情的目光，

对直尽看着我的眼睛，

缅甸新女性的娇脸，

带着泪珠、

挂满甜甜的微笑，

比三月的映日红棉花，

更美艳俊俏。

心上人双手接过我送给的《纪念白求恩》，

聊当一盏"实践之灯"，

把它贴在心口上；

见她那双常给人一种暗示的眼睛，

好像中秋月迸射着明媚的光亮：

"请你莫念我年轻、

吃大苦！

你、我都是受苦人，

都有一副慈善的心肠。

家里的事我包啦，

娘，我会晨夕省问、

侍奉周详。"

"阿云呀，

你也应该放心走吧，

为妻的衷心祝你安康。

为了穷人都能过上好日子，

团结抗日，多难兴邦。

只要你、我和祖国人民心相连，

又何必早早晚晚不离身旁。

请听诗人耶博艾壮怀热烈诉衷肠：

'暂时分离别忧伤

他日欢聚在一堂。

没有牺牲，

自由怎能得胜在战场！'"

她的话

胜似流水鸣溅溅，

声声沁入征人的心房；

又如入党高唱《国际歌》，

终生难忘。

1946 年 12 月 9 日初稿于香港

1947 年七一前夕修改于广州

无题 [1]（1947）

陈一民

人也嶙崎马也瘦，

北上南下几度秋；

十年风波破万里，

一片丹心为神州。

想念东江 [2]（1947）

蔡子祺

汹涌的东江，

巍峨的梧桐山，

壮丽的罗浮山，

线鸡头，南湖，

沙鱼涌的海滩……

都留下我们年轻的脚印。

那艰苦的，

1　中共东莞市委党史研究室编：《东江纵队历史诗歌选》，内部资料，2013 年，第 73 页。
2　中共广东省委党史研究室、中共东莞市委党史研究室《丹心赋》编委会编：《丹心赋——东江纵队诗词山歌选》，《广东党史资料丛刊》编辑部，1993 年，第 341-343 页。

燃遍抗日烽火的年代，

谁不知道，

"铁脚马眼神仙肚"？

在高山密林，

我们山泉止渴，

野果充饥。

我们枕石头，

盖树叶，

谁又埋怨过半句？

在那明月当空，

繁星闪烁的夜晚，

我们围坐营地外的草坪，

畅谈着战斗的胜利，

憧憬着共产主义的未来！

谁又曾有过半点悲观情绪？

我们只有一个心愿：

为人类的解放，

勇敢地战斗。

为了和平，

我们离开了战斗的东江。

——可爱的家乡。

北上！

从一个战场到另一个战场。

从广东到山东，

从胶东到渤海，

从鲁西南到苏北平原……

骑马挂枪，

纵横驰骋。

我们坚信：

时间不会很长，

子弟兵一定会打回去，

重返东江！

罗浮山下的铁观音[1]（1947）

郭薇

（一）

罗浮山下，

五月的鲜花，

开遍山野，

胜过秀丽的风景画。

山下的源头乡、

还是茹屋村，

到处稻花、荔熟、知了鸣。

欢乐的乡亲们，

点头互视笑盈盈。

一群摘荔枝的姑娘，

倾心交谈，接连不断；

讲述抗日英雄的故事

像满架的葡萄，

一串又一串……

（二）

抗日烽火到处燃，

东江两岸来了无数好汉。

脚腕刻着镣铐的伤疤，

大刀闪着复仇的火焰！

---

1 中共广东省委党史研究室、中共东莞市委党史研究室《丹心赋》编委会编：《丹心赋——东江纵队诗词山歌
选》，《广东党史资料丛刊》编辑部，1993年，第324–329页。

红旗猎猎迎风飘，

号角声声召唤爱国青年！

铁观音华年二十三，

大眼、笑脸，

讲话——直言、快语，

步伐——迅捷、矫健，

愿把闪光的青春献给党，

送郎抗日上了罗浮山！

雁队南飞，

声声嘹唳，

催促铁观音缝寒衣。

深更半夜灯火明，

细针密线情意重，

送给亲人"父母军"，

亚巧姐三星顶头进草棚，

脸带愁容，说话吞吐。

最后终于鼓起勇气，

把噩耗透露：

"听从党的召唤，

陈志丹昨夜送粮上山；

莺岗送来消息，

您丈夫为抢救战友，

光荣牺牲！

啊！同志妹，

您须抬头远看，

野草烧不尽，春来又绿遍！

罗浮山儿女英雄汉，

雄心壮志冲云天。

《国际歌》声传宇甸：

到明天，

共产主义世界

就一定要实现！"

铁观音失去心上人，

像头顶响了一声轰雷！

强忍眼泪和哭声，

把家仇国恨深埋心底！

游击队的兄弟们，

越打越健壮。

锄汉奸，入虎穴；

割电线，烧桥梁；

声东击西，引蛇出洞，

奇袭据点斩豺狼。

打得"皇军"发了慌，

丢下子弹和军粮，

跪地求饶又缴枪。

凯歌声声暖人心，

父母军挺进敌后方，

胜利的红旗到处飘扬。

铁观音，喜洋洋，

骨碌一声滚下床。

地窖挖出五斗米，

悄手蹑脚进厨房。

扯下头巾擦擦汗，

雄鸡叫过已三遍。

轻捷地走出门，

脚下生风似闪电。

穿丛林，跨险涧，

连续越过三道封锁线！

罗浮山下的新女性！

为了祖国的自由和解放，

带着火样的雄心，

不怕虎，不怕狼，

迈大步，踏寒霜，

喜浴星辉送军粮！

山高、路隘，林暗莽苍苍，

情更急，跃上层峦叠峰。

霎时间，

乒乒乓乓，乱弹成火网，

多诈的魔怪，

突袭搜山"扫荡"。

汉奸、顽军做"引鬼"

"萝卜头"跟来帮打帮！

前有悬崖阻挡，

身后不远赶来狼。

情势万分危急，

急吞密信进肚肠。

昂头挺胸，目似电光，

见仇人，烈火烧，

家仇国恨一齐报。

"杀啊，前进！"如箭发，

小丑哪能挡住道。

迅舒铁臂扁担落，

日寇少佐扑地倒！

撕肉的皮鞭声呼呼响，

眼泪咽进肚，仇恨刻心上

在那高大挺拔的荔枝树下

不屈的铁观音，遍体鳞伤！

死鱼般惨白的鬼子们眼里，

已经无法把恐怖隐藏。

满头虚汗，哆嗦着问：

"为啥你要冒死送粮？"

铁观音胸中燃烧着满腔怒火，

理直气壮痛斥敌人：

"呸！放你娘的屁！

我不吃饭不要紧，

父母军不吃可不行；

父母军吃饱好打仗，

彻底消灭日寇野心狼，

全中国、全人类都要解放。"

这优秀的女共产党员的最强音，

久久地在罗浮山下激荡，

像万把把尖刀刺进敌人的心脏。

鬼子兵，黑心狼，

铁丝穿起女英雄的两个乳房。

她咬紧牙关、双眼喷火，

举起一尊中国共产党党员的雕像！

哪怕枪口对胸膛，

怕死不当共产党！

铮铮铁骨顶天地，

怒火千丛迎晓光！

（三）

我仰望雄伟巍峨的罗浮山，

我默念这位英勇坚强的女闯将，

我肃立在染过鲜血的荔枝树下，

心在激动地震荡！

我歌唱呼啸奔驰的大风,

我赞美气贯长虹的女英雄;

心如日月千秋照,

血洒荔枝万年红!

作于 1947 年 5 月·翁源县

频聆捷报 [1]（1948）

杨步尧

捷报频传东战场,

辉煌壮丽震三江。

山崩地析惊疑梦,

马畅人欢喜若狂。

忍痛含悲辞父老,

扬眉吐气讨强梁。

何时得遂南征愿,

斩将搴旗返故乡。

作于 1948 年初冬·华野后方三院

1　中共东莞市委党史研究室编：《东江纵队历史诗歌选》，内部资料，2013 年，第 87 页。

西江月·触怀 [1]（1949）

杨步尧

尽日绵绵细雨，连宵密密东风。

栏杆独倚意朦胧，往事如烟如梦。

南岭山头战火，罗浮月下幽衷，

已随流水逝无踪，却在心头乱涌。

龙洞枪声阵阵，旗山炮火隆隆。

八春苦战粤都东，月淡林深露重。

昔日泪痕灰烬，当年烈墓蒙茸。

寄将仇血洗刀锋，今夕重温旧梦。

滚滚南天烽火，飘飘北渡朦胧。

万人空巷接英雄，意蜜情殷泪涌。

一夜思潮起伏，三年戎马惚倥。

未酬壮志望江东，此片归心愈重。

作于 1949 年 5 月·上海江湾

---

1 中共东莞市委党史研究室编：《东江纵队历史诗歌选》，内部资料，2013 年，第 88 页。

非物质文化遗产类

（二）

歌曲

东江流动歌剧团团歌 [1]（1938 年）

林悠如

东海的浪号啕，

东海的风狂啸，

祖国如今遭了灾难，

家乡如今已在沦丧。

同胞手挽着手啊，

把我们破碎的河山再造。

安南华侨青年国防话剧流动宣传队队歌 [2]（1939 年前后）

彭克

前进，前进，向前进。

（女）哈哈哈哈哈

（男）哈哈哈哈哈

（合）我们是华侨青年宣传队

（女）我们离开了家庭和爸妈

（男）抛弃了舒适优越的生活

（合）牺牲一切为中华民族解放而奋斗。我们不怕困难，决心跑遍全安南。

拼命学习，拼命干，抗战建国未成功，我们的工作暂不松。

冲冲冲冲，向前冲，冲冲。

上战场 保家乡 [3]（儿歌，1942 流行于东宝地区）

水叮咚，山下流，流到东江古渡头。

堵头有个小娃娃，又爱谈天又爱耍。

谈什么？谈家乡，家乡烧杀真凄凉。

1　中共广东省委党史研究室、深圳市东江纵队老战士联谊会《壮志歌》编委会编：《壮志歌——东江纵队、两广纵队创作歌曲选》,《广东党史资料丛刊》编辑部，1993 年，第 171 页。

2　中共广东省委党史研究室、深圳市东江纵队老战士联谊会《壮志歌》编委会编：《壮志歌——东江纵队、两广纵队创作歌曲选》,《广东党史资料丛刊》编辑部，1993 年，第 172、173 页。

3　中共惠州市委党史办公室编：《东江革命历史诗歌选集》（二），内部资料，1989 年，第 123 页。

要什么？要刀枪，刀枪练好上战场。

上战场，保家乡，不怕风来不怕霜。

游击乐 [1]（1942）

佚名

星光映着大亚湾，

月色迷着梧桐山；

我们东江纵队健儿们，

英勇冲破敌人封锁线，

克服一切困难，

变敌后为前线，

新中国的壮大在眼前，

新中国的壮大在眼前。

保卫大东江 [2]（1942 年夏）

谭军

铁蹄踏进了广九线，

怒火燃遍了东江。

不愿做奴隶的同胞们，

快团结起来保卫大东江。

谁能够忍受残暴的压迫？

谁愿意低头做驯良的羔羊？

我们是东江的好儿女，

继承了革命的传统，

我们有坚强和英勇的队伍，

---

1 中共惠阳地委党史研究小组办公室、中共惠阳地委党史资料征集小组办公室编：《东江革命历史诗歌选集》（一），内部资料，1983 年，第 3 页；据叶锋回忆，1942 年时，这首歌传唱于平湖、布吉之间铁路线上的部队。

2 中共广东省委党史研究室、深圳市东江纵队老战士联谊会《壮志歌》编委会编：《壮志歌—东江纵队、两广纵队创作歌曲选》，《广东党史资料丛刊》编辑部，1993 年，第 8、9 页。

永远站在战斗最前方。

起来，同胞们！

起来，同胞们！

拿起你我的镰刀锄头，

举起你我的土炮洋枪，

大家快快团结站在一起，

武装起来保卫大东江！

作于 1942 年夏·香港九龙

手枪队之歌 [1]（1943 年夏）

李筱峰

擦好了手枪，

上了膛。

出发了，

越过村庄，渡过河床，走向城墙。

我们是英勇的狙击手，

专打敌人的脑袋，

专刺奸徒的胸膛！

不怕风，不怕雨，

不怕山高，

不怕路远，

革命的胜利就在前头！

我们要灵活机智勇敢，

走遍了东江前线，

深入了敌人的后方。

我们的枪声，

使敌人震惊，

1　中共广东省委党史研究室、深圳市东江纵队老战士联谊会《壮志歌》编委会编：《壮志歌——东江纵队、
　　两广纵队创作歌曲选》，《广东党史资料丛刊》编辑部，1993 年，第 5-7 页。

使奸徒胆丧！

我们的威名，

光荣地播扬在四方。

作于 1943 年夏东莞敌后

胜利反扫荡 [1]（1943 年秋）

黄文俞

年年呜咽的东江，

今儿是好战场！

大岭、莲花、阳台、梧桐，

从西到东，

绵延着高峻的山岗，

怀抱着千百个村庄。

这儿是游击队的心脏，

敌人的盲肠。

安排着我们的营房、刀枪，

对准着敌人的胸膛！

敌人一万个，

向我们"扫荡"。

他们奔向山岗，

奔向村庄。

山岗和村庄，

咆哮起来了！

反"扫荡"！

反"扫荡"！

我们是铁和钢！

我们站在莲花山上，

---

1 中共广东省委党史研究室、深圳市东江纵队老战士联谊会《壮志歌》编委会编：《壮志歌——东江纵队、
   两广纵队创作歌曲选》，《广东党史资料丛刊》编辑部，1993 年，第 11-13 页

痛挫敌人的锋芒。

大岭山顶，

我们冲破敌人的围墙。

秋风呼啸着从西北方吹来了，

越过村庄，

爬上山岗，

带来胜利的歌声，

飘荡。

歌唱，歌唱，

歌唱法西斯的死亡！

梧桐山颂 [1]（1943年冬）

张贯一（叶锋初稿，张贯一改）

巍峨的梧桐山，

壮丽的梧桐山，

像巨人的铁拳，

粗壮地屹立在南粤的边缘，

依恋地毗连着港九的界线。

啊！梧桐，你矗立的峰尖，

起伏的山峦，

是三角斗争的火线。

你雄伟的威风，

使敌人望着不敢擅动，

你沉肃的脸容，

曾震撼过反动派的几次进攻！

曾秀同志以一当百

抵挡住一排顽军的冲锋。

1　中共广东省委党史研究室、深圳市东江纵队老战士联谊会《壮志歌》编委会编：《壮志歌——东江纵队、两广纵队创作歌曲选》，《广东党史资料丛刊》编辑部，1993年，第32-36页。

沙头角、丹竹头

打垮了敌伪警察大队，

记下光荣的战功。

啊！梧桐！战士的母亲！

解放的意志，

爱国的热情，

在你的怀抱里壮大长成。

千百万热爱着祖国的

优秀儿女维护着你！

啊！大鹏湾的怒涛澎湃，

夜之海啸汹涌，

祝祷你千古无恙，

歌颂你战斗伟功！

壮丽的梧桐，

屹立的山峰，

千百万人们尊崇你，

赤诚、英勇！

作于 1943 年（1944 年石铃于大鹏枫木浪村谱曲）

大亚湾谣 [1]（1943 年 12 月）

李覃桂

大亚湾呀长，东纵有护航

活动在此地，伪匪无敢狂，

人民得安康。

大亚湾呀宽，到处有豺狼，

消灭龟令仔，海战创榜样，

渔民保平安。

1　中共广东省委党史研究室、中共东莞市委党史研究室《丹心赋》编委会编：《丹心赋——东江纵队诗词山歌选》，《广东党史资料丛刊》编辑部，1993 年，第 351 页。

大亚湾呀弯，打倒王竹青！

派我当乡长，乡府叫澳万，

百姓齐称赞。

大亚湾呀强，来了共产党，

成立自卫队，抗日有主张，

家乡盼解放。

红色马[1]（1943）

卢灿

矫健的姑娘，谁给你披上这件红衣裳，壮丽又漂亮。

为了陪衬红衣裳，我愿意赠你一匹红色马，让你飞翔。

飞翔在自由无垠的原野上，像碧空的一颗红星荡漾！

碧空的一颗红星荡漾！

东纵电台之歌[2]（1943年？）

韩继元、戴机等

北斗星灿耀，

豆油灯闪照，

这夜的光芒啊，

伴着我们到明朝。

呜……

一声长啸，

电波射破重重的夜幕，

撒遍云霄，

的的的打的的的打，

1　中共广东省委党史研究室、深圳市东江纵队老战士联谊会《壮志歌》编委会编：《壮志歌——东江纵队、两广纵队创作歌曲选》，《广东党史资料丛刊》编辑部，1993年，第30、31页。

2　中共广东省委党史研究室、深圳市东江纵队老战士联谊会《壮志歌》编委会编：《壮志歌——东江纵队、两广纵队创作歌曲选》，《广东党史资料丛刊》编辑部，1993年，第169、170页。

V 的讯号在天空中交流，

广阔地永恒地缭绕。

笔在纸上伸展，

手在电键上跳，

齿轮紧推齿轮，

真空管像地下火在燃烧。

不是沉默，

我们在欢笑，

因为天将破晓。

东江纵队之歌 [1]（1943 年底）

林鹗

我们是广东人民的游击队，

我们是八路军、

新四军的兄弟。

我们的队伍

驰骋于东江战场上，

艰苦奋斗，

英勇牺牲，

取得了辉煌的胜利。

今天，

我们有伟大

中国共产党的光荣领导，

用我们英勇顽强的战斗，

一定把敌伪

和顽固派军队彻底消灭！

同志们，前进吧！

---

1 中共广东省委党史研究室、深圳市东江纵队老战士联谊会《壮志歌》编委会编：《壮志歌——东江纵队、两广纵队创作歌曲选》，《广东党史资料丛刊》编辑部，1993 年，第 14-16 页。

光明来临了，

今天，

我们是民族解放的战士，

明天啊，是新中国的主人！

献给同志们 [1]（1943 年 1 月）

杨康华

我们是中华民族优秀的儿女，

在前线敌后奋战了四个年头，

今天，

我们已经控制着广九路咽喉，

我们已经掌握着珠江的出海口，

我们还要纵横于整个广东敌后。

虽然更艰苦的斗争，

要我们去迎接，

但是呵，

伟大的胜利已在向我们招手。

努力地学习吧！

英勇地战斗吧！

我们要紧跟着人民解放的旗手，

团结抗战，

歼灭血腥的法西斯日寇。

---

1 中共广东省委党史研究室、深圳市东江纵队老战士联谊会《壮志歌》编委会编：《壮志歌——东江纵队、
两广纵队创作歌曲选》，《广东党史资料丛刊》编辑部，1993 年，第 3、4 页。

我们这一群 [1]（《前进报》社社歌，1944年夏）

郑盾

我们是一群热爱祖国的儿女，

我们是一队文化战线的青年。

三年来，

走遍了惠东宝博前线，

活跃在敌人的心脏后方。

密林深山，

是我们的工厂，

生产了万千精神的食粮。

我们的步伐一致，

我们的目标一样；

争祖国的自由，

求人类的解放。

谁说我们不会打仗？

钢板、铁笔

是我们的炸弹和钢枪；

我们的油墨泼向法西斯强盗，

我们的笔尖刺破反动派的脸庞。

我们也曾记载下光辉的战绩，

引导群众

朝着一个胜利的方向。

工作努力，

学习紧张，

教育民众，

组织武装，

我们要做爱民生产的好榜样。

---

1 中共广东省委党史研究室、深圳市东江纵队老战士联谊会《壮志歌》编委会编：《壮志歌——东江纵队、
两广纵队创作歌曲选》，《广东党史资料丛刊》编辑部，1993年，第165-168页。

同志们谨记上：

我们是民族的先锋，

争祖国的自由，

求人类的解放。

谁说我们不会打仗？

钢板、铁笔是我们的炸弹和钢枪；

我们的油墨泼向法西斯强盗，

我们的笔尖刺破反动派的脸庞。

我们也曾记载下光辉的战绩，

引导群众朝着一个胜利的方向。

工作努力，

学习紧张，

教育民众，

组织武装，

我们要做爱民生产的好榜样。

同志们谨记上：

我们是民族的先锋，

我们是社会的栋梁。

我们要站在自己的岗位，

直战到敌人的灭亡！

作于 1944 年夏·大鹏半岛南社村

同心合力打豺狼 [1]（1944 年）

孙冰

田里的谷粒黄又黄，

老百姓田里割禾忙。

日本鬼子呀打通广九路，

1　中共广东省委党史研究室、深圳市东江纵队老战士联谊会《壮志歌》编委会编：《壮志歌——东江纵队、
　　两广纵队创作歌曲选》,《广东党史资料丛刊》编辑部，1993 年，第 19-21 页。

又到我们家乡来"扫荡"。

鸡飞，狗走，大家好惊慌，

牵牛，抢猪，还要大姑娘。

他的手段好狠毒，

我们不要上大当。

搭起山寮空了屋，

藏好米谷藏好粮，

青年壮丁拿起枪去打游击，

姑娘妇女在呀家中多种粮。

军民合作齐努力，

同心合力呀，

打呀打豺狼。

东江战歌 [1]

李筱峰

罗浮山做了西北的屏障，

大屿山在南海边上睐望，

莲花山、阳台山、梧桐山，

都站在珠江岸上放哨。

我们来自南洋、美洲，

来自黑暗的工厂，

来自饥饿的山庄。

千百颗赤诚爱国的心，

千百条强壮的臂膀，

我们不怕顽军的进攻，

不怕敌人的扫荡，

因为我们是新生的力量。

1　中共广东省委党史研究室、深圳市东江纵队老战士联谊会《壮志歌》编委会编：《壮志歌——东江纵队、两广纵队创作歌曲选》，《广东党史资料丛刊》编辑部，1993 年，第 9–11 页

努力吧！

东江的儿女们，

我们要巩固，

这庄严美丽的故乡，

还要深入敌人的后方，

渡过珠江去，

做一个收复广州的先锋。

东江礼赞 [1]（1945 年）

戴江

三月的红棉一年一度开，

东江纵队一天一天大，

红棉开遍东江血样红来，

人人爱，

可还比不上

我们的战斗鲜花永远开。

三月的红棉年年开，

东江纵队天天大，

三月的红棉人人爱，

东纵战士个个能打个个乖。

抗战八年来，

红棉八次开，

我们的同志越打越健壮，

我们的力量越战越坚强。

三月的红棉开，

五月的棉子飘，

我们的力量，

1 中共广东省委党史研究室、深圳市东江纵队老战士联谊会《壮志歌》编委会编：《壮志歌——东江纵队、两广纵队创作歌曲选》，《广东党史资料丛刊》编辑部，1993 年，第 16-19 页。

解放区扩大扩大。

三月的红棉朵朵开，

东纵战士个个乖，

你日本鬼，

你命难捱，

我们一定要把你赶下海。

把鬼子赶下海，

三月的红棉在东江的原野开，

永远开来永远开。

东江水 [1]（客家方言歌，1945年初）

韦丘

东江水响潺潺，

穿过一山又一山，

流过一湾又一湾。

江水系耕田人介血汗，

一滴一滴流过大海湾。

东江介耕田人好艰难，

受尽风吹雨打日头晒，

日日搵朝唔得晚。

自从来开游击队呀，

穷人正得离灾难。

打走日本鬼子兵，

收复旧河山。

减租减息又开荒呀，

帮助穷人去生活。

谷米一箩又一箩，

1　中共广东省委党史研究室、深圳市东江纵队老战士联谊会《壮志歌》编委会编：《壮志歌——东江纵队、两广纵队创作歌曲选》，《广东党史资料丛刊》编辑部，1993年，第21—25页。

堆成一座山。

东江水依旧响潺潺，

东江介耕田人享安康，

笑声飘到大海湾！

作于 1945 年夏·横河

反抢粮 [1]（客家方言歌，1945 年夏）

马咏

齐家来呵，反抢粮呀反抢粮。

长年辛苦正耕得到，样边做得俾人家来抢？

抢，佢唔系净抢去穷人介东西，

抢，佢都爱抢有钱佬介米粮。

有枪出枪，有力出力，唔分男女同老嫩。

大家一齐反抢粮，同心合力保家乡。

后生仔落力在前头呀，同埋部队打游击。

婶娘老嫩（意思为老幼妇女）在屋家呀，赶快做饭担到前方。

齐家来呵，反抢粮呀反抢粮。打走抢粮嘅贼佬军，大家一起来享安康。

红军攻落柏林 [2]（客家方言歌，1945 年）

江荻

催吊大家来庆祝，苏联攻落柏林。

红军把法西斯消灭在柏林。红军把法西斯消灭在柏林。

法西斯败了，红军胜了，苏联人民胜利万岁！

催吊大家同声歌唱，民主阵线胜利万岁！万万岁！

1　中共广东省委党史研究室、深圳市东江纵队老战士联谊会《壮志歌》编委会编：《壮志歌——东江纵队、两广纵队创作歌曲选》，《广东党史资料丛刊》编辑部，1993 年，第 26、27 页。

2　中共广东省委党史研究室、深圳市东江纵队老战士联谊会《壮志歌》编委会编：《壮志歌——东江纵队、两广纵队创作歌曲选》，《广东党史资料丛刊》编辑部，1993 年，第 38 页。

光荣输出 [1]（广州方言歌，1945 年）

林榆

冲得，擦得，先正输出得。

输出係光荣，係为左革命，

係为左抗日，更加要坚定擦佢！

更加要扎实擦佢！东纵嘅同志，时时都打得。

人民军队来啦 [2]（广州方言歌，1945 年 8 月）

林榆

来啦，来啦，我地白朗林来啦！来啦，来啦，我地重机来左啦！

来啦，来啦，来啦，山炮都来左啦，来啦来啦来啦，人民嘅军队来啦。

敌人你快放下武器，如果你唔肯，我地就消灭你。你地要缴枪，我地要胜利。

全国嘅抗日军民，永远自由，永远胜利！

敌后战场打胜仗 [3]（广州方言歌，1945 年）

正面战场打败仗，嚓嚓喺！重庆政府无办法，嚓嚓喺！无办法，重庆政府无办法！

敌后战场打胜仗，哈哈哈！军民大众好快活，哈哈哈！好快活，军民大众好快活！

要想唔做亡国奴，嗯嗯喀！只有改组旧政府，改组统帅部，建立联合新政府！

秋风 [4]（广州方言歌）

杨素

秋风吹起咗愤怒嘅花，

秋虫唱起咗复仇嘅歌。

1　中共广东省委党史研究室、深圳市东江纵队老战士联谊会《壮志歌》编委会编：《壮志歌——东江纵队、两广纵队创作歌曲选》，《广东党史资料丛刊》编辑部，1993 年，第 39 页。
2　中共广东省委党史研究室、深圳市东江纵队老战士联谊会《壮志歌》编委会编：《壮志歌——东江纵队、两广纵队创作歌曲选》，《广东党史资料丛刊》编辑部，1993 年，第 42 页。
3　中共广东省委党史研究室、深圳市东江纵队老战士联谊会《壮志歌》编委会编：《壮志歌——东江纵队、两广纵队创作歌曲选》，《广东党史资料丛刊》编辑部，1993 年，第 29 页。
4　中共东莞市委党史研究室编：《东江纵队历史诗歌选》，内部资料，2013 年，第 107、108 页。

你喺前方返嚟，

你可知道敌人嘅罪恶，

敌人杀人放火，

死伤嘅人比以前（口仲）要多。

好彩我军神勇军民合作，

扫荡敌寇像秋风嘅落叶，

收复旧山河。

咁样我同你得相见

共庆胜利，

欢欢喜喜相会在东江河。

我地唔好忘记，

在同一嘅月光下，

有好多妈妈哭找孩子，

妹妹哭找哥哥。

当兵好[1]（广州方言歌）

当兵好，当兵好，当兵合力把国保。

国亡家破贱过草，点样打败日本仔？

同心合力把国保。

当兵好，当兵好，

同心合力把国保。

军民一家人[2]（广州方言歌）

你系军我系民，我哋都系一家人；

我托枪打仗唔怕死，你后方生产多落力。

军队爱护百姓，百姓拥护军队；军队老百姓，百姓军队。

1　中共惠阳地委党史研究小组办公室、中共惠阳地委党史资料征集小组办公室编：《东江革命历史诗歌选集》
　　（一），内部资料，1983年，第132页。
2　中共惠阳地委党史研究小组办公室、中共惠阳地委党史资料征集小组办公室编：《东江革命历史诗歌选集》
　　（一），内部资料，1983年，第133页。

大家一条心，我哋都系一家人；

大家一条心，我哋打败日本仔。

飞红巾 [1]（1945 年）

任克

飞红巾，年轻的神枪手，骑着那蒙古的大马儿，战斗在北方的原野。

飞红巾，年轻的姑娘，不做爱情的俘虏，杀死了情人，却报了仇恨。

杀死了情人，却报了仇恨。

飞红巾，年轻的神枪手，骑着那蒙古的大马儿，战斗在北方的原野。

飞红巾，迎接新战斗。

红色的光芒 [2]（1946 年 6 月）

陈一民

看，我们的身上，

发出了红色的光芒，

我们的铁流

慷慨而豪放地歌唱。

看，我们的身上，

发出了红色的光芒，

我们捱受过饥饿与寒冷，

亦战胜了苦难和死亡。

在惠东宝，在全广东，

我们已经斗争了八年。

今天，为了和平民主的实现，

我们要粉碎残酷的内战，

1　中共广东省委党史研究室、深圳市东江纵队老战士联谊会《壮志歌》编委会编：《壮志歌——东江纵队、两广纵队创作歌曲选》，《广东党史资料丛刊》编辑部，1993 年，第 40、41 页。

2　中共广东省委党史研究室、深圳市东江纵队老战士联谊会《壮志歌》编委会编：《壮志歌——东江纵队、两广纵队创作歌曲选》，《广东党史资料丛刊》编辑部，1993 年，第 43-45 页。

我们要踏上新的征程

我们要告别广东的人民，

依依不舍地说声再见。

啊，红色的光芒，

你在广东人民的解放史上，

永远的照耀，

永远的辉煌。

作于 1946 年东江纵队北撤前夕

北撤进行曲 [1]（1946 年夏）

夏洪

为了广东的和平呀，

我们要离别战斗的家乡。

我们要走上新的路程，

漂洋过海到遥远的北方。

当无数群众送别我们，

好像那母女掉下眼泪，

当多年的战友送别我们，

好像兄弟说不出话来。

愿我们大家都平安呀，

让我们牢牢地恪守岗位，

不管反动派疯狂挣扎，

我们要战斗到胜利的明天！

1　中共广东省委党史研究室、深圳市东江纵队老战士联谊会《壮志歌》编委会编：《壮志歌——东江纵队、两广纵队创作歌曲选》，《广东党史资料丛刊》编辑部，1993 年，第 46、47 页。

大岭山之歌 [1]

辛枚

大岭山上我们战斗的家乡，

山上是密密的绿林，

遮掩着羊肠小道。

山下是良田千万顷，

连接着大海茫茫。

祖国啊祖国，

你有多么丰富的宝藏。

我们生活在大岭山上

我们战斗在大岭山上，

敌人千百次围攻，

我们越战越强。

我们永远战斗，

永远战斗，

直战斗到敌人灭亡。

歌颂大岭山 [2]

叶飘扬

大岭山呀，

可爱的故乡！

游击队的摇篮，

革命者的锻炼场；

更鼓楼的庄严，

马山庙的风光；

最使我尊敬和最使我难忘。

1　中共东莞市委党史研究室编：《东江纵队历史诗歌选》，内部资料，2013 年，第 104、105 页。
2　中共东莞市委党史研究室编：《东江纵队历史诗歌选》，内部资料，2013 年，第 135、136 页。

山上的英雄血浆，

我们要反动派抵偿。

大岭山呀，

苦难的故乡！

八年的抗战，

你经过烧杀抢；

三年的内战，

你表现更坚强；

最使我痛心和最使我难忘。

山下的农家受灾殃，

我们要反动派抵偿。

大岭山呀，

亲爱的故乡！

多年的磨折

你炼成钢铁样；

你唱出歌声，

碎敌胆断敌肠；

最使我兴奋和最使我难忘。

这是你翻身的时光，

我们歌唱你解放。

罗浮山进行曲 [1]

佚名

罗浮，罗浮，

广东的名胜清幽。

罗浮，罗浮，

广东的名胜清幽。

---

1 中共东莞市委党史研究室编：《东江纵队历史诗歌选》，内部资料，2013年，第106页。

游击队的兄弟们，

愤恨在心头，

沉默地在怒吼。

袭击上铺罗高地，

袭击蕉石岭，

带着火样的雄心。

哈哈哈……

游击队胜利了，

敌人在发抖。

淡淡的三月天 [1]

佚名

淡淡的三月天，

杜鹃花开在山坡上，

杜鹃花开在小溪旁，

多么美丽呵，

像村家的小姑娘。

去年村家的小姑娘，

走到山坡上，

和情郎唱支山歌，

摘支杜鹃花插在头发上。

今年村家的小姑娘，

走到小溪旁，

杜鹃花谢了又开，

记起了战场上的情郎，

摘下一支鲜红的杜鹃，

遥向着烽火的天边。

哥哥你打胜仗回来，

1　中共东莞市委党史研究室编：《东江纵队历史诗歌选》，内部资料，2013 年，第 118、119 页。

我把杜鹃花插在你的胸膛，

再不插在我的头发上。

咸水歌 [1]

黄琴

（男）对面炮楼恶佬喊呢姑妹，

拍埋船桨呢俾鱼佢呢姑妹。

（女）成日捉鱼难得两餐饱呢兄哥，

个个炮楼都要呢，我地白饿肚皮呀呢。

（男）恶佬有枪鬼咁恶呢姑妹，

你若唔俾呢一阵，就会痛苦到头呀呢。

（女）疍家做人都系命贱罗，

受人欺负呢你话有谁怜呀呢。

（男）怜悯我地嘅人隔得远呢姑妹，

行上岸去呀还要行呀呢。

（女）行到天边都要揾呢兄哥，

低头挨打呢就等死日到头呀呢。

（男）妹若有心同哥去呢姑妹，

老实话你呀就系去参加模范团呀呢。

肚肢饿 [2]

黄琴

肚肢饿，真系好凄凉，颈又渴，肚又饿，又冇饭来扛。

老向人家借米煮，人家唔思量。你话凄凉唔凄凉？你话呢？

佢地人，做冇咁凄凉，因为佢日本鬼打来我村庄。

杀的杀，抢的抢，各种都抢光，要打佢绝灭转东洋，才好哩！

1 中共广东省委党史研究室、广州地区老游击战士联谊会《硝烟曲》编委会编：《硝烟曲：东江纵队文艺工作掠影》，《广东党史资料丛刊》编辑部，1993年，第365页。
2 中共广东省委党史研究室、广州地区老游击战士联谊会《硝烟曲》编委会编：《硝烟曲：东江纵队文艺工作掠影》，《广东党史资料丛刊》编辑部，1993年，第360页。

非物质文化遗产类

（三）

客家山歌

大亚湾争夺战 [1]

刘培

基地原来在大鹏，部队任务要向东；

日顽合伙拦去路，大亚湾水路困歧龙。

[白] 我们是海上游击队，水里来，水里去，他们在做梦。

马鞭海域是要冲，伪匪三条大船锚当中；

压榨渔民强奸妇女，断绝全港的交通。

十月六日下半夜，三条船仔向敌冲，

十六勇士过船打，全歼"龟灵"立战功。

消息报上司令部，曾生司令传命令：

"海战范例"算此仗，派出部队过海去惠东。

[白] 马鞭海战胜利！曾司令很高兴，说两三条小艔仔打掉三条"大眼鸡"船，十六勇士消灭几十名"龟灵"伪海军，是东纵的海战范例。

顽匪占我澳头港，领导研究出主张，

先礼后兵要做到，然后才好动刀枪。

警告王贼要中立，最好共同打东洋，

如果不愿合作干，莫当内战替罪羊。

王贼忘恩全不听，死心倒向顽日帮。

[白] 土匪王竹青和他的部队在国民党军进攻时，我们曾救了他和他的部队；现在国民党收编了他当杂牌军来做内战先锋。

司令决心除逆贼，日夜组织调兵忙；

海陆打下澳头港，人民庆祝慰劳忙。

大亚湾港争夺战，护航大队是胜方。

[白] 澳头又解放了！岸上，船上的群众，男男女女都兴高采烈，到处都传扬游击队员如何消灭王竹青，抓俘虏。

日本"铁拖"运输忙，机器坏了进我港；

渔民知情送情报，四条战船起锚赴战场。

---

1 中共广东省委党史研究室、中共东莞市委党史研究室《丹心赋》编委会编：《丹心赋——东江纵队诗词山歌选》，《广东党史资料丛刊》编辑部，1993年，第347、348页。

突击勇士巧妙打，手榴弹、鱼炮声音震海洋，

船头哨兵跳海游水走，睡舱日本水兵都去见阎王。

［白］一船日本鬼，两个跳海逃了命，游到三门关报告。其余的"一锅熟"。

满船货物和材料，搬到战船转坝岗，

缴获归公全上送，纵队领导大表扬。

［白］有本事！大船打"铁拖"，执行纪律好。

日本炮艇好疯狂，声言要灭我"护航"，

鹿嘴海面先打响，岸上民兵齐来帮；

军民联合打炮艇，炮艇一条被打伤；

炮艇再战油不够，舱面水兵多伤亡。

鬼子扭转舵来往南走，大败落荒逃香港，

三次海战我全打胜，大亚湾海权归"护航"。

分离 [1]

张持平

买梨莫买蜂腰梨，

心中有事无人知。

因为分梨要亲切，

谁知亲切更分梨。

大鹏湾前唱山歌 [2]

张持平

大鹏湾前唱山歌，

山歌唱出泪成河。

甜水流入苦海去，

1　中共广东省委党史研究室、中共东莞市委党史研究室《丹心赋》编委会编：《丹心赋——东江纵队诗词山歌选》，《广东党史资料丛刊》编辑部，1993年，第362页。

2　中共广东省委党史研究室、中共东莞市委党史研究室《丹心赋》编委会编：《丹心赋——东江纵队诗词山歌选》，《广东党史资料丛刊》编辑部，1993年，第362页。

情哥北去杀妖魔。

杀尽妖魔你要还，

南方还有好家园。

万望我哥要保重，

来日重逢在海边。

祝贺东江纵队成立 [1]（1944 年传唱）

佚名（李惠群整理）

军民集中大草场，欢天喜地笑洋洋；

东江纵队喜成立，齐颂英明共产党，

部队发达又兴旺。

部队发达又兴旺，特作山歌唱一场；

山歌唔唱别的事，专把东纵来颂扬，

敬请军民听分详。

敬请军民听分详，共产党来好主张；

为了救国抗日寇，唤起工农拿刀枪，

组织人民的武装。

组织人民的武装，发动全民打东洋；

人民出钱又出力，捍卫祖国保家乡，

这种行动理应当。

这种行动理应当，不能眼看国家亡；

国家兴亡人有责，团结起来建武装，

齐心合力来抵抗。

齐心合力来抵抗，依靠人民的力量；

人民拥护又支持，群众大力来帮忙，

力量一天一天强。

力量一天一天强，人心齐来胆就壮；

1　中共广东省委党史研究室、中共东莞市委党史研究室《丹心赋》编委会编：《丹心赋——东江纵队诗词山歌选》，《广东党史资料丛刊》编辑部，1993 年，第 353–355 页。

初时发源于坪山，仅一百几十条枪，

后来发展又增强。

后来发展又增强，不到二三年时光；

成立惠东宝总队，拥有几千炮和枪，

部队兵强马又壮。

部队兵强马又壮，现在遍布全东江；

几个支队上万人，夺取敌人炮和枪，

就把自己来武装。

就把自己来武装，工作遵照党中央；

深入敌后打游击，插进敌人的心脏，

成百日寇致命伤。

成百日寇致命伤，军民合作好商量；

部队神出又鬼没，声东击西打一仗，

左打右打敌发慌。

左打右打敌发慌，化零为整打一仗；

化整为零一散光，突然又缴敌人枪，

敌人听到发惊狂。

敌人听到发惊狂，日夜都对我提防；

指战员们斗志昂，打到敌人见阎王，

部队名声震四方。

部队名声震四方，正确领导林、曾、王，

人民有这支部队，生命财产有保障，

东江人民齐赞扬。

东江人民齐赞扬，积极生产多打粮；

拥军优抚要做好，慰劳部队支前方，

鼓励部队打胜仗。

鼓励部队打胜仗，部队爱民甜如糖；

帮助群众搞生产，样样都能来帮忙，

军民鱼水情谊长。

军民鱼水情谊长，反动透顶国民党；

不打日寇打东纵，妄图消灭我武装，

骑在人民的头上。

骑在人民的头上，如意算盘打唔响；

有党正确来领导，群众支持和帮忙，

你想消灭实妄想。

你想消灭实妄想，国民党来妄嚣张；

我军天天在发展，越发展来越坚强，

战士心雄胆又壮。

战士心雄胆又壮，任何敌人都唔狂；

庆祝东纵成立会，大会开在我屯洋，

我们永世不会忘。

我们永世不会忘，全村群众喜洋洋；

大家都参加大会，祝大会胜利辉煌，

恭祝部队万年长。

恭祝部队万年长！年年月月打胜仗！

祝东纵发达兴旺！祝东纵发展增强！

祝首长同志健康！

祝首长同志健康！唱此山歌来颂扬；

山歌就是这么长，如有唱错的地方，

请大家指正原谅！

穷人生来真冤枉 [1]

穷人生来真冤枉，来了老虎又来狼，

老虎就是日本仔，豺狼就是蒋匪帮。

---

1 中共广东省委党史研究室、中共东莞市委党史研究室《丹心赋》编委会编：《丹心赋——东江纵队诗词山歌选》，《广东党史资料丛刊》编辑部，1993年，第357页。

侄也去参军 [1]

大哥当红军哪，二哥打日本，

三小妹，侄就系，侄也去参军哪……

物资送给游击队 [2]

物资送给游击队，心里开心花；

肩头痛，脚又软，唔愿转屋家。

送北撤子弟兵 [3]（1946 年 6 月）

大家来到沙鱼涌，明朝北撤去山东；

今晚联欢又告别，打回老家再相逢。

海水滩来浪打沙，心头阵阵涌泪花；

日本投降是团圆日，又来内战别爹妈。

七月来哩话荔枝，送来桂味糯米糕；

肉厚水多甜如蜜，好过天津鸭舌梨。

烟台苹果甜又香，唔比荡枝像蜜糖；

记得雁鹅南飞日，寄封捷报给亲娘。

台湾海峡浪滔滔，战斗心潮比浪高；

握紧机枪擦亮炮，保卫延安和朱毛。

哥去东来妹去西，南北战场共红旗；

消灭虎狼打胜仗，早日回家食荔枝。

情哥北上杀孤摩 [4]（1946 年）

大鹏湾前唱山歌，山歌一出泪成河；

---

1 中共广东省委党史研究室、中共东莞市委党史研究室《丹心赋》编委会编：《丹心赋——东江纵队诗词山歌选》,《广东党史资料丛刊》编辑部，1993 年，第 357 页。

2 中共广东省委党史研究室、中共东莞市委党史研究室《丹心赋》编委会编：《丹心赋——东江纵队诗词山歌选》,《广东党史资料丛刊》编辑部，1993 年，第 357 页。

3 深圳市档案馆编：《民国时期深圳档案文献演绎》第四卷，花城出版社，2001 年，第 2356 页。

4 深圳市档案馆编：《民国时期深圳档案文献演绎》第四卷，花城出版社，2001 年，第 2638 页。

甜水流入苦海去，情哥北上杀孤摩。

杀尽孤摩你要转，驶牛耙田等阿哥；

一日三餐同桌食，白头偕老同被窝。

美国佬，真无谱 [1]

美国佬，真无谱！行起军来吹风炉。

要骑马过河，见泥巴就倒，

来时好神气，返去甩晒须！

三洲田 [2]

三洲田来三洲田，游击阿哥好靠山，

前面有山后有海，海山相隔心相连。

海山相隔心连心，郎像日头妹月光，

郎係日头朝朝出，妹系月光夜夜来。

哥系英雄妹模范 [3]

（五句板对唱）

佚 名

女：三月里来菜花香，田里水满好插秧，

前方后方要支援，正该种田多打粮，

为何不见阿哥忙？

男：阿妹妹来听偓讲，讲起种田心就伤，

有犁有耙无谷种，家中又无隔夜粮，

有何法子种田忙！

1　中共广东省委党史研究室、中共东莞市委党史研究室《丹心赋》编委会编：《丹心赋——东江纵队诗词山歌选》，《广东党史资料丛刊》编辑部，1993年，第358页。
2　中共广东省委党史研究室、中共东莞市委党史研究室《丹心赋》编委会编：《丹心赋——东江纵队诗词山歌选》，《广东党史资料丛刊》编辑部，1993年，第358页。
3　中共广东省委党史研究室、中共东莞市委党史研究室《丹心赋》编委会编：《丹心赋——东江纵队诗词山歌选》，《广东党史资料丛刊》编辑部，1993年，第358、359页。

女：阿哥哥来听偓讲，不如抗日上战场，

帝国主义来压迫，人民百姓受灾殃。

打倒日本正有行。

男：阿妹妹来听偓讲，阿哥决定上前方，

偓系一个男子汉，时时紧握手中枪，

英勇杀敌赴沙场。

女：阿哥哥来听偓讲，妹愿随你上战场，

尽忠为国酬壮志，勇敢杀敌保家乡，

争得英名四海扬。

男：阿妹妹来好姑娘，动员阿哥上前方，

将来抗战胜利日，功劳记在妹身上，

双双携手探爷娘。

女：阿哥安心上战场，妹在屋家种田忙，

争取丰收好年景，努力支前送军粮，

屋家爷娘妹奉养。

合：哥上前线妹在乡，哥杀敌人妹送粮，

哥系英雄妹模范，好汉配上好姑娘，

都为国家作栋梁。

游击阿哥打胜仗 [1]

佚 名

日头一出烈啾啾，游击阿哥打倭奴，

偓地今日割山草，割到一揪"萝卜头"。

隔远望妹笑嘻嘻，问妹"笑哥乜东西"？

"今日阿哥打胜仗，缴到一挺好轻机"。

1　中共广东省委党史研究室、中共东莞市委党史研究室《丹心赋》编委会编：《丹心赋——东江纵队诗词山歌选》，《广东党史资料丛刊》编辑部，1993年，第359页。

嫁郎爱嫁革命郎 [1]

吴石娇

嫁郎爱嫁革命郎，革命阿哥情意长；

左手拿紧宣传品，右手握着驳壳枪。

天公下雨河水浊，晴天朗朗河水清；

东洋鬼子来"扫荡"，妹送情郎去当兵。

哥哥去当兵，妹妹守家庭；

期望阿哥打胜仗，欢天喜地笑盈盈。

阿哥抗日保家乡，阿妹在家多种粮；

期望阿哥打胜仗，等妹送粮去前方。

番薯甜，番薯香，日伪烧杀苦难当；

快把敌人消灭尽，穷人才能得解放。

横坑二嫂送茶饭，离开你时好唔惯；

部队北撤烟台去，留条手帕记心间。

男打游击女耕田 [2]

水田谷粒黄又黄，乡民田中割禾忙；

日军侵占广九路，烧杀抢掠常"扫荡"。

梧桐山下怒火旺，军民齐心保家乡；

青年上山打游击，妇女耕田多打粮。

梧桐山脉根据地 [3]

梧桐山来高又高，山下紧联香港岛：

游击队员藏密林，日军飞机寻唔到。

游击处处挖战壕，唔怕围攻和包抄；

1 中共广东省委党史研究室、中共东莞市委党史研究室《丹心赋》编委会编：《丹心赋——东江纵队诗词山歌选》，《广东党史资料丛刊》编辑部，1993年，第356页。

2 廖虹雷著，深圳市民间文艺家协会编：《深圳民歌民谣》，羊城晚报出版社，2022年，第309页。

3 廖虹雷著，深圳市民间文艺家协会编：《深圳民歌民谣》，羊城晚报出版社，2022年，第310页。

曾生司令指挥功，打得敌人嗷嗷叫。

血战梧桐山子吓，坳吓战士受围剿；

激战昼夜难突围，壮烈牺牲是英豪。

港九大队斗志高，破坏铁路炸断桥；

手枪队，杀汉奸，还有沙头角情报。

梧桐山连深圳河，打击日寇是前哨；

营救香港文化人，转移后方人不少。

梧桐山来高又高，根据地里红旗飘；

赶走日军打蒋匪，迎接解放立功劳。

东江纵队为人民 [1]

竹板打来泪涟涟，讲起日贼火燃煎；

三光政策冇人性，石岩人民冇安宁。

不是妖精不害人，不是妖怪不成精；

汪精卫和蒋介石，不打日寇净撤兵。

反动武装吴东权，盘踞石岩手遮天；

利用当铺做营地，欺压百姓罪滔天。

吴东权是大毒蛇，横行霸道手段辣；

烟赌妓寨高利贷，偷鸡摸狗劫通家。

东江纵队为人民，锄奸除恶不留情；

一夜地雷埋伏好，轰隆巨响当铺平。

游击队驻阳台山，神出鬼没杀敌人；

粉碎日军常"扫荡"，敢打敌人数倍兵。

建立民主乡政权，减租减息又分田；

战士为民做好事，军民鱼水连成片。

阳台山建根据地，抗日杀敌捷报频；

延安报纸表扬过，华南战场一精英。

1　廖虹雷著，深圳市民间文艺家协会编：《深圳民歌民谣》，羊城晚报出版社，2022年，第310页。

缴到几条好轻机 [1]

蜻蜓点水急忙忙，点醒阿哥上战场；

阿哥在前打日本，阿妹在后支前方。

阿妹隔远笑嘻嘻，问妹笑哥乜东西？

笑哥今日打赢仗，缴到几条好轻机。

一轮红日出东方，阿妹送哥上战场；

马革裹尸何所惧，誓把鬼子一扫光。

男女老少齐拿枪，驱赶日寇转东洋；

抗战八年捱米贵，和平才有一口粮。

阳台山下抗日歌 [2]

阳台山下白石龙，游击队员显威风；

组织人民拿刀枪，打垮日军立战功。

番薯甜，芋仔香，食饱肚子爬山岗；

打日军，杀东洋，不怕日寇逞凶狂。

巍峨壮丽阳台山，溪泉烟雨白云面；

悬崖走出英雄路，东洋鬼子胆寒惊。

齐心抗日意志坚，艰苦革命不怕难；

芋荷塘山埋忠骨，泪洒阳台化杜鹃。

哥要北撤妹坚持，南北战场共红旗；

赶走日寇打胜仗，回家团圆食荔枝。

榄仔打花花串花，革命军民是一家；

保护同志是本分，天大险恶也唔怕。

军民团结齐武装，齐心合力打东洋；

村民出粮又出力，支援部队保家乡。

阳台山来高又高，铜墙铁壁筑城堡；

东纵抗日根据地，消灭鬼子好前哨。

1　廖虹雷著，深圳市民间文艺家协会编：《深圳民歌民谣》，羊城晚报出版社，2022年，第312页。

2　廖虹雷著，深圳市民间文艺家协会编：《深圳民歌民谣》，羊城晚报出版社，2022年，第312页。

东纵英勇又坚强，群众支持斗志昂；

誓死保卫阳台山，筑成抗日钢铁墙。

东方发白天就亮，秋风吹来天气爽；

十五一到月就圆，翻身解放心舒畅。

叹五更 [1]

陈景文

一更叹来叹贫穷，

年年借债年年重，

生借无门无典当，

奈何肚子受亏空，

唉呀哉！锅头睡猫公。

二更叹来叹天凉，

北风一起心就慌，

烂衫烂裤无多着，

穷人到底受风霜，

唉呀哉！脚下颤呀上。

三更叹来叹饥荒，

一餐分做几餐粮，

煲到一筒生米粥，

晤曾转碗又尽光，

唉呀哉！肚皮粘背囊，

四更叹来叹奔波，

有做冇吃样奈何，

割脱禾头无米煮，

债主上门知几多？

唉呀哉！门槛踏到哥。

1　中共东莞市委党史研究室编：《东江纵队历史诗歌选》，内部资料，2013 年，第 161-163 页。

五更叹来叹凄凉，

洗净锅头无米装，

想起穷人多受苦，

满身骨瘦面皮黄，

唉呀哉！何日得春光。

再劝同胞听分详，

日本到处占地方，

三重四重来压迫，

人民百姓受灾殃，

同胞呀，抗战有春光。

打到鸭绿江边去 [1]

佚 名

榕树脱叶根死哩，

试问大家知唔知？

日寇侵略俚中国，

上海南京变废圩！

翻豆脉壳还有衣，

睡狮睡狮快醒起；

打倒万恶日本鬼，

打倒汉奸汪精卫。

油炸鬼来油炸鬼，

炸死汉奸汪精卫，

团结抗日一条心，

打到鸭绿江边去。

1　中共东莞市委党史研究室编：《东江纵队历史诗歌选》，内部资料，2013年，第164、165页。

山歌一唱闹洋洋 [1]

黄一帆

山歌一唱闹洋洋，各位同胞听端详。

日本来打我中国，想亡我国灭俚乡。

日本鬼子像虎狼，到处烧杀抢姆娘。

当我同胞系猪羊，任佢宰割任佢剖。

大家起来打东洋，磨利刀来拿起枪。

有钱出钱力出力，保卫祖国就唔亡。

团结起来打东洋 [2]

原宝安县沙溪乡（现属深圳市葵涌公社）屯洋村（又名士洋村），有间学校叫作崇德学校。该校 20 世纪 30 年代由于有一批进步青年先后到来任教，他们为这天涯海角的地方带来了新空气、新思想、新知识。"一二九"北平学生运动爆发后，崇德学校就有了抗日救亡的宣传活动。"七七"卢沟桥事变，全国抗日战争爆发后，崇德学校的抗日救亡宣传更加活跃。该校除自编一些短剧和抗战歌曲，经常到葵涌圩、沙鱼涌和溪涌圩进行街头演唱外，还自编一些为广大人民群众喜闻乐见而且易懂的客家山歌，进行演唱，宣传发动广大人民群众起来抗日。下面这首客家山歌是抗战爆发后至1938年，崇德学校的抗日救亡宣传队，经常到上述三个圩镇进行演唱的，题目叫《团结起来打东洋》，教育感动了群众，得到广大人民群众的拥护和好评。

山歌一唱闹洋洋，各位同胞听分详。

我是不唱别样事，专唱起来打东洋。

专唱起来打东洋，东洋鬼子好疯狂。

发动侵略我中华，到处进行烧杀抢。

到处进行烧杀抢，许多同胞遭灾殃。

肆意强奸民家女，烧杀掳掠真疯狂。

烧杀掳掠真疯狂，同胞家破又人亡。

1　中共广东省委党史研究室、广州地区老游击战士联谊会《硝烟曲》编委会编：《硝烟曲：东江纵队文艺工作掠影》，《广东党史资料丛刊》编辑部，1993 年，第 359 页。

2　李惠群：《土洋沙鱼涌红色纪事》，海天出版社，2016 年，第 221-226 页。

父母失去亲儿女，孩儿失去亲爹娘。

孩儿失去亲爹娘，流浪街头走他乡。

无家可归当乞丐，穿着破烂介衣裳。

穿着破烂介衣裳，哭哭啼啼泪茫茫。

见到人们叫救命，那种情景真凄凉。

那种情景真凄凉，人人见到都思量。

热血中国好男儿，都要拿起刀和枪。

都要拿起刀和枪，誓同日寇拼一场。

男女老少齐奋起，团结起来力量强。

团结起来力量强，有国才能有家乡。

有钱还须要出钱，有力出力正应当。

有力出力正应当，为了救国保家乡。

国家兴亡人有责，义不容辞责无旁。

义不容辞责无旁，团结起来打东洋。

父母送儿参军去，妻子送夫上战场。

妻子送夫上战场，齐心合力打豺狼。

坚决同他打到底，誓把日寇杀精光。

誓把日寇杀精光，还我山河还家乡。

重建祖国和家园，全国人民得安康。

表扬屯洋村妇女抗敌同志会 [1]

夹板一打响叮当，我把山歌唱一场。

山歌专唱妇抗会，妇抗会来要表扬。

敬请大家听分详，敬请大家听分详。

妇抗工作很优良，拥军优抗做得好，

样样做得很周详，广大军民齐赞扬。

广大军民齐赞扬，听到部队来驻防，

干部分头去发动，马上打扫好营房。

1 　李惠群：《土洋沙鱼涌红色纪事》，海天出版社，2016 年，第 227-242 页。

事情做得很漂亮，事情做得很漂亮。

妇抗会员里外忙，送来床板和木板。

帮助部队来铺床，部队同志齐赞扬。

部队同志齐赞扬，她们继续积极帮。

送来大批柴和草，帮助部队做饭忙。

热情问短又问长，热情问短又问长。

同志感到心欢畅，部队不够房子住，

让出自己介住房，军民好到甫商量。

军民好到甫商量，有娣进娣让出房。

诚心诚意来相帮，平时对敌很提防，

保证亲人有安康。保证亲人有安康，

叶英长期帮保粮，部队粮食放她家。

经常灭鼠把盗防，保粮责任放心上。

保粮责任放心上，同志觉得不寻常。

部队感到很温暖，土洋好似自家乡。

军民鱼水情谊长，军民鱼水情谊长。

黄禾送子上战场，四个孩子送三个，

为了救国保家乡，值得大家学榜样。

值得大家学榜样，这样救国有希望。

余水送夫参队去，嘱咐夫君打东洋。

赶走日寇才回乡，赶走日寇才回乡。

样样事情都帮忙，帮助部队送情报，

想法来把情报藏，说要化装就化装。

说要化装就化装，不怕艰险走山岗。

通过敌人封锁线，敌人查问巧应对，

沉着勇敢不惊慌。沉着勇敢不惊慌，

情报就和命一样。罗娣有次送情报，

巧过敌人三哨岗，才把情报送妥当。

才把情报送妥当，自己心里才定堂。

赖运挑货带情报，敌人无法查分详。

村民有的是妙方，村民有的是妙方。

黄禾是个革命娘，她送情报不怕苦，

走遍下洞介岭岗，最后走到坑尾顶。

最后走到坑尾顶，她把暗号对分详。

暗号一一对得上，取出情报交对方。

她才安心返家堂。她才安心返家堂，

革命永远放心上。部队如果要打仗，

妇抗会员来配合，从始至终都相帮。

从始至终都相帮，战前帮助搞侦察，

了解敌情很周详。打起仗来不畏惧，

战时帮抬担架床。战时帮抬担架床，

抢救伤员很紧张。有次抢送一伤员，

四个会员轮流抬，连夜抬到坪山乡。

连夜抬到坪山乡，要过三道敌哨岗。

不怕艰苦和危险，为了安全爬坳上，

巧妙绕过敌哨岗。巧妙绕过敌哨岗，

到了坪山天将亮，大家毫无辛苦意，

只要伤员安无恙，大家心中乐堂堂。

大家心中乐堂堂，运送武器更紧张。

每次战斗要打响，她们负责支前方，

战士安心上战场。战士安心上战场，

枪弹源源接济上。黄禾有次运枪械，

手榴弹与驳壳枪，稻谷盖在枪面上，

稻谷盖在枪面上。敌人查问探亲娘，

敌人被骗给她过，赶快走出敌哨岗，

任务完成很漂亮。任务完成很漂亮，

有力出力支前方，捐物捐款来慰问，

就像母亲慰儿郎，鼓励部队打胜仗。

鼓励部队打胜仗，她们又想去开荒

挥汗如雨耕种忙，二十多亩一大片，

每年收获有相当。每年收获有相当，

种出花生和杂粮。劳动有得心欢畅，

鼓励战士打胜仗，挑着箩担支前方。

挑着箩担支前方，堪为大家做榜样。

还有一件重要事，除病祛疾把法想，

好让战士得健康，好让战士得健康。

反观败类国民党，日本鬼子刚投降，

接着进行内战忙，不断扫荡我东江。

不断扫荡我东江，长途奔袭我屯洋，

妄图消灭税务处，情况来得很紧张。

幸得黄婆来帮忙，幸得黄婆来帮忙，

清早她去探亲娘，她有高度警惕性，

走到后坑介地方，发现敌人围屯洋。

发现敌人围屯洋，转身就跑回家堂。

敌人喝令要停步，不怕危险心不慌，

跑向部队讲分详。跑向部队讲分详，

部队匆忙来抵抗，敌强我弱悬殊大，

如果硬顶有伤亡，必须要把办法想。

必须要把办法想，依靠群众来帮忙。

六个走到秀金家，秀金提出在家藏。

藏在柴棚不惊慌，藏在柴棚不惊慌，

秀金的确有胆量。还有一个女同志，

秀金拿出旧衣裳，扮成一个村姑娘。

扮成一个村姑娘，扮得样子十分像。

同志带来介行李，把它埋在草灰房。

样样做得好周详。样样做得好周详，

态度从容心定堂。匪兵到来查又问，

应对起来不慌张，弄得匪兵没法想。

弄得匪兵没法想，有妹胆大有担当。

保护一位女同志，说是香港过屯洋，

大胆来把责任当。大胆来把责任当，

立定主意心唔狂，敌人来到再三问，

她按已定计划讲，敌人还要问端详。

敌人还要问端详，有妹把话再三讲。

敌人还是不相信，她就转用白话说，

反复多次讲分详。反复多次讲分详，

敌人果然上了当。黄禾看到三同志，

急忙拉住入家堂，大家赶紧来商量。

大家赶紧来商量，决定男的来化装

荷锄挑担成村民，不慌不忙出田庄，

走出野外就掩藏。走出野外就掩藏，

女的帮她搞家务，一举一动像个样。

愚蠢敌人又上当，机智勇敢黄禾娘。

机智勇敢黄禾娘，十个同志安无恙。

齐声感谢妇抗会，感谢大家来相帮，

军民鱼水情谊长。军民鱼水情谊长，

妇抗会员要表扬，救到十个我同志，

功劳大得没法讲，也为土洋争了光。

也为土洋争了光，还有一事要夸奖，

优抗做得很不错，妇抗会员真心帮，

帮助抗属耕田忙。帮助抗属耕田忙，

帮耕队来响当当，样样农活都跟上。

搞好生产多打粮，抗属心中喜洋洋。

抗属心中喜洋洋，你话要不要表扬？

做了这么多好事，我说表扬理应当，

大家都学她们样。

军民联欢庆胜利 [1]

1943 年，我广东人民抗日游击总队彭沃部队攻打驻葵涌圩的国民党反动派地方杂牌军梁永年部（土匪改编）。我军打了胜仗归来召开军民庆祝大会举行军民联欢。客家山歌《军民联欢庆胜利》是屯洋村抗日救亡宣传队在联欢会上演唱的节目。

今晚军民聚一堂，庆祝部队打胜仗。

军民开个联欢会，我把山歌唱一场，

希望大家听分详。希望大家听分详，

特把部队来颂扬。部队这仗打得好，

来把敌人消灭光，打得河呵鸡发狂。

打得河呵鸡发狂，战前侦察摸情况，

各种枪支有多少，哨位设在哪一方，

一一了解很周详。一一了解很周详，

各项准备跟得上。突击小组冲进去，

时间正好将天光，几个哨兵见阎王。

几个哨兵见阎王，接着冲进敌营房。

河呵鸡们梦未醒，有的刚刚在起床，

一见我军发了慌。一见我军发了慌，

匆匆忙忙来抵抗，大队人马冲进去，

枪声砰砰冲杀上，河呵鸡来难抵挡。

河呵鸡来难抵挡，死的死来伤的伤，

部队火力猛射击，敌似缩头龟一样，

好似鸭仔赶上场。好似鸭仔赶上场，

我军心雄胆又壮，再轮冲锋杀上去，

敌人晕头又转向。走投无路发惊狂。

走投无路发惊狂，跪地求饶并缴枪，

捉到一大群俘虏，缴获枪弹一大堆，

战士个个喜洋洋。战士个个喜洋洋，

感谢群众鼎力帮。军民牵手庆胜利，

1　李惠群：《土洋沙鱼涌红色纪事》，海天出版社，2016 年，第 243—249 页。

高歌凯旋回营房，一路锣鼓震天响。

一路锣鼓震天响，沿途群众齐欢呼，

祝贺部队打胜仗。广大群众笑相迎，

战士激动泪汪汪。战士激动泪汪汪，

这次取得大胜利，全靠群众来相帮。

军民团结一条心，保卫祖国保家乡。

保卫祖国保家乡，英勇无畏挺胸上。

战前帮助搞侦察，战时帮拾担架床，

运送弹药一箱箱。运送弹药一箱箱，

战士安心上战场。只要军民配合好，

一定能够打胜仗，定叫敌人全缴枪。

定叫敌人全缴枪，部队自己增武装。

俘虏自己去选择，愿意留队则留队，

要求回乡给回乡。要求回乡给回乡，

大长军民的志气，敌人威风一扫光。

部队声震又名扬，中国人民有希望。

中国人民有希望，大家都来出力量，

誓把日寇赶出去，国民党也一扫光，

山歌唱此就收场。

歌颂东江纵队 [1]

广东省人民游击队东江纵队于 1943 年 12 月 2 日在屯洋村成立。1944 年元旦在屯洋村的屯洋埔草坪搭一个戏棚，召开千人大会，庆祝广东人民游击队东江纵队成立，这是屯洋村抗日救亡宣传队在联欢会上演唱的客家山歌《歌颂东江纵队》。

军民集中大草场，载歌载舞喜洋洋。

庆东江纵队成立，广大军民斗志昂。

广大军民斗志昂，特作山歌大声唱。

山歌不唱别样事，专把东纵来颂扬。

1　李惠群：《土洋沙鱼涌红色纪事》，海天出版社，2016 年，第 250—256 页。

专把东纵来颂扬，共产党来好主张。

为了救国抗日寇，唤起工农拿刀枪。

唤起工农拿刀枪，组织人民介武装，

人民出钱又出力，捍卫祖国保家乡。

捍卫祖国保家乡，全民抗战理应当，

国家兴亡人有责，武装起来齐抵抗。

武装起来齐抵抗，依靠人民介力量。

人民拥护又支持，力量一天一天强。

力量一天一天强，人心齐来胆就壮。

部队初建在坪山，百十人几十条枪。

百十人几十条枪，现在遍布全东江。

几个支队上万人，巧夺敌人炮与枪。

巧夺敌人炮与枪，就把自己来武装，

插进敌后打游击，插入敌人介心脏。

插入敌人介心脏，军民合作增力量。

部队神出又鬼没，左打右打敌惊慌。

左打右打敌惊慌，化零为整打一仗。

化整为零又散光，突然又缴敌人枪。

突然又缴敌人枪，打得敌人发惊狂。

部队越打心越雄，敌人见到胆就丧。

敌人见到胆就丧，部队名声震四方。

广大群众很高兴，战士心雄胆又壮。

战士心雄胆又壮，东江人民齐赞扬。

人民有了好部队，生命财产有保障。

生命财产有保障，积极生产多打粮。

拥军优抗要做好，慰劳部队支前方。

慰劳部队支前方，反动透顶国民党。

不打日寇打东纵，妄图消灭我武装。

妄图消灭我武装，如意算盘打唔响。

有党领导民支持，你想消灭实妄想。

你想消灭实妄想，国民党来勿嚣张。

部队天天在发展，越发展来越坚强。

越发展来越坚强，誓把敌人消灭光。

庆祝东纵成立会，大会开在我屯洋。

大会开在我屯洋，我们永世不会忘。

全村群众很高兴，恭祝部队万年长。

恭祝部队万年长，年年月月打胜仗。

逐步发展又壮大，祝福首长得安康。

祝福首长得安康，唱此山歌来颂扬。

山歌唱得唔够好，首长同志请原谅。

祝贺乡人民政府成立 [1]

　　1944 年 4 月，路东新一区沙溪乡人民政府成立，举行庆祝大会，这是全乡人民最开心之日，广大人民群众扬眉吐气、喜气洋洋参加庆祝会后联欢，屯洋村抗日救亡宣传队作此山歌在联欢会上演唱，以示祝贺。

全乡代表聚一堂，一首山歌唱分详。

沙鱼涌过一里路，这个地方是屯洋，

面朝大海后山岗。面朝大海后山岗，

这是一个好地方，柴近水便好讨食，

村前左右好田庄，农渔牧副都可上。

农渔牧副都可上，任由你做哪一行。

只要辛勤去劳动，耕田出海都一样，

行行生产都能赢。行行生产都能赢，

搞好农业多打粮。村前就是大鹏湾，

出海捕鱼鱼满舱，真是一个鱼米乡。

真是一个鱼米乡，猪鸡鹅鸭狗牛羊，

副业做得轮轮转，卖鱼卖肉日夜忙，

1　李惠群：《土洋沙鱼涌红色纪事》，海天出版社，2016 年，第 257-265 页。

出门劳动未天光。出门劳动未天光，
做到天黑才回乡，一日辛苦做到黑，
做时做节把猪劏，一两猪肉都卖光。
一两猪肉都卖光，唔舍得留来煲汤
一年辛苦做到晚，到头来着烂衣裳，
吃的番茨粥水汤。吃的番茨粥水汤，
住的则是烂破房，为什么会这么样？
皆因腐败国民党，骑在人民介头上。
骑在人民介头上，土匪阿保到处抢。
又受财主介剥削，佃租利息很高昂，
群众日子苦遍尝。群众日子苦遍尝，
年年收获几担粮，交了佃租和利息，
根本剩下无多粮，基本都被剥削光。
基本都被剥削光，穷苦人家真凄凉，
苛捐杂税如牛毛，一日三餐粥水汤，
再好地方也冇行。再好地方也冇行
黑暗社会冇保障，反动散军黑心肠，
突然派兵抢屯洋，抢钱劫物真凶狼。
抢钱劫物真凶狼，捉猪牵牛搬货上。
初时没有来提防，家家户户齐遭殃，
全村财物被抢光。全村财物被抢光，
肉在恶人砧板上，要肥要瘦由他劏，
任由恶人来欺凌，你话凄凉唔凄凉。
你话凄凉唔凄凉，家家户户被抢光，
辛苦劳动介财物，样样付之大海洋，
越讲越想越心伤。越讲越想越心伤，
好在部队进我乡。全乡人民有盼望，
东纵部队像太阳，照得人心亮堂堂。
照得人心亮堂堂，照得大地放光芒，

妖魔鬼怪均匿迹，牛鬼蛇神来掩藏，

与国民党两个样。与国民党两个样，

部队爱民如亲人，为了救国抗日寇，

捍卫祖国保家乡，军民合作力量强。

军民合作力量强，大家心往一处想。

建立人民介政府，处处为民做好事，

全乡人民喜洋洋。全乡人民喜洋洋，

感谢部队感谢党。人民当家又做主，

这是一个破天荒，定要建设好家乡。

定要建设好家乡，农渔牧副一齐上。

发挥全乡人智慧，乡府定有好主张，

建设家乡有希望。建设家乡有希望，

需要大家出力量，不能坐等得果实，

要有雄心斗志昂，团结一致好商量。

团结一致好商量，一齐努力正应当。

不怕艰难和辛苦，辛苦一点也正常，

你说是不是这样。你说是不是这样，

沙溪乡府已成立，作此山歌唱一场，

祝福乡亲身健康，人民政府万年长。

蕃茨甜芋仔香[1]

（曾坚回忆）

蕃茨甜芋仔香，唔曾见叶凄凉。

时时想起偓家乡，日本仔来到我村庄，杀的杀来抢的抢。

我们要拿起刀枪，同佢擦一场，擦一场。

---

1 深圳市龙岗区退役军人事务局编：《鸡公山烽火》，内部资料，2023 年，第 182 页。

河里水黄又黄 [1]

（曾坚回忆）

河里水黄又黄，日本仔太猖狂。

昨天抢了观澜墟，今日又烧吕公径。

这样做人有乜用，拿起刀枪斗一场，斗一场。

1　深圳市龙岗区退役军人事务局编：《鸡公山烽火》，内部资料，2023 年，第 182 页。

主要参考文献

1. 本书编纂委员会编：《旗红大鹏湾——大鹏革命斗争史录》，海天出版社，2005年。

2. 陈一民主编：《南北征战录》，广东经济出版社，1998年。

3. 陈德和：《革命战争回忆录》，内部资料，2002年。

4. 《东江纵队成立四十周年纪念专辑》编辑组：《广东人民抗日游击队东江纵队成立四十周年纪念专辑》，内部资料，1983年。

5. 《东江纵队史》编写组编：《东江纵队史》，广东人民出版社，1995年。

6. 《东江纵队志》编辑委员会：《东江纵队志》，解放军出版社，2003年。

7. 傅泽铭：《星光熠耀：记王作尧将军的一生》，花城出版社，2003年。

8. 广东省妇女运动历史资料编纂委员会东江组：《南粤红棉：东纵女战士》，内部资料，1983年。

9. 广东省档案馆编：《东江纵队史料》，广东人民出版社，1984年。

10. 广东青运史研究委员会研究室、东纵港九大队队史征编组：《回顾港九大队》，内部资料，1987年。

11. 国家文物局编：《中国文化遗产事业法规文件汇编（1949—2009）》，文物出版社，2009年。

12. 赖添才：《征程——八十回眸》，中国文联出版社，2004年。

13. 李征：《铮铮铁骨 赤胆忠心》，内部资料，1996年。

14. 李征：《虎口大营救》，内部资料，1996年。

15. 李征：《东纵回忆录》，内部资料，1996年。

16. 李惠群：《土洋沙鱼涌红色纪事》，海天出版社，2016年。

17. 廖虹雷著、深圳市民间文艺家协会编：《深圳民歌民谣》，羊城晚报出版社，2022年。

18. 丘盘连、弓玄主编：《沿着东纵的脚印》，中国青年出版社，1995年。

19. 深圳市档案馆编：《民国时期深圳档案文献演绎》第四卷，花城出版社，2001年。

20. 深圳市文物管理委员会编：《深圳文物志》，文物出版社，2005年。

21. 深圳市史志办公室编：《定格红色：深圳地区革命历史图集》，中共党史出版社，2010年。

22. 深圳市史志办公室编：《广东省深圳市抗战时期人口伤亡和财产损失》，中共党史出版社，2010年。

23. 深圳市深汕特别合作区党政办公室编：《深汕革命遗址通览》，内部资料，2020年。

24. 深圳市龙岗区退役军人事务局编：《鸡公山烽火》，内部资料，2023年。

25. 深圳市政协文化文史委员会编：《深圳口述史：东纵故事篇》，深圳出版社，2023年。

26. 王江涛：《江涛诗文集》，内部资料，2001年。

27. 杨奇：《粤港飞鸿踏雪泥：杨奇办报文选》，羊城晚报出版社，2008年。

28. 曾生等：《东江星火（革命回忆录）》，广东人民出版社，1983年。

29. 张志宽：《张志宽烈士遗诗·野草集》，武汉大学出版社，1990年。

30. 中共宝安县委党史办公室编：《回顾东纵交通工作》，广东人民出版社，1987年。

31. 中共宝安县委党史办公室编：《回顾东纵卫生工作》，广东人民出版社，1987年。

32. 中共宝安县委筹备庆祝国庆十周年办公室编：《英雄的山岭（宝安革命回忆录）》，内部资料，1959年。

33. 中共宝安县委党史办公室编：《回顾东纵统战工作》，广东人民出版社，1989年。

34. 中共宝安县委党史办公室编：《回顾东纵电台工作》，广东人民出版社，1989年。

35. 中共东莞市委党史研究室编：《东江纵队历史诗歌选》，内部资料，2013 年。

36. 中共广东省委党史研究室、深圳市史志办公室编：《广东省革命遗址通览·深圳市》，广东人民出版社，2013 年。

37. 中共广东省委党史研究委员会办公室、中共广东省委党史资料征集委员会办公室编：《东江纵队资料》，内部资料，1983 年。

38. 中共广东省委党史研究室、广州地区老游击战士联谊会《硝烟曲》编委会编：《硝烟曲：东江纵队文艺工作掠影》，《广东党史资料丛刊》编辑部，1993 年。

39. 中共广东省委党史研究室、中共东莞市委党史研究室《丹心赋》编委会编：《丹心赋——东江纵队诗词山歌选》，《广东党史资料丛刊》编辑部，1993 年。

40. 中共广东省委党史研究室、深圳市东江纵队老战士联谊会《壮志歌》编委会编：《壮志歌——东江纵队、两广纵队创作歌曲选》，《广东党史资料丛刊》编辑部，1993 年。

41. 中共惠阳地委党史研究小组办公室、中共惠阳地委党史资料征集小组办公室编：《东江革命历史诗歌选集》（一），内部资料，1983 年。

42. 中共惠阳区委党史研究室、中共惠州市大亚湾区委组织部、深圳市龙岗区史志办公室：《梧桐山下战旗飘——东江纵队惠阳大队史》，中国社会出版社，2005 年。

43. 中共惠阳县委党史办公室、东纵、边纵惠阳县老战士联谊会编：《东纵战斗在惠阳》，广东人民出版社，1993 年。

44. 中共惠州市委党史办公室编：《东江革命历史诗歌选集》（二），内部资料，1989 年。

45. 中共惠州市委党史办公室编：《东江革命历史诗歌选集》（三），内部资料，1990 年。

46. 中共惠州市委党史办公室编：《东江革命历史诗歌选集》（四），内部资料，1991 年。

47. 中共惠州市惠阳区委党史研究室编：《东江之子——怀念高健同志》，中央文献出版社，2004 年。

48. 中共深圳市委、中国人民革命军事博物馆：《东江纵队历史图集》，深圳市越众文化传播有限公司承制，2007 年。

49. 中共深圳市委党史研究委员会办公室编：《广九烈焰》，内部资料，1983 年。

50. 中共深圳市委党史办公室、东纵港九大队队史征编组编：《东江纵队港九大队六个中队队史》，内部资料，1986 年。

51. 中共深圳市委党史办公室编：《深圳党史资料汇编》第 2 辑，内部资料，1985 年。

52. 中共深圳市委党史办公室编：《深圳党史资料汇编》第 3 辑，内部资料，1987 年。

53. 中共深圳市委党史办公室编：《深圳党史资料汇编》第 4 辑，内部资料，1989 年。

54. 中共深圳市委党史文献研究室编：《深圳市革命遗址通览》，广东人民出版社，2021 年。

东江纵队是深圳重要的历史名片，同时奠定了深圳作为具有光荣革命传统城市特色的基础。东江纵队的历史传承和东纵精神，不仅体现在抗日战争和解放战争时期，在改革开放阶段，以曾生、袁庚等为代表的东江纵队老战士们，怀抱救国救民的"初心"，为特区事业的成长发展同样倾注大量心血，东纵精神与特区精神实质上一脉相承。

值此纪念东江纵队成立八十周年之际出版此书，正是用实际行动向东江纵队革命前辈致以最崇高的敬意。本书的编辑出版，是在深圳市文化广电旅游体育局（深圳市文物局）领导的关怀支持下，深圳市文化遗产保护中心联合北京师范大学史学研究中心，组建专门工作小组，成员包括王军、杨荣昌、谢鹏、顾寒梅、赵冰竹、叶锦花、刘玮宁、李璐男、侯冠宇等，全方位、立体式进行资料搜集，并尽可能多地实地走访，拍摄影像资料，编成《深圳地区东江纵队红色文化遗产保护利用研究》调研报告，在此基础上，由深圳博物馆李飞统编成书。在工作过程中，得到华南师范大学历史文化学院左双文教授、广东省社会科学院历史与孙中山研究所张金超研究员、原东江纵队副司令员兼参谋长王作尧之子王勇劲、深圳市委党史文献研究室副主任毛剑峰、哈尔滨工业大学（深圳）马克思主义学院李翔教授、深圳市本土文化艺术研究会原会长廖虹雷、深圳市东江纵队粤赣湘边纵队研究会会长李建国、深圳市史志办原主任黄玲、深圳博物馆原馆长杨耀林等多位专家的指导。原深圳市考古鉴定所张一兵、深圳图书馆肖更浩、大鹏新区地方志办公室吴启鹏、龙岗区地方志办公室谭智武和刘思东、郑光明、陈建平、陈茂良等先生均为本书提供了重要帮助，深圳博物馆提供了几乎全部的相关馆藏可移动文物的专业照片。在深圳市委党史文献研究室、大鹏新区文化广电旅游体育局、宝安区公共文化体育服务中心、光明区文化广电旅游体育局、坪山区委办公室、深汕特别合作区党政办、罗湖区东门街道、宝安区燕罗街道、深圳博物馆、中英街历史博物馆等机构同仁的鼎力支持下，最终编著成此书。在此谨向所有对本书提供过帮助的人们表达由衷谢意。限于学力和专业水平，本书当然会存在疏漏之处，比如"非物质文化遗产类"下，还是有较多作品没有考证出具体作者，对于这些创作于1949年前作品的作者们，本书致以崇高敬意，并真诚期盼如有可能，也愿意向这些作品的权利人支付稿酬，以表达对革命前辈的尊重与感激。

东江纵队虽已成为历史，东纵精神却星火绵延，代代传承。运用文化遗产学的观点和思路对东江纵队红色文化遗产进行整理、收录、概括和研究，本书仅是一个初步尝试。希望此书能起到抛砖引玉的效果，也欢迎广大读者、专家和熟悉这段史事的朋友们多提宝贵意见，众人拾柴火焰高，让东纵的红色光芒在新时代的大湾区得到全面绽放。